LOCUS

LOCUS

LOCUS

LOCUS

mark

這個系列標記的是一些人、一些事件與活動。

# SON OF HAMAS

mark 98

哈瑪斯之子：恐怖組織頭號叛徒的告白

作者：摩薩・哈珊・約瑟夫、朗恩・博拉金

譯者：陸沛珩

責任編輯：潘乃慧

美術編輯：顏一立

校對：呂佳真

法律顧問：董安丹律師、顧慕堯律師

出版者：大塊文化出版股份有限公司

台北市 105022 南京東路四段 25 號 11 樓

www.locuspublishing.com

讀者服務專線：0800-006689　TEL：(02)87123898　FAX：(02)87123897

郵撥帳號：18955675

戶名：大塊文化出版股份有限公司



總經銷：大和書報圖書股份有限公司

地址：新北市新莊區五工五路 2 號

TEL：(02) 89902588　FAX：(02) 22901658

初版一刷：2013 年 10 月

初版三刷：2023 年 11 月

定價：新台幣 320 元

Printed in Taiwan

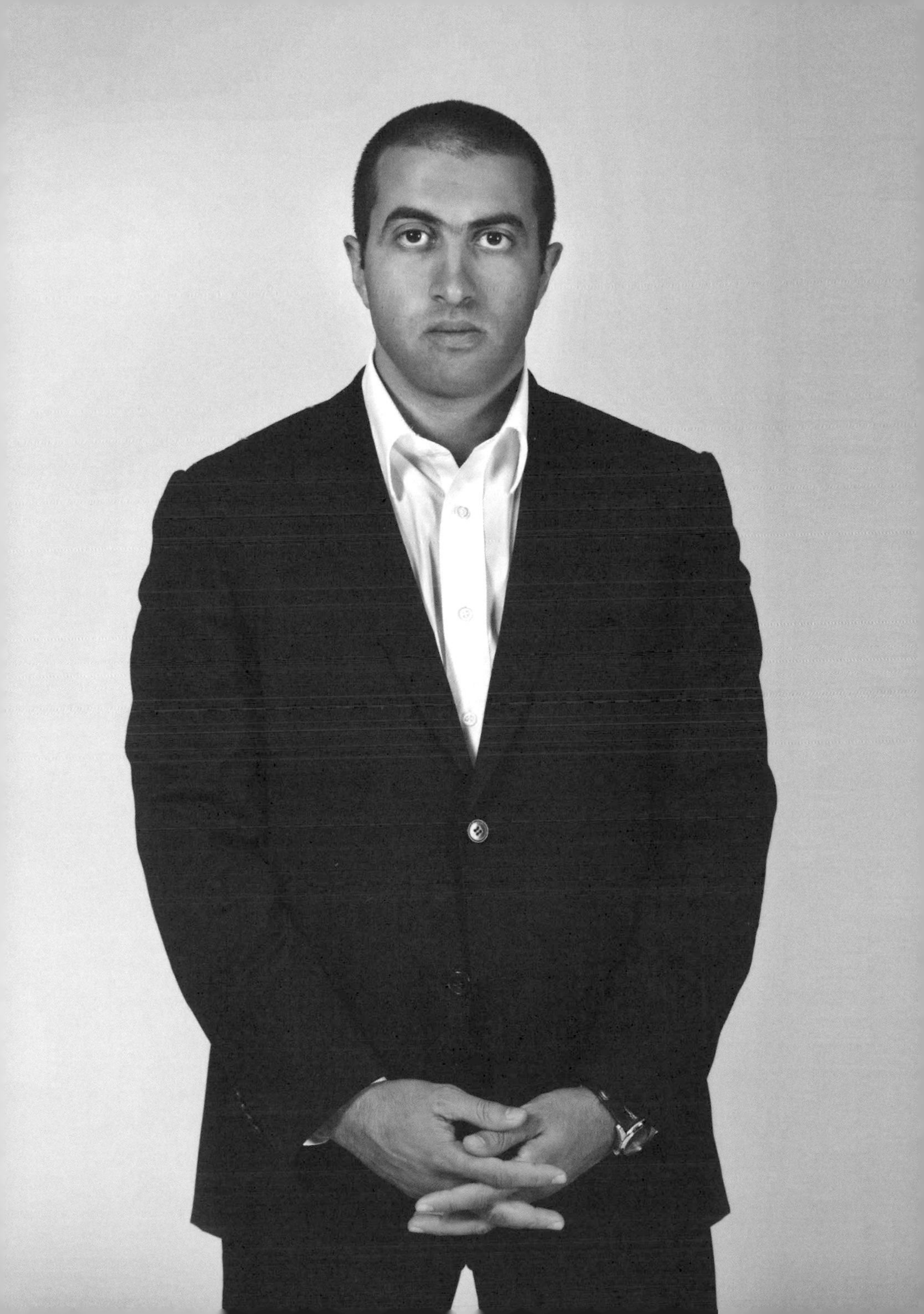

# 譯者序

你們聽見有話說：「當愛你的鄰舍，恨你的仇敵。」只是我告訴你們，要愛你們的仇敵，為那逼迫你們的禱告。這樣就可以做你們天父的兒子；因為他叫日頭照好人，也照歹人；降雨給義人，也給不義的人。你們若單愛那愛你們的人，有什麼賞賜呢？就是稅吏不也是這樣行嗎？你們若單請你弟兄的安，比人有什麼長處呢？就是外邦人不也是這樣行嗎？所以，你們要完全，像你們的天父完全一樣。（馬太福音五章四十三節）

兩千多年前，當耶穌站在今日以色列境內加利利海（Galilee）附近的八福山（Mount Beatitudes）上說出這段話時，祂道出的不是人類心中的道德理想，而是更高的公義標準，這個新的標準大大地挑戰了中東幾千年來「以牙還牙，以眼還眼」的部落傳統，也改變了作者摩薩·哈珊·約瑟夫的一生。

「立約」是中東古老文化中另一個重要的核心觀念，人與人之間、部落與部落之間，以及人與神之間都有約定。對猶太人而言，上帝與以色列立救贖之約，應許彌賽亞降世；基督徒更相信這個由上帝主動發起的救贖之約，已透過耶穌基督在全人類中成就。而清真言「萬物非主，唯有真主」是伊斯蘭教的基本信仰，亦即「認主獨一」之意。當「立約」的觀念如同一條紅絲線貫穿整個中東文化時，「背叛」就成了一個極嚴肅的議題——特別是背叛伊斯蘭教的人。「背叛伊斯蘭教的人都要被處死」這個教導從早期就存在，儘管並無古蘭經經文直接支持這種極端的懲處方式，「聖訓」（al-adith/ الحديث，伊斯蘭教先知穆罕默德的言行錄）卻陳述那些背叛伊斯蘭信仰的人被處死。

作者摩薩即是在這樣的文化背景中成長，更有甚者，如他所言：自己可說來自於中東地區最虔誠的伊斯蘭家庭之一。

有趣的是，摩薩與聖經中使徒保羅（原名掃羅）的背景及際遇有許多奇妙的共通點：摩薩來自敬虔的伊斯蘭家族，保羅則來自猶太社群中最嚴謹、敬虔的教派——法利賽派，他自稱為「按著我們教中最嚴謹的教門做了法利賽人」，當時他以迫害基督徒為職志。一天往大馬色（今大馬士革）的路上，奇妙的際遇卻改變了保羅的一生。而摩薩在耶路撒冷大馬士革城門口與英國宣教士的巧遇，也改變了他的一生。

也許我們可以試著體會或思考，是什麼改變作者原本根深柢固的觀念，並賦予他勇氣轉身離開？即使這個決定讓他背負「叛徒」的罪名，付上與家人隔絕的代價。

摩薩的父親是巴勒斯坦恐怖組織哈瑪斯的創立元老之一。書中寫到身為恐怖組織領袖之子，他從小在巴勒斯坦的成長過程及心理狀態：面對以色列一九四八年強勢建國後，巴勒斯坦同胞生活的轉變、目睹自己父親一手創立的哈瑪斯以武力濫殺的心情及掙扎、他在伊斯蘭信仰中看見的矛盾及黑暗，以及後來如何成為以色列情報機構臥底，與以色列聯手阻止許多恐怖攻擊計畫。

儘管摩薩在書中所陳述令人驚異而真實的臥底生活是此書的主軸，對於自己心理的轉變，作者也有清楚的描述：「受到謊言的操弄，以及民族主義、仇恨、復仇的衝動的驅策，我幾乎走上相同的路，成為這些人中的一個。」作者的經歷必能激勵許多人。儘管目睹殘酷殺戮，摩薩對人性仍抱持信任態度，在中東地區格外動盪不安的時候，在政治、外交方案之外，此書或能提供我們另一種眼光及思考。

摩薩的身分相當特別，幾乎沒有第二人擁有這樣的代表性。如他自己所言：「這個多元身分使我擁有一個獨特的觀察視野。我的人生被分割，就如同地中海邊那一小塊土地一樣。」他是：

- 巴勒斯坦（迦薩走廊）的阿拉伯人，幾乎可說來自中東地區最敬虔的穆斯林家族。
- 自小生長的環境使他仇視猶太人，從一個單純的孩子變成仇恨的器皿，後來卻成為以色列情報組織的臥底。
- 父親謝赫哈珊．約瑟夫是目前仍然活躍的哈瑪斯領袖，他曾經是摩薩心目中的英雄、典範，然而，「二〇一〇年三月一日，此書初次在美國上市的前一天，摩薩的父親宣布與他斷絕父子關係。謝赫哈珊．約瑟夫發出聲明信，信中說他的家族正式放棄『摩薩，曾是我們家裡長子的那一位』。」（美聯社，二〇一〇年三月一日）

- 信仰上由伊斯蘭教轉為基督教，成了「叛教者」，而他相信的耶穌是大多數猶太人仍然不相信的彌賽亞。
- 目前定居美國，經常到以色列及各地演說。

此書涵蓋情報、政治、文化及宗教層面，它的價值不在於為中東問題提出答案，而是以一個當事人的身分，帶領讀者進入中東近年來的重大事件。此書精彩，讓我一展開就欲罷不能，進而興起翻譯的念頭，希望藉著中文版的發行與華文讀者分享，相信可以補足目前出版市場上此議題書籍的空缺。它將帶領讀者進一步瞭解「以巴」（以色列－巴勒斯坦）這個許多人尚不熟悉的議題，並拉近我們與中東現況的距離。倘若閱讀新聞或外電報導使我們看見中東事件的外衣，此書將帶領我們看見它的內裡。「作者的話」中有一段精闢的比喻：

人生中的事件好像波斯地毯，幾千條色彩繽紛的絲線交錯編織成複雜的圖騰及圖像。若是任何人試圖把這些事件單純地以時序排列，就會像從波斯地毯中抽出絲線，頭尾對齊，排列整齊。也許這樣會讓事情簡單一點，卻會失去地毯的圖案。

面對複雜國際議題，知識以及認識將擴張我們愛的能力，並且提升關懷層面。期許透過此書出版，能使讀者無論面對以色列或是巴勒斯坦，甚至其他阿拉伯國家，都可保持平衡，避免掉入粗糙的二分法。

雖是殘酷議題，字裡行間卻不失輕鬆幽默，時而批評，時而自嘲，在嚴肅中展現人性，巧妙地帶著讀者進入書中情境。對信仰生活的奇妙轉變也在文中娓娓道出。

即使長年關心中東議題（特別是以巴議題），因著書中揭露的事件及過程，翻譯時仍不時停筆，好從令人驚訝的事件片斷中稍稍喘息。

邀請您一起踏上這塊波斯地毯，一窺哈瑪斯之子的中東視野。

陸沛珩

二〇一三年九月十日

# 目錄

# 以色列及被占領區

黎巴嫩
敘利亞
戈蘭
高地(以色列占領)
加利利海
地中海
拿撒勒
米吉多
傑尼
納布盧斯
西岸
台拉維夫－雅法
拉瑪拉
貝圖尼亞
耶利哥
耶路撒冷
伯利恆
希伯倫
迦薩
迦薩走廊
死海
約旦
埃及
內蓋夫
阿卡巴灣

寫給我親愛的父親，以及我受傷的家人，
寫給巴勒斯坦－以色列衝突中的受難者，
寫給每一位被我主耶穌救贖的寶貴生命。

我親愛的家人，我很以你們為榮，我知道只有我的上帝明白你們經歷過什麼。我知道我的所作所為已在你們的生命中留下另一道深深的傷痕，也許此生這個傷害都無法醫治，而你們必須一直帶著這個恥辱活著。

我其實可以成為一個英雄，讓我的同胞為我感到驕傲，我知道他們期待一個什麼樣的英雄：一個為了國家，獻上自己以及家人的自由鬥士。如果我抗爭至死，他們將會世世代代傳講我的英雄事蹟，永遠以我為榮。然而在現實生活中，我無法成為一個英雄。

相反地，我成了自己同胞眼中的叛徒。雖然我曾經為家族帶來榮耀，但我現在只會讓家人蒙羞。雖然我一度是皇族王子，如今，我身處另一個國家，是個陌生人，獨自和孤單及黑暗的敵人角力。

我也知道在你們眼中我是個叛徒，但是我希望你們能明白，我選擇背叛的不是你們，而是你們心目中對英雄的定義。當中東地區的國家——猶太人跟阿拉伯人都一樣——開始稍微理解我所體會的，那時才有和平的可能。若是我主耶穌將世人從地獄的刑罰中拯救出來，卻仍被世界排擠，則我被拒絕又何妨呢？

我不知道未來將會如何，我只知道自己並不懼怕。現在，我想與你們分享到目前為止幫助我存活的一點訣竅：若是在過去的年歲裡，我曾讓一個無辜生命得以存留，則現在所有的罪惡感或羞恥感都只是小小的代價，一切都值得了。

若是你問有多少人因我的作為而心懷感激？其實不多。但是我欣然接受。我一直相信我所做的，也會繼續相信，這就是漫長旅程中我擁有的唯一燃料，它支持我前進。我們免去的每一滴無辜鮮血都帶給我希望，讓我能走到最後一日。

你我都付出了代價，但是戰爭和和平的帳單卻持續送上來。願上帝與我們同在，也幫助我們背負這個沉重的擔子。

愛您的兒子

# 作者的話

時光一分一秒相繼而來，就像一條線，橫跨在生與死之間。

人生中的事件好像波斯地毯，幾千條色彩繽紛的絲線交錯編織成複雜的圖騰及圖像。若是任何人試圖把這些事件單純地以時序排列，就會像從波斯地毯中抽出絲線，頭尾對齊，排列整齊。也許這樣會讓事情簡單一點，卻會失去地毯的圖案。

此書所記載的事件是我盡力拾起的回憶，從我在以色列占領區生活的人生洪流中網羅而來，編織成原貌，在時空的縱軸、橫軸中交錯。為了方便讀者查閱以及理解阿拉伯文的姓名或辭彙，我在本書附錄中列出了時間表、名詞解釋及主要人物介紹。

基於安全考量，我刻意避免許多由以色列國家安全局執行的敏感行動的細節，本書揭露的資訊並不會危害現今由以色列主導的全球反恐行動。

最後，正如中東局勢，《哈瑪斯之子》是一個持續進行的故事。我邀請讀者訪問我的網站http://www.sonofhamas.com，以取得更新資訊。我會在網站上分享如何突破此區現況的個人觀點，也會在此與大家分享上帝如何使用這本書、如何在我的家人身上工作，還有，祂對我不間斷的引導。

摩薩・哈珊・約瑟夫

# 前言

五十多年來，中東和平是每一個外交官、總統及首相尋找的聖杯。每一個登上世界舞台的新臉孔都以為自己能夠成為解決以阿衝突的那一位，然而每一個都跟前人一樣悲慘壯烈地徹底失敗。

事實上，極少西方人能真正瞭解中東和這一地區人民的複雜性，我卻可以——透過一個非常獨特的觀察角度。如你所見，我生長在這裡，在這些衝突當中穿梭，我從小就是伊斯蘭教信徒，更是所謂恐怖分子的兒子，如今，我還是耶穌的跟隨者。

二十一歲以前，我經歷了任何人都不應該經歷的事情：赤貧、濫權、刑求，以及死亡。我目睹那些影響世界局勢的中東高層領袖的背後交易，我在哈瑪斯高層受到絕對的信任，我參與「巴勒斯坦反抗運動」（Intifada），我被監禁在以色列最令人膽戰心驚的牢獄深處。如你所見，我還做了一個決定，以致我所愛的人視我為叛徒。

我不凡的人生旅程引領我穿越黑暗，進入極大的祕密裡面。在本書中，我將揭露一些長年隱藏的機密，讓那些只有少數藏鏡人知道的事件及過程曝光。

揭發真相必然會在中東部分地區引起震撼，然而，我希望這能為那些在無止境的衝突中受難的家庭帶來一絲安慰與解脫。

今天，當我在美國各處接觸不同的人，我發現許多人對以阿衝突滿腹疑問，卻很少得到答案，甚至連像樣的資訊都沒有。我常被問到：

- 人們為什麼不能在中東地區和平共處？
- 到底誰站得住腳？以色列人或是巴勒斯坦人？
- 那土地到底是誰的？巴勒斯坦人為什麼不乾脆遷移到其他阿拉伯國家？
- 以色列為什麼不歸還它在一九六七年六日戰爭中贏得的土地和財產？
- 為什麼還有這麼多巴勒斯坦人住在難民營？他們為什麼沒有自己的國家？
- 為什麼巴勒斯坦人如此仇恨以色列？
- 面對自殺炸彈客以及頻繁的火箭攻擊，以色列要如何自保？

這些都是好問題，卻沒有觸及核心議題或問題的根源。欲探討眼前的衝突，我們必須回溯到聖經第一卷書中記載撒拉及夏甲之間的仇恨；若要瞭解政治及文化的現實因素，其實回顧一下第一次世界大戰之後的歷史事件就足夠了。

當第一次世界大戰結束，巴勒斯坦人的土地，也就是數世紀以來巴勒斯坦人居住之處，成為英國託管地。然而，英國政府對這塊土地有不一樣的想法，正如一九一七年「貝爾福宣言」（Balfour Declaration）所述：「皇家政府支持在巴勒斯坦建立一個猶太人的國家。」

成千上萬的猶太移民受英國政府鼓勵——大都從東歐——湧進巴勒斯坦這塊土地，阿拉伯人跟猶太人之間的衝突成為不可避免之事。

以色列於一九四八年建國，而巴勒斯坦仍處於無政府狀態，沒有憲法維持基本的秩序，宗教法於是成為最高權威。特別是當任何人都可以用自己的眼光解讀法律，或是以自己認為合適的方式執法時，混亂就接踵而來。對外界而言，中東衝突只是針對一小塊土地的拔河賽，問題就出在沒有人真正瞭解問題的根源。因此，從大衛營到奧斯陸，自信滿滿的國際斡旋專家一再為心臟病患在手腳上安置固定夾板，根本沒有對症下藥。

容我說明一下，撰寫此書並非為了證明我比現今世代中偉大的思想家更睿智，一點也不。然而，我相信上帝把我放在一個顯然無法解決的衝突的中心位置，這個多元身分讓我擁有獨特的觀察視野。我的人生被分割，就如同地中海邊那一小塊土地，有人說它叫以色列，有人說它是巴勒斯坦，剩下的人則稱它為被占領區。

撰寫此書，我希望能坦白地陳述並記錄一些關鍵事件，揭露一些祕密。如果一切順利，便能在你心中燃起一絲希望，相信那看似不可能發生的事終將成就。

# 1

# 被捕

一九九六

我將白色小速霸陸駛近一條小路的轉角，這條路連接到西岸城市拉瑪拉（Ramallah）城外通往耶路撒冷的主要幹道。我的腳輕踩在煞車上，慢慢接近耶路撒冷市聯外道路上數不清的檢查哨之一。

「熄火！停車！」有人用破阿拉伯語喊著。

我還來不及反應，只見六名以色列士兵從樹叢中跳出，團團圍住我的車子，每個人都端著機關槍，槍口正對著我的頭。

驚恐直湧上喉嚨，我停下車，把車鑰匙從打開的車窗丟出去。

「出來！下車！」

隨即一名士兵毫不遲疑地猛開車門後，把我迅速拉出車外，重摔在塵土飛揚的地上。我還來不及伸手護頭，無數拳腳已經落在身上。即使我試圖保護臉部，士兵們厚重的軍靴也很快找到其他目標：肋骨、腎臟、背部、脖子，還有頭顱。

兩名士兵抓著我的腳在地上拖行，把我拉到檢查哨中。我被壓跪在一個水泥路障後面，雙手被邊緣鋒利的塑膠手銬緊緊反綁在背後。有人給我戴上眼罩，硬把我塞進一輛吉普車後座的地板上。恐懼伴隨著憤怒，我在腦中快速思索，他們要帶我去哪裡？多久？我才十八歲，再過幾週就是高中期末考了。這是怎麼回事？

不久，吉普車停了下來。一名士兵把我拉出車外，摘掉我的眼罩，面對突如其來的刺眼陽光，我不得不瞇起眼睛，原來我們在奧佛（Ofer）軍事基地。作為以色列防禦基地，這是西岸最大、看守最嚴密的軍事設施之一。

士兵拉著我走向主建築，我們經過幾輛被帆布罩覆蓋的裝甲坦克車。以往每當我從營外偷窺，這些龐然大物總是讓我興趣盎然，像極了過大的石頭。

在主建築內，一名醫生草草為我做了檢查，很明顯，他們要確定我熬得過接下來的訊問程序。我想我通過了檢查，因為不到幾分鐘，他們又給我戴上手銬及眼罩，把我塞回吉普車內。

我試圖扭動身體，以便稍微適應這原本只能放腳的狹小空間，但是一名大塊頭士兵乾脆用靴子踩在我的臀部上，還用M16突擊步槍抵住我的胸膛。嗆鼻的汽油味伴隨高溫，充斥吉普車後座的地板上，迫使我鎖緊咽喉，不敢呼吸。只要我稍微移動調整姿勢，這個大塊頭就更使力地用槍管深深頂住我的胸膛。

突然，毫無預警，一陣幾乎讓我失去知覺的劇痛貫穿全身，連腳趾都不由自主地緊縮，就像是炸彈在頭顱內炸開一樣，爆炸威力從前座而來，我才意識到，一定是其中一名士兵用槍托重擊我的頭。我還來不及保護自己，他又更用力地猛擊我的眼睛。我試著壓低身體，好讓他打不到我，那個拿我當腳墊的士兵卻把我拉高接受重擊。

「別動！否則我斃了你！」他大喊。

可是我沒辦法，每次他的同袍打我，我就反射性地往後縮。

我的雙眼因為粗糙的眼罩摩擦而腫脹得張不開，臉部也感覺麻木，雙腿缺少血液循環，呼吸漸漸變成淺促的喘息。我從未感受過這種強烈的疼痛，然而比肉體之痛更糟的是，想到自己將遭遇毫無憐憫、殘暴、不人道的對待而來的驚嚇。我的腦子快速思索，試圖理解這些痛苦背後的原因是什麼？我可以理解因為仇恨、憤怒、報復，甚至局勢使然不得不戰或是殺戮，但是我並沒有對眼前這些士兵做過什麼啊！我甚至沒有反抗。從一開始，我就遵照他們的要求而行，我對他們能有什麼威脅？我彎著身體，戴著眼罩，沒有配戴任何武器。這些人到底在想什麼，以致他們如此熱中於傷害我？即使是最低階的動物殺戮，背後都是有原因的，不會只是為了運動健身。

我想到，若是母親知道我被逮捕，她心裡將作何感想。父親已經被關進以色列的監獄，我是家中的男人，難道我也會像父親一樣入獄數月，甚至數年嗎？如果真是這樣，媽媽要怎麼面對我也離去的處境？我開始體會爸爸的感受：一方面擔心家人，又知道家人同樣替自己擔心而心痛。當我想著母親的慈顏，我的眼眶充滿了淚水。

我又想，難道我中學幾年的課業將就此荒廢嗎？如果真被送進以色列監獄，我鐵定會錯過下個月的期末考。拳打腳踢持續落下，滿腹的疑問及吶喊也在心裡流竄：**為什麼這樣對我？我**

**做了什麼？我不是恐怖分子！我只是個孩子！為什麼要這樣打我？**

我相信我曾數度昏厥過去。每次我一昏過去，那些士兵就重擊我，我無處可躲，只能喊叫，直到膽汁湧上來，噎住喉嚨，害我吐得滿身。

失去知覺之前，我感到極度憂傷。這就是結局嗎？甚至在人生還沒有開始之前，我就要死了嗎？

# 2 信仰階梯

一九五五—一九七七

我叫摩薩．哈珊．約瑟夫（Mosab Hassan Yousef）。

謝赫（譯註：伊斯蘭社會的政治或宗教領袖）哈珊．約瑟夫（Hassan Yousef）是我父親，他是哈瑪斯組織七位創始元老中的一位。我是家中長子，在西岸城市拉瑪拉出生，可說是來自中東地區最虔誠的伊斯蘭家庭之一。

我的故事要從祖父說起。謝赫約瑟夫．達武（Yousef Dawood）是阿賈尼亞（Al-Janiya）村的宗教領袖，也就是阿訇、伊瑪目（imam）。村子坐落在以色列境內，就是聖經中的猶大及撒馬利亞。我很崇敬祖父，他抱我的時候，總是用柔軟的灰白落腮鬍在我臉頰上磨蹭。我可以坐上數小時，只為了聽他用富磁性的聲音召喚穆斯林來祈禱。我常常有機會聆賞，因為穆斯林一天禮拜五次。不是人人都能將叫拜文或是古蘭經經文唱誦得很好，但是每當祖父唱誦時，他的聲音總是充滿了魔力。

我記得小時候曾有一些唱誦令我抓狂，恨不得把耳朵緊塞起來。但是祖父不一樣，他滿腔熱情，有本事透過唱誦，把大家深深引導進叫拜文的含義中。因為他深信自己唱誦的每一個字。

在約旦統治及以色列占領期間，阿賈尼亞村大約有四百位居民，這個小農村的居民實在沒有太多政治作用。這個位於拉瑪拉西北方幾哩外的小農村躺臥在緩坡上，寧靜而美麗，每當日落西沉，夕陽總是把一切都染成玫瑰跟紫羅蘭的顏色。空氣乾淨清新，從許多丘陵上，還可以遠眺地中海呢！

每天清晨不到四點，祖父就出門往清真寺去，完成破曉晨禮（譯註：穆斯林一日五次禮拜的第一次，五次分別為晨、晌、午、昏、宵）後，他會牽著他的小驢子去田間整地或照料一下橄欖樹，口渴了，就飲用從山上流下的清涼泉水。那時，全村只有一個人有車，所以我們不知道什麼是空氣污染。

祖父在家的時候，總有絡繹不絕的訪客來找他。他做的其實遠超過一個教長，村裡的大大小小事務都少不了他。他為每個新生兒祝禱，在這些嬰兒耳邊輕聲唱誦叫拜文。若有人過世，祖父就用水為逝者淨身，再以白布包裹遺體。他為人們證婚，也替人們入殮。

父親哈珊是祖父最鍾愛的兒子。即使沒有人要求，父親卻天天都跟著祖父到清真寺去，他是眾兄弟中對伊斯蘭最感興趣的一個。

父親緊緊跟著祖父，也學習唱誦叫拜文。就像祖父一樣，父親的聲音及熱情總能吸引身邊的人跟隨他。祖父非常以父親為榮！父親十二歲時，祖父對他說：「哈珊，看來你對真主及伊斯蘭非常有興趣，我決定送你到耶路撒冷去學習伊斯蘭法。」伊斯蘭法就是伊斯蘭宗教法規，規範生活中的大小事務，從家庭、衛生到政治、經濟。

父親對政治、經濟一竅不通，也毫不關心，他一心只希望自己能像祖父一樣。他渴望讀古蘭經、唱誦經文，還有服務人群。但是，之後他將發現，自己的父親並不只是一個受信賴的宗教領袖或被愛戴的公僕。

對阿拉伯人而言，價值觀及傳統的約束力遠超過國家憲法或是法庭，所以，像祖父這樣的一號人物通常擁有最高權力，特別是當世俗領袖腐敗無能的時候，宗教領袖口中說出的話，就成了法律。

原來，父親被送到耶路撒冷不只是為了學習宗教相關事務；祖父其實是在為父親的從政鋪路。接下來幾年學習期間，父親一直住在耶路撒冷舊城的「金頂清真寺」附近，該寺的金色圓頂一直是世人對耶路撒冷視覺上的直接聯想。父親十八歲的時候完成學業，離開耶路撒冷，他一搬回拉瑪拉，就被聘為舊城的清真寺教長。當時父親心裡充滿服務人群、為阿拉奉獻生命的熱情，他巴不得像祖父服務阿賈尼亞村一樣，即刻開始他在此地的工作。

然而，拉瑪拉跟阿賈尼亞村不一樣。拉瑪拉有熙來攘往的人群，阿賈尼亞村卻寧靜安逸。當父親第一次進到此地的清真寺，十分訝異竟然只有五個人在等他，看來，其他人都泡在咖啡館、色情電影院，醉酒或賭博。隔壁清真寺的教長甚至從叫拜塔中拉出一條麥克風線，用麥克風叫拜，讓他在執行伊斯蘭傳統儀式時能繼續他的牌局。

父親不知該怎麼接觸這些人，他的心都碎了。即使是那五位願意來清真寺的長者，也不得不承認自己是因為年事已高，知道來日無多，希望死後能上天堂，才來清真寺禮拜。但是無論如何，至少他們還願意聽。父親只好接受現況，開始工作：他帶領他們祈禱，講解古蘭經給他們聽。很快地，他們愛上了父親，覺得他是天上派來的天使。

然而，清真寺外面則是另外一回事，父親對阿拉及古蘭經的熱情大大凸顯了許多人對信仰的不在意及冷淡，他的熱情讓許多人感覺被冒犯。

人們在街上指著父親仍帶著稚氣的臉龐，嘲弄他說：「那個叫拜的是誰家的孩子啊？他根本不屬於這裡。他給我們惹了太多麻煩！」

「這個年輕人憑什麼在這裡讓我們難堪？只有老人才會去清真寺！」甚至還有人當面對著父親咆哮：「我寧願做狗，也不要像你一樣。」

父親沉默地忍受這些迫害，從未回嘴，也不曾為自己辯護，他對這些人的愛及熱情讓他能夠堅持下去。所以他繼續自己的使命：呼籲人們回歸伊斯蘭信仰以及阿拉。

當父親跟祖父談及他對同胞的掛慮時，祖父才明白原來父親心裡的激情跟潛力比他想像的還大！於是祖父把父親送到約旦接受進階的伊斯蘭教育。後來我才明白，父親在約旦認識的人最終改變了我們家族歷史的軌跡，甚至影響中東歷史的發展。我想在此暫停，先花點時間說明伊斯蘭歷史上幾個重要的事件，這將有助於解釋為何多年來，無數的外交方案都宣告失敗，難以帶來任何和平的希望。

一五一七年和一九二三年之間，伊斯蘭信仰的化身鄂圖曼哈里發政權擴張版圖，以土耳其為基地向外擴展，影響範圍橫跨歐、亞、非三大洲。然而，即使是長達數世紀的經濟及政治強權，鄂圖曼帝國終究還是因為集權和腐敗逐漸式微。

在土耳其人統治之下，整個中東地區的穆斯林村鎮都淪落為被迫害與強制課稅的對象。也許對於坐在伊斯坦堡的哈里發而言，老實的平民百姓離他太遠了，顧不了他們飽受地方官及軍人的欺壓。

直至二十世紀初，大批的穆斯林覺醒，開始尋找一種不同的生活方式。此時，西方世界迅速工業化，受此地的礦產資源吸引而紛紛遠渡重洋而來，卻也帶來了酒精、賭博和色情，許多穆斯林藉此麻痺自己，試圖掩住生活中的困難。另外一些穆斯林則轉而接受外來民族的無神論。

在埃及開羅，有一個名為哈珊・班納（Hassan Al-Banna）的小學老師，他年輕而敬虔，常為自己貧窮、失業、不敬虔的同胞感到難過。他認為這一切應該歸咎於西方世界，而不是土耳其政權的腐敗高壓，他深信回歸伊斯蘭的純淨及簡樸是同胞們唯一的出路——特別是對年輕人而言。

他開始站在咖啡館的桌椅上大聲疾呼，對人們傳講阿拉。儘管醉漢嘲笑他，宗教領袖也挑戰他，卻也有許多人喜歡他，因為他帶給他們希望。

一九二八年三月，班納成立了「穆斯林兄弟會」，這個新組織的首要目標是重建以伊斯蘭信條為基礎的社會。短短不到十年，穆斯林兄弟會的分會遍及埃及每一省。一九三五年，他們也在巴勒斯坦成立分會。二十年後，光是在埃及，該會就有五十萬名成員。

儘管穆斯林兄弟會的成員大都來自社會中最貧窮、最弱勢的階層，但極度忠誠，願意遵循古蘭經的囑咐，自掏腰包來幫助其他穆斯林兄弟。

西方國家許多人都對穆斯林有刻板印象，以為所有穆斯林都是恐怖分子。這正反映出他們並不認識伊斯蘭展現憐憫及愛的層面，伊斯蘭關心窮人、寡婦及孤兒，也建立教育和慈善機構，希望信徒能夠團結並且幫助信徒建立生活，早期的穆斯林兄弟會領袖即受到這些信念驅動。然而，伊斯蘭也有另一面，就是呼籲、鼓吹所有穆斯林加入聖戰，起來革命，與現今的世界抗爭，直到建立一個全球性的哈里發政權，並由一位聖潔的領袖領導，他將為阿拉發言、掌權。這是一項重要訊息，在我們繼續下面的篇幅前，必須先明白並且牢記。現在先回頭交代歷史……

穆斯林兄弟會認為當時的埃及政府是國內世俗主義高漲的主因。一九四八年，他們計畫發動政變，卻因英國結束對巴勒斯坦這塊土地的託管、猶太人宣布在此建國而暫停，未造成任何效應。

以色列建國一事，令中東各地的穆斯林群情激憤。根據古蘭經，當敵人入侵任何一個穆斯林國家，全世界的穆斯林都應該起來捍衛伊斯蘭疆土，同仇敵愾，如同一人。對阿拉伯世界而言，以色列建國無疑是外國人入侵，現在甚至占領了巴勒斯坦，也就是阿克薩（Al-Aqsa）清真寺所在之處——阿克薩清真寺是伊斯蘭教僅次於麥加、麥地那清真寺的第三聖寺。據信，穆罕默德由天使吉卜利勒陪伴，由麥加到耶路撒冷，在此地升到天上，與亞伯拉罕、摩西、耶穌對話。

基於以上信念，埃及、黎巴嫩、敘利亞、約旦及伊拉克隨即入侵這個新生的猶太國，在埃及派出的一萬大軍中，有數千人是穆斯林兄弟會的自願軍。但是，儘管阿拉伯聯軍無論在人數或是武力上都占有優勢，卻不到一年便被全數掃蕩。

因為這次戰爭，巴勒斯坦大約有七十五萬的阿拉伯難民逃離或是被逐出這個已成為以色列國的地方。

儘管當時聯合國通過一九四號決議案，其中規定「應允許持和平態度並有返鄉意願的難民回到原居地，至於那些沒有相同意願的難民應得到合理的財務補償」，但這要求卻不曾被真正執行。數以萬計的巴勒斯坦人在以阿戰爭中流亡，再也沒有機會回到家鄉，許多難民和他們的兒孫至今仍住在聯合國設置的難民營中。

此時，穆斯林兄弟會成員已發展成武裝分子。當他們從戰場回到埃及，決定重新展開因戰爭而中止的反政府計畫。但是因為走漏風聲，埃及政府對穆斯林兄弟會下達禁令，沒收他們的財產，許多成員也因此被捕入獄。幾週之後，埃及總理被那些逃脫的成員暗殺身亡。

埃及總理被暗殺一事，換來哈珊·班納於一九四九年二月十二日被刺殺，據推測是埃及政府祕密警察所為。穆斯林兄弟會卻未因此瓦解，短短二十年之內，他們已經搖醒了沉睡中的伊斯蘭，與起武裝革命。接下來幾年，除了埃及，這個組織甚至在約旦及敘利亞境內不斷地吸收成員，強化自身的影響力。

一九七五年左右，父親為接受進階伊斯蘭教育，抵達約旦，當時約旦的穆斯林兄弟會已發展出完整的組織，並深受人民擁護。父親發現穆兄會做的每一件事都是自己關注的——幫助那些自伊斯蘭生活方式中迷失的信徒更新信仰、醫治受傷的心靈，並且致力於將信徒從日漸腐敗的社會影響中拯救出來。父親相信這些穆兄會成員是伊斯蘭的宗教改革家，如同馬丁·路德與威廉·丁道爾之於基督教，其動機是拯救人們，改善生活，而不是殺戮或破壞。所以，當父親與這些穆兄會的早期領袖碰面時，他對自己說：「沒錯，這就是我一直在尋找的。」

父親此時看見的是伊斯蘭中展現愛及憐憫的一面，卻未看見伊斯蘭的另一面。也許，他永遠不會讓自己看見。

伊斯蘭的信仰生活如同一架梯子，禱告及頌讚阿拉是第一階。當信徒幫助窮苦有需要的人、辦學校、支持慈善工作，他便開始往上爬。而參與聖戰則是梯子的頂端。

梯子很長，很少有人上去看看頂端到底有什麼，爬梯子是一個漸進的過程。這種漸進式的發展常讓人無法察覺，就像是穀倉裡的貓突擊燕子，儘管燕子一直緊盯著貓咪，看著牠前後來回踱步，燕子卻沒有測量距離，因而也未能察覺在每次來回踱步之間，貓已經漸漸逼近，直到轉眼間，貓爪伸出，被燕子的血染紅。

傳統的穆斯林站在梯子的底層，對自己沒有真實活出伊斯蘭的信仰而自責，頂端則是大家在新聞報導中看到為阿拉及古蘭經的榮耀濫殺無辜婦孺的基本教義派，中間分子則位居兩者之間。

其實，中間分子比基本教義派更危險，他們看來十分溫和、不具殺傷力，但你卻不知道他何時將跨上梯子的最後一階到達頂端。許多自殺炸彈客原本都只是中間分子。

在父親雙腳踏上梯子第一階的那天，他永遠無法想像自己會爬到離初衷多遠的地方。三十五年後的今天，我想問父親，您是否記得自己最初是從哪裡開始的？您為失喪的人們心痛，希望他們回到阿拉面前得到救贖，現在卻只剩下自殺炸彈客及無辜者的鮮血？這是您想要的嗎？然而，我的文化不允許孩子對父親如此說話，所以他繼續那條危險之路。

# 3 穆斯林兄弟會

一九七七—一九八七

當父親完成學業，從約旦回到被占領區，他心中對各處的穆斯林充滿樂觀希望，在他心目中，這個溫和穩健的穆斯林兄弟會將為大家創造光明的未來。

易伯拉欣．阿布．撒林姆（Ibrahim Abu Salem）是約旦分會的創立者之一，他跟父親一起回來，希望為當時已奄奄一息的巴勒斯坦兄弟會帶來新氣息。他們合作愉快，一同招募有熱情的年輕人，並將他們組織成小型的活躍分子團體。

一九七七年，儘管口袋裡只有五十第納爾（dinar），哈珊娶了易伯拉欣．阿布．撒林姆的妹妹為妻，而我便在次年出生。

我七歲時，我們舉家遷移到比瑞（Al-Bireh），也就是拉瑪拉的雙子城，父親擔任該市外環邊界阿馬里（Al-Amari）難民營的教長。當時有十九個難民營散布於西岸，其中二十二畝大的阿馬里於一九四九年設置，時至一九五七年，飽受日曬雨淋的帳篷被彼此緊鄰的混凝土房舍代替，營區中的街道大約可容一輛車子通過，未經處理的污水像爛泥一樣在排水溝中流動。營區內實在過度擁擠，也沒有乾淨的飲水，一棵樹孤零零地矗立在營區中央。無論是房舍、衣物、醫療或是教育，這裡的一切需要都仰賴聯合國援助。

當父親第一次來到營區內的清真寺，他只看到四十人分列成兩排在祈禱，令他很失望。幾個月後，不但清真寺內擠滿人，連外面街上都滿是要聽他傳講的人。父親不只獻身給阿拉，他對穆斯林同胞也有強烈的愛及熱情，他們也漸漸以愛來回應父親的付出。

哈珊．約瑟夫如此受愛戴，是因為他就像我們每個人一樣，從不自認為高人一等，以致看低自己服務的人群，他跟大家一樣生活、一樣吃喝、一樣祈禱，也不穿華麗的衣服。父親那時從援助巴勒斯坦宗教活動運作的約旦政府領取僅供糊口的薪資，禮拜一是父親的週休日，卻不曾休假，因為他不是為薪資而工作，而是為了討阿拉歡心。對父親而言，這是他的聖職，也是他人生的目的。

一九八七年九月，父親在西岸一間私立基督教學校兼職，成為該校的宗教老師，教導穆斯林學生相關的信仰議題。此後，我們更少在家裡看見他，不是因為他不愛我們，而是因為他更愛阿拉。只是當時我們並不知道，在接下來的日子，我們幾乎見不到他了。

當父親在外忙碌工作，母親獨自背負起教養孩子的重擔，她教導我們如何成為好的穆斯林，每天早上叫我們起床做晨禮，當我們長大一點時，母親鼓勵我們在伊斯蘭的聖月齋戒月齋戒禁食。那時，我們一共是六個兄弟姊妹：我有司海（Sohayb）、賽義夫（Seif）、歐維司（Oways）三個弟弟，以及賽琵拉（Sabeela）、塔司妮（Tasneem）兩個妹妹。即使父親兼兩份差，他的收入總是不夠支付所有帳單，母親只好費盡心思把每一分錢都花在刀口上。

賽琵拉跟塔司妮在年紀很小的時候就開始幫忙母親分攤家務，這兩個甜美又單純的妹妹因為沒有時間玩耍，玩具都已蒙塵，卻不曾埋怨。事實上，廚房用具成為她們的新玩具。

「賽琵拉，妳做太多了，停一停，休息一下吧！」媽總是這樣跟大妹說。

賽琵拉卻笑而不答，繼續幹活。

弟弟司海跟我很早就學會生火及使用火爐。我們分攤煮飯及洗碗的工作，也一起照顧當時還是嬰孩的歐維司。

我們最喜歡玩被我們稱作「星星」的遊戲。母親先把我們的名字寫在一張紙上，每晚睡前，我們在母親身邊圍成一圈，她會根據每個孩子當天協助的家務內容，發星星給我們作為獎賞，並貼在個人的名字後面。到了月底，拿到最多星星的人就是贏家，幾乎都是賽琵拉贏。當然，我們沒有多餘的錢買真正的獎品，可是沒關係，贏得星星便能得到母親的稱謝和誇獎，所以，我們每晚都熱切期待這小小的光榮時刻。

阿里清真寺距離我們家只有半英里遠，當我能夠獨自步行到那裡時，我覺得相當自豪。我急切地希望自己能像父親一樣，就如同父親希望跟隨祖父的腳步。

通往阿里清真寺那條街的對面，是一座我見過最大的墓園，拉瑪拉、比瑞及難民營中過世的人都被送到這裡埋葬，墓園占地是我們整個街區的五倍大，四周圍著約兩呎高的圍牆。一天五次，當叫拜聲響起召喚大家祈禱時，我得經過千百個墳墓以往返阿里清真寺。對我這樣年紀的男孩而言，這裡實在令人毛骨悚然，特別是晚上一片漆黑時，我腦中總是忍不住想像這些大樹的根深入地下，從埋在裡頭的死人身上吸取養分。

一天中午，當叫拜聲響起，召喚大家來晌禮時，我先在家中沐浴淨身，灑上古龍水，像父親一樣換上合宜的衣服，然後向清真寺出發。那是美好的一天！接近清真寺時，我發現門口停著比平日更多的車輛，還有一群人站在入口處。我如常地脫掉鞋子，一進到寺內，眼前恍然出現一具被白色棉布包裹的屍體放在敞開的箱子中。在此之前，我不曾見過屍體，也知道自己不該瞪著他看，但是我實在無法把視線挪開。死者身體被一張大布單包裹住，只露出臉，我緊盯著他的胸膛看，好希望他能再次開始呼吸。

教長召喚大家一列一列地排好，準備開始祈禱，我一邊跟隨眾人往前走，一邊忍不住回頭偷瞄箱子裡的遺體。當唱頌結束，教長請人把遺體搬到前面來接受祈禱，八個男人齊力把箱子舉到肩膀上，其中一個喊著：「阿拉是唯一的真神！」其他人也跟著喊：「阿拉是唯一的真神！阿拉是唯一的真神！」

人群開始向墓園移動，我也盡可能趕快穿好鞋子跟上，但是我實在太矮了，只好在這些大人的雙腳中間穿梭前進，急急追趕。我不曾真正進來這個墓園，我想，現在跟著這麼多人，應該很安全。

「不要踩在墳墓上，」有人大喊警告：「這犯忌諱！」

我小心地在人群中前進，直到一個很深的墓穴邊緣，我雙眼盯著這個八呎深的洞底看，有個老人站在裡面，我聽一些鄰居小孩講過這個人。他叫喬馬（Juma'a），他從不到清真寺禮拜，也不相信古蘭經裡的阿拉，但是每個人死後都由他埋葬，有時候一天要埋兩、三個人。

**難道他一點都不害怕死亡嗎**？我很納悶。

男人們把遺體慢慢垂放到喬馬強壯的手臂中，然後拿一瓶古龍水給他，還有一些聞起來很清香的綠色東西。喬馬把裹屍布打開，對著遺體噴灑這些液體。

之後，喬馬把遺體翻向右側，面向麥加，用水泥在周圍砌了一個小箱子。當四個男人開始用鏟子向墓穴內鏟土時，教長開始傳道。起初，他講的內容跟父親說的一樣。

「此人已經離開。」泥土漸漸覆蓋住死者的臉面、脖子和雙臂，「他將一切留在身後——他的錢財、房子、兒女以及妻子。這就是我們每個人的生命終點。」

教長激勵我們要悔改，停止犯罪，接著他開始說一些我不曾聽父親說過的話：「此人的靈魂不久將回到他身上，兩個名叫蒙卡（Munkar）和納克爾（Nakir）的可怕天使將從天而來審問他，他們會抓住他，用力搖晃他，問他：『誰是你的神？』若是他回答錯誤，他們將用大鎚子重擊他，然後把他送到地心七十年。阿拉啊！當我們的日子來到盡頭時，願祢給我們正確的答案！」

此時，我低頭看著敞開的墓穴，心裡害怕極了。現在遺體幾乎已經被土覆蓋，我心想，審問什麼時候會開始？

「若是他的答案不被接受，他身上的泥土將會重重壓碎他的肋骨，蟲子會啃蝕他的肌肉，他還會被有九十九個頭的蛇以及像駱駝脖子一樣大的蠍子凌虐，直到阿拉因為他承受的這些痛苦而原諒他，那時他將從死裡復活。」

我實在無法相信他們每次埋葬死人時，都是這個樣子，而且就發生在我們家旁邊。我對這個墓園向來沒有好感，現在更不喜歡它了。我決定記下這些問題，哪一天我死後，當天使來審問我時，我要能給出正確的答案。

教長說，當大家離開墓園時，審問就會開始。我回家後，卻無法忘記教長說的每一句話，所以我決定返回墓園偷聽這些嚴刑拷打。我在鄰居家附近晃來晃去，想找人跟我一起去，但是大家只覺得我瘋了。看來我得自己去。重返墓園的路上，我因為害怕忍不住一直發抖，很快地，我已經站在一望無際的墳墓之中。其實我好想落跑，但是好奇心終究戰勝了恐懼，我想要聽聽這些拷問、慘叫聲，什麼都好。可是我什麼都沒聽到，我慢慢向前移動直到手碰到一個墓碑，四周仍然一片寂靜。一小時後，我興致索然地打道回府。

回家後，看見母親在廚房裡忙著，我告訴母親下午在墓園裡教長說那裡會有嚴刑拷打。

「然後呢？」母親問。

「大家離開後我又回去墓園，但是什麼都沒發生。」

「只有動物聽得見拷打聲，人聽不見啦。」母親解釋道。

對一個八歲的孩子來說，這解釋再合理不過了。

那天之後，我又目睹了更多遺體被送到墓園，便漸漸對這種景象習以為常，甚至在旁邊閒晃，看看又是誰死了。昨天，一個女人。今天，一個男人。有一天，他們一次帶了兩個人進去，幾小時後，又是另一個。當沒有人被送進墓園時，我在墳墓堆中穿梭，想看看是哪些人被葬在這裡。這個，死了一百年，這個，二十五年……他叫什麼名字呢？她又是從哪裡來？慢慢地，墓園成了我的遊樂園。

我的朋友跟我一樣，剛開始很怕那個墓園，但是我們用激將法刺激彼此，看誰敢在黑夜裡進園內，因為沒有人想被貼上膽小鬼的標籤，我們一個個後來都克服了恐懼，甚至還一起在墓園的空地踢足球。

當我們的家庭漸漸變大，人口增加，穆斯林兄弟會也逐漸成長。很快地，它開始轉型，其成員不再以窮人與難民為主，增加了許多受過良好教育的年輕男女、商人及專業人士；這些人自掏腰包蓋學校、慈善機構及醫療診所。

眼見穆斯林兄弟會日漸茁壯，許多伊斯蘭運動中的年輕人，特別是迦薩走廊那一帶，覺得穆兄會應該起來扮演抵擋以色列占領的角色。他們說，我們一直關懷社會上的人，也會繼續這樣做，但是我們應該永遠忍受被占領嗎？古蘭經不是吩咐我們要逐出入侵的猶太人嗎？這些年輕人雖然個個沒沒無名，卻都強悍、難纏，並且不惜一戰。

父親與西岸其他領袖不同意他們的想法，大家尚未預備好再次承受像穆兄會在埃及跟敘利亞起義失敗的後果。他們在約旦會面，對大家說，兄弟會成員不動武。他們舉行投票，透過選舉，對社會還是很有影響力。父親並不是反對武力相向，他只是擔心一旦採取行動，他的同胞將無力承受以色列的軍事回擊。

穆兄會內部為此爭論了好幾年，而社會上基層群眾要求採取行動的壓力也愈來愈大。基於對穆兄會無所作為的失望，法地．夏卡奇（Fathi Shaqaqi）於一九七〇年代末成立了「巴勒斯坦伊斯蘭聖戰組織」。即便如此，穆斯林兄弟會的「無暴力」主張後來仍得以維持十年。

一九八六年，一場歷史性的會議在伯利恆南邊的希伯倫（Hebron）祕密展開，父親也參與其中。事過境遷多年後，他才告訴我關於這個會議的事。和一些不準確的歷史記載有所出入，以下七人出席了該場會議：

- 阿赫米德．亞辛（Ahmed Yassin）——一位終身倚靠輪椅而行的教長，後來成為這個新組織的精神領袖。
- 希伯倫來的穆罕默德．迦瑪爾．阿耐特雪（Muhammad Jamal al-Natsheh）。
- 納布盧斯（Nablus）的迦瑪爾．曼素爾（Jamal Mansour）。
- 謝赫哈珊．約瑟夫（我父親）。
- 拉瑪拉來的馬赫慕德．穆斯力赫（Mahmud Muslih）。
- 耶路撒冷的賈米．哈馬密（Jamil Hamami）。
- 迦薩的艾依曼．阿布．塔哈（Ayman Abu Taha）。

這幾位參加會議的領袖後來終於同意對以色列採取行動。他們決定從區域性的零星騷動開始，無論是投擲石塊或是焚燒輪胎，希望藉此喚醒、整合並驅動巴勒斯坦人民，讓他們意識到自己需要在阿拉及伊斯蘭信仰的旗幟下擁有獨立性。[1]

「哈瑪斯」就此誕生了。父親也因此向伊斯蘭的階梯頂端攀爬了幾階。

# 4 投擲石塊

一九八七—一九八九

哈瑪斯需要一個引爆點，任何引爆點，來合理化它的起義行動。一九八七年十二月初，機會來了，雖然一開始只是一個悲慘的誤會。

首先，一個名叫所羅摩．撒凱爾（Shlomo Sakal）的以色列塑膠製品商人在迦薩遭人割頸身亡。幾天後，四名迦薩賈巴利亞（Jabalia）難民營的人在一起一般的交通意外中喪生。謠言開始滿天飛，有人說他們是被以色列人殺害的，為了報復所羅摩．撒凱爾的死，賈巴利亞難民營人人情緒沸騰，騷動不斷。一個十七歲的年輕人因投擲手持汽油彈，在混亂中被以色列士兵槍殺，他的死更讓群眾怒不可遏。在迦薩走廊及西岸，每個人都走上街頭，哈瑪斯領頭為衝突火上加油，使得這種街頭暴動成為以色列境內新的戰鬥方式，連孩童都上街向以色列坦克車投擲石塊。一週內，這些衝突照片登上了各大國際雜誌封面。

第一次「巴勒斯坦反抗運動」展開了，巴勒斯坦人民的訴求也在國際間傳揚，成為世界新聞。當反抗暴動如怒火般延燒，我們的墓園遊樂場也變得不一樣了，每天都有更多的遺體運送進來，數量之多前所未見。狂暴、憤怒與傷慟同時間在人們心中蔓延。於是，巴勒斯坦群眾開始向每天必須開車經過墓園回到一哩外屯墾區家中的以色列人民投擲石塊。有重武力裝備的以色列屯墾區居民也隨意射殺以為回應。一旦以色列國防軍抵達民眾衝突現場，只會帶來更多的射擊、傷者及槍殺。

我們家正好位於所有混亂的中心，三不五時，屋頂上的水塔會被以色列士兵的子彈打穿。那些被抬進墓園時頭戴面罩、被稱為「自由戰士」的突擊隊員（feda'iyeen）的遺體，也不再只是老人。有時候，遺體沒有清洗、沒有包裹，還流著血，便被直接送進墓園。每一個烈士都被迅速下葬，以免有人竊取遺體、偷走器官後，再把塞了破布的遺體送還給死者家人。

生活裡暴力衝突不斷，在少有的平靜日子當中，我反倒感覺無聊，所以就跟朋友們開始丟石頭，藉機惹事，希望也能被稱為反抗戰士。從墓園裡，我們可以看到附近山頂的以色列屯墾區，周圍有高高的柵欄圍著，還有守望塔警戒。我對住在那裡的五百名以色列人感到好奇。他們有新車，許多人還配備武器。有了自動化武器，看來可以隨意槍傷任何人。對一個十歲的孩子而言，這些人簡直是外星人。

一天傍晚、日落祈禱之前，我跟一些朋友在路邊躲著，等待伏擊，我們決定對一輛屯墾區居民的巴士下手。我們想巴士比汽車大，應該比較容易擊中，所以比較有把握。這些巴士一向準時，每天都是同一個時間經過。我們在路邊等著，耳邊聽見熟悉的叫拜聲透過擴音器傳過來：「趕快來禮拜。」

當熟悉的隆隆柴油引擎聲終於自遠方響起，我們每個人都握著兩顆石頭，雖然我們躲起來看不清楚馬路，透過引擎聲卻可以清楚知道車子的位置。當車子靠近時，我們算準時間一躍而出，手上的石塊百花齊放。石頭打在金屬車殼上的聲音，令我們確信至少有一部分擊中目標。

然而，這竟然不是我們等待的居民巴士，而是一輛滿載惱怒的以色列士兵的大型軍用運輸車！我們發現後，全都快速轉身躲進路邊溝裡的藏身處。我們看不見他們，他們也看不見我們，士兵只好開始對空鳴槍，就這樣漫無目標地鳴槍好幾分鐘，我們快速匍匐逃離現場，躲進附近一座清真寺。

在清真寺裡，禮拜已經開始了。我猜想當時大家的心思都不在自己的祈禱上，而是側耳傾聽外面自動武器的聲音，揣測剛剛發生了什麼事。我跟同夥快速閃進最後一排人群，真希望沒有人發現我們。但是當教長祈禱一結束，每個人都對我們投以氣憤的眼光。

不到幾秒鐘，以色列軍用卡車也到了。車子在清真寺前面戛然停住，士兵們蜂擁進來，命令所有人都到外面去。他們一一檢查我們的身分證，叫每個人臉朝下趴在地上。我最後一個走出去，真是嚇壞了，好怕這些士兵會發現我是整件事的始作俑者，我想他們一定會打死我。但是竟沒有人特別注意到我，也許他們覺得像我這樣年紀的孩子還沒有膽量向以色列軍車丟石頭。無論如何，我很高興他們沒有將矛頭指向我。我們被盤查了好幾個小時，我知道很多人很惱怒我，他們不曉得我到底做了什麼，卻很清楚是我引起了這一連串的麻煩。其實我並不在乎他們的惱怒，至少我們挑戰了以色列軍人的勢力之後，還能全身而退，這實在令人振奮。這次事件讓我們對類似行為漸漸上癮，而且變得更大膽。

有一天，我跟一個朋友兩人又躲在路邊，這次更靠近馬路。一輛屯墾區居民的車子駛近。我站起來，用盡全力將石頭丟向車子，打中擋風玻璃，砰一聲巨響，聽起來像是炸彈爆炸。雖然擋風玻璃沒被打破，我還是看到駕駛的表情。他嚇壞了！連忙把車子向前駛了四十碼左右，停了下來，再將車子掉頭迴轉。

我趕緊跑進墓園躲起來，他也跟了上來，卻只待在外面沒有進來。他手持M16步槍對著墓園外牆，雙眼在墳墓堆中搜索，尋找我的蹤跡。我的朋友已經從另一個方向逃走了，留下我獨自面對一個憤怒又手持武器的以色列居民。

我屏氣凝神趴在墳墓間的地上，我知道他只是在等我從低矮的墓碑中抬起頭來。終於，在這個僵局中我再也按捺不住，縱身一跳，拔腿狂奔。幸運的是，天色已暗，那個以色列駕駛似乎也不敢跨進墓園，沒有追上來。

跑沒多久，我感覺雙腳踏空，掉進一個為下一個死人預備的敞開墓穴，那會是我嗎？我不禁納悶。頭上，那個以色列人向墓園內掃射的子彈滿天飛竄，墓碑碎片如雨點灑落在墓穴中。

我蜷伏在那裡無法動彈。約莫半小時後，我聽見有人說話，知道那個以色列人已經走了，可以爬出來了。

幾天後，當我沿著路邊走，同一輛車經過我身邊，車上有兩個人，駕駛卻是同一個。他一認出我，我就立馬跳下車，試圖逃跑，這次卻沒這麼幸運了，他捉住我後，開始重重摑我的臉，再把我抓上車，一路開往屯墾區。一路上大家不發一語。他們兩人看起來都很緊張，手緊握住槍，不時回頭查看後座的我。我不是恐怖分子，只是一個嚇壞了的孩子，他們的行徑卻像是實境狩獵遊戲中，捕獲老虎扛回家的獵人。

一個士兵在屯墾區入口處檢查駕駛的證件後揮手讓他通過。這士兵怎麼沒有質疑，這人車上為何有一個巴勒斯坦小孩呢？我知道我應當感到害怕，也確實很害怕，但是我實在忍不住盯著四周環境瞧。這是我第一次進入以色列人的屯墾區，這裡真美麗，有乾淨的街道、游泳池，從山上還可俯瞰山谷中美麗的景致。

駕駛把我帶到屯墾區內的以色列軍事基地，裡面的士兵叫我脫鞋坐在地上，我以為他們要射殺我再棄屍在荒郊野外。當天色漸漸昏暗，他們卻叫我回家。

「可是我不知道怎麼走回家。」我抗議。

「快走，不然我開槍了。」其中一個說。

「可以請你把鞋子還我嗎？」

「不行，快走。下一次再丟石頭，我會要了你的命。」

我家距離屯墾區超過一哩遠，我一路走回家，腳上只有襪子，當石頭還有碎礫刺進腳底時，我只能咬緊牙根忍耐。母親遠遠看見我回來，就沿著人行道快跑過來緊緊抱住我，幾乎把我肺裡面的空氣都擠出來了。有人告訴她我被以色列人綁架了，她好擔心他們會殺了我。她一邊親我的頭，把我抱進她的懷裡，一邊重複責備我太蠢。

旁人也許以為我會從這次經歷中學到教訓，其實沒有，我是個固執的孩子，我已經等不及要去跟那些膽小的朋友炫耀自己英雄式的冒險。後來，直到一九八九年，還常有以色列士兵來敲我家大門，強行進入，好像老是在搜尋某個投擲石頭、再從我家後院逃走的人。這些軍人總是配備重武器，而我從來搞不懂他們為何這麼在意區區幾塊石頭。

第一次反抗運動期間，由於以色列嚴守邊境，巴勒斯坦人幾乎無法從外界得到任何武器，我想不起來在這段時間內見過任何巴勒斯坦人配備武器——都只有石頭或是手持式汽油彈。然而，我們都聽說以色列國防軍向手無寸鐵的人群放火，或是用棒子打人。甚至有報導指出，高達三萬名巴勒斯坦孩童傷勢嚴重、送醫治療，但是對我而言，這些聽起來很不合理。

一天晚上，父親比平時晚回家，我坐在窗邊看到他的小車轉過街角，我的肚子早已咕嚕咕嚕地作響。雖然母親叫我先跟弟弟妹妹一起用餐，我卻執意要等父親回家一起吃。終於，我聽見父親那輛老爺車的引擎聲，我高興地大喊：「爸爸回來了！」一聽到父親回家了，母親馬上將熱騰騰的飯菜堆滿餐桌。

「抱歉，我回來晚了，」父親說：「我出城去調解兩個家庭的紛爭。你們怎麼沒先吃？」

他快速洗手更衣，到餐桌坐下。

「我餓壞了。」他笑著說：「我一整天都沒吃東西。」這一點也不稀奇，因為在外面用餐對父親而言太奢侈了。這時候，母親煮的鑲節瓜香味滿溢在整個屋子裡。

當我們坐定開飯，我心中湧出一股對父親的崇拜之情。儘管臉上稍露疲態，但我知道父親熱愛他的工作，他向自己服務的人群流露的恩慈，只有他對阿拉的奉獻能相提並論。看著父親跟母親、弟弟、妹妹說話，我心裡想，父親跟其他穆斯林的男人真是不同啊！他從不會拒絕幫母親處理家務，也很樂意協助或是照顧我們這些孩子。事實上，父親每晚都自己在水槽洗襪子，如此，母親便不用做這些事。在一個婦女普遍認為一天結束時為丈夫刷腳是自己的榮幸的文化中，這是前所未聞的。

現在我們圍坐在餐桌，七嘴八舌地告訴父親今天在學校學了什麼、空閒時又做了什麼，因為我是長子，我讓弟弟妹妹先說。輪到我時，卻被後門一陣敲門聲打斷，這時有誰會來訪？或許是有人遇上大麻煩，來尋求幫助。

我跑去門邊，打開門上的小窗，外面站著一個我不認識的人。

「Abuk mawjood?」他用流利的阿拉伯語發問，意思是：「你父親在家嗎？」他的穿著像阿拉伯人，但是不知怎的，我總覺得有哪裡怪怪的。

「在。」我說：「我去叫他。」我沒有開門。

父親一直站在我後面，他打開門，幾名以色列士兵進來，母親快速戴上頭巾，在家人面前不需戴頭巾，但在外人面前可就不一樣了。

「你是謝赫哈珊嗎？」眼前的陌生人問。

「是的。」父親說：「我是謝赫哈珊。」

這位先生跟父親握手，自稱是善上尉。

「您好嗎？」善上尉禮貌地問候父親：「一切都好嗎？我們是以色列國防軍，希望您能跟我們離開五分鐘。」

他們要父親做什麼？我在他臉上來回梭巡，想從他的表情看穿他的來意。父親溫和地對這個軍官微笑，眼中沒有一絲疑慮或不滿。

「好，我跟你們走。」父親說，走向門口時，還對母親微微點頭。

「在家裡等著，你父親很快就回來了。」軍官對我說。我跟著他們走到門外，環顧四周，想看看附近是不是還有更多士兵，卻發現一個也沒有。我坐在房前台階上等父親回來。十分鐘過去了，一小時，兩小時，父親始終沒有回來。

我們不曾度過一個父親不在家的夜晚，就算他忙到不行，夜裡也一定會回家。他每天清晨叫我們起床祈禱，也每天送我們到學校。如果他今晚沒回家，我們該怎麼辦？

當我回到屋內，妹妹塔司妮已經在沙發上睡著了，臉頰上仍掛著兩行清淚。母親試著讓自己在廚房忙著，但是隨著時間一分一秒過去，她愈來愈焦慮、沮喪。

第二天，我們趕去紅十字會，看看是否能得到父親失蹤的任何消息。坐在桌子後面的男人告訴我們，父親鐵定是被以色列國防軍逮捕了，國防軍通常在十八天後才會向紅十字會透露消息。

我們只好回家數日子等待，一天一天倒數這兩週半的時間。這段期間，我們什麼消息都沒有。十八天終於到了，我又去紅十字會詢問，卻被告知沒有進一步消息。

「可是你說十八天的！」我說，強忍住眼中的淚水。「告訴我我父親在哪裡！」

「孩子，回家吧。」他說：「你可以下週再來。」

我一再回到紅十字會，長達四十天之久。每一次都是相同的答案：「沒有進一步消息，下週再來。」這很不尋常，因為在多數情況下，經過幾週的偵訊後，巴勒斯坦犯人的家屬會知道他們親愛的家人被關在哪裡。

我們鍥而不捨地詢問每一個被釋放出獄的人，想知道他們是否看見父親。他們大都聽說父親被捕的消息，卻沒人知道更多。即使是父親的律師都所知不多，他甚至沒辦法探視父親。

我們後來隱約聽說，父親被送到一個稱為「馬司卡比葉」（Maskobiyeh）的以色列偵訊中心，被拷打訊問。以色列國家安全局（Shin Bet）知道父親位居哈瑪斯高層，認定父親知道組織內的每一件事情、每一項計畫，決定從父親口中挖出一切。

多年後，父親才告訴我當時到底發生了什麼事。原來，那段日子，他雙手被手銬銬著，吊在天花板上，被電擊直到失去知覺昏厥過去。他們把父親跟一些所謂「鳥人」的巴勒斯坦投誠者關在一起，期望他向他們透露些什麼。當這招也不管用時，他們就更凶狠地毆打父親，但是父親很強壯，堅持沉默以對，不曾向以色列軍方透露任何會傷害哈瑪斯或巴勒斯坦兄弟的消息。

5

# 倖存

一九八九—一九九〇

以色列以為他們抓到一個哈瑪斯頭子後，事情會容易許多，但是父親入監期間，反抗運動只是愈演愈烈，愈來愈暴力。一九八九年下半年，拉瑪拉的亞牧・阿布・沙罕（Amer Abu Sarhan）眼看更多巴勒斯坦人民死亡，再也無法忍受。因為沒有人有槍，於是他抓了一把廚房用刀，活活刺死三個以色列人。這無疑掀起了一場革命，這起事件引發日後明顯升高的暴力衝突。

對那些失去親友、土地被占，或是持任何理由想報復的巴勒斯坦人而言，沙罕頓時成了英雄。他們不是天生的恐怖分子，他們只是一群失去盼頭、沒得選擇的人。他們已無後路，一無所有，所以也不會害怕失去什麼。他們一點都不在意世界的觀感，甚至不在乎自己的生命。

在那個時代，孩童去學校上課變得困難而複雜。對我們來說，下課一出校門撞見以色列軍用吉普車在街上來回穿梭，透過擴音器宣布即刻宵禁是常有的事。以色列士兵非常嚴肅看待宵禁這回事，這跟美國很不一樣。在美國，宵禁的意思是，若警察看到一個青少年晚上十一點過後還開車在街上閒晃，會打電話給他的父母。在巴勒斯坦，一旦宣布宵禁，若有人還在街上行走，不問原因，格殺勿論。沒有警告，沒有逮捕，他們會直接開槍。

第一次在學校遇到宵禁，我完全不知所措。通常我要步行四哩路才能到家，當時我想，在宵禁開始前我應該到不了家。放眼望去，街上已經空無一人，我很害怕。雖然我只是一個下課要回家的學童，但以色列士兵看見我一定會開槍，有許多巴勒斯坦孩子被射殺，我知道我不能待在這裡。

我開始一路在建築物間東躲西藏、穿梭前進，躡手躡腳地穿過別人的後院，或是躲在樹叢裡，一路上盡可能避開吠叫的狗或背機關槍的人。當我終於抵達家附近的街角時，很高興看到弟弟妹妹也已平安到家。

我們需要面對反抗運動在生活上帶來的各種影響，宵禁只是其中之一。許多時候，頭戴面罩的人會突然出現在學校，宣布罷工、罷市即將開始，要我們所有人回家。這些罷工、罷市的不合作運動是由巴勒斯坦境內一支派系號召，目的是希望藉由減少以色列政府向商店徵收的營業稅收入，來傷害以色列經濟。他們認為巴勒斯坦商店若拉下鐵門拒絕開張，商店老闆就可以少付一點稅。但是以色列人不是笨蛋，他們開始查逃漏稅，逮捕那些非法規避稅金的商店老闆。那麼，這些罷工、罷市最後到底傷害了誰？

除此之外，各種反抗組織也為了權力及聲望持續惡鬥，這些不同的組織就像孩子們在街頭足球賽中搶奪足球一樣。儘管如此，哈瑪斯的影響力持續提升，甚至漸漸挑戰「巴勒斯坦解放組織」（PLO）的領導地位。

巴勒斯坦解放組織成立於一九六四年，該組織代表巴勒斯坦人對外發聲，旗下三個最大的次團體分別是：左翼的民族主義團體「法塔赫」（Fatah）、共產主義團體「巴勒斯坦人民解放陣線」（PFLP）及「巴勒斯坦民族解放陣線」（DFLP）；它在意識形態上也偏向共產主義。

巴勒斯坦解放組織要求以色列歸還一九四八年獨立前每一吋屬於巴勒斯坦人的土地，並且賦予巴勒斯坦人自決權。為達此目的，它引發一連串全球性議題，打游擊戰，從其組織的基地製造恐怖活動，作為抗爭手段，先是到鄰近的約旦，後來擴及黎巴嫩和突尼西亞。

與哈瑪斯及伊斯蘭聖戰組織不同的是，巴勒斯坦解放組織從來不是一個純粹的伊斯蘭組織，其組成分子是國家民族主義者，並非所有成員都奉行伊斯蘭教義，事實上許多巴解成員根本不信神。即使我當時還年幼，在我眼中，巴勒斯坦解放組織就是腐敗而自利的。組織的領導人指派許多人，甚至許多青少年，在一年之內執行一、兩起高調的恐怖攻擊，只為了合理地從各地募得更多金援，以便對抗以色列。年輕自由鬥士的生命只不過比燃料價值高一點，他們被用來搧旺憤怒及仇恨的烈火，或是被用來促使金援源源不絕流入巴解領袖的個人銀行帳戶。[2]

第一次巴勒斯坦反抗運動的最初幾年間，由於意識形態的差異，哈瑪斯及巴勒斯坦解放組織走上兩條截然不同的道路。宗教及聖戰熱情是哈瑪斯的生命泉源，而巴勒斯坦解放組織則是被國家民族主義和權力意識形態所驅使。舉例來說，當哈瑪斯號召罷市並揚言燒掉所有開門營業的商店時，對街的巴勒斯坦解放組織領袖就揚言燒掉所有歇業的商店。

儘管有理念及本質上的差異，哈瑪斯及巴解面對被他們共同稱作「錫安主義實體」（the Zionist entity）的以色列時，卻能因為這個共同的仇恨對象統一陣線。最後，雙方達成協議，哈瑪斯可以於每月九日號召罷工、罷課、罷市，而巴解底下最大派系「法塔赫」，則於每月一日號召。但是無論由誰號召，這段時間內，一切活動被迫停止，學校、商業活動、交通——所有事項，沒人敢工作、賺錢或上課。

西岸全區因此停擺，只有頭戴面罩的男人在街上示威抗議、焚燒輪胎、在牆上塗鴉或噴寫標語，還有強制商店歇業。問題是，任何人都可以戴上一頂滑雪面罩，自稱是巴解成員，沒人會知道面罩底下到底是誰，每個人都有自己的訴求，會為自己的私仇而戰。混亂掌管了一切。

以色列把握機會，趁亂占便宜。既然任何人都可以成為反抗運動戰士，以色列安全部隊成員於是也戴上面罩，滲透到示威抗議的行列中。在這天，他們可以大搖大擺地隨意進出任何一個巴勒斯坦城市，穿著如同反抗運動的自由鬥士，毫無攔阻地完成一些匪夷所思的行動。因為沒人知道這些頭戴面罩的特定人士是誰，百姓只能聽命行事，以免招來毒打或是商店被縱火燒毀，更有甚者，則是被冠上伊斯蘭叛徒的罪名，慘遭被吊死的下場。

不久，混亂和混淆發展到了愚蠢的地步，有一、兩次學校正值考期，我跟幾個班上同學說服年紀較大的孩子戴面罩來學校，宣布罷工、罷市，我們覺得這樣很好玩。

總之，我們成了自己最大的敵人。

那幾年，對我的家人而言，生活特別困難，父親仍在監獄裡，不間斷的罷工、罷市、罷課，讓我們幾乎整整一年都沒有辦法上課。這段時間，舅舅、伯伯、宗教領袖，以及所有其他人都一致認為，他們有責任要管教我，只因為我是謝赫哈珊．約瑟夫的長子。無論什麼事，他們都以高標準要求我。當我無法達到他們的期待時，就得挨打，無論我怎麼做，即使一天五次去清真寺祈禱，在他們眼中我總是做得不夠好。

有一次，我跟朋友在清真寺裡追逐玩耍，教長猛地追上來，一把抓到我就高舉到頭上，然後把我背朝地上重摔。我嚇壞了，以為自己會當場喪命，接著他不斷地對我拳打腳踢。為什麼？我不過是做每一個孩子都會做的事啊！但是因為我是哈珊．約瑟夫的兒子，所以對我的標準就高於常人。

我有一個朋友，他父親是宗教領袖，在哈瑪斯裡也是個有頭有臉的人物。他時常鼓吹人們向以色列人投擲石頭，他不在乎別人的孩子因為用石頭攻擊屯墾區居民而受槍傷，但他自己的孩子就不行。有一次，他發現我們一起丟石頭，就把我們叫到家裡去，我們以為他要跟我們說話，沒想到他扯斷暖氣機的電線後，用電線使勁鞭打我們，直到流血。為了保全他孩子的性命，他不准我們來往，後來我朋友離家出走，仇恨自己的父親就像仇恨魔鬼一樣。

父親入獄期間，旁人花了很多精神管束我，卻沒人幫助我的家庭。因為被捕入獄，父親在基督教學校教書的額外收入也沒了，雖然學校承諾為他保留職位直到出獄，但眼下我們一家的生活仍然陷入困境。

父親是家裡唯一有汽車駕照的人。所以儘管有車，也派不上用場，母親通常要步行很遠才能到達市場，而我總會跟母親一起去幫忙提重物。對我而言，羞恥感遠比生活上的匱乏更難堪。當我們在市場中穿梭，我經常得在貨車底下爬行，撿取破損或腐爛、掉在地上的蔬果。母親則為那些引不起食欲、沒人要的蔬菜費力地討價還價，還告訴菜販那些菜是買來餵家畜的。如今，母親仍須為所有花費精打細算，因為父親前前後後被捕入獄十三次——比其他哈瑪斯領袖都多（當我寫到這裡時，父親人還在監獄中）。

我想，是不是大家以為我們家很富有，所以沒人伸出援手？畢竟父親是一位顯赫的宗教、政治領袖。旁人似乎也認為我們的大家族會援助我們。是啊，阿拉會供應。然而我們的叔叔伯伯忽略我們的需要，阿拉也什麼都沒做。母親只能獨力撫養這七個孩子（我們的小弟弟穆罕默德於一九八七年來到世上）。

最後，當情況變嚴重時，母親向父親的一位友人借錢——不是為自己逛街治裝或買化妝品，而是為了一天至少可以給她的孩子一餐飯吃。他卻拒絕她了，他不但沒有幫助母親，還跟他的穆斯林朋友說母親向他伸手要錢。

「約旦政府有給她薪資，」他們語帶批評地說：「為什麼她要貪得無厭呢？這個女人八成想趁她丈夫入獄時發點財。」

從此母親再也不向任何人求助。

「摩薩，」有一天母親說：「我做一些果仁酥餅（baklava），還有其他家庭手工甜點，你拿去賣給工業區那些工人好不好？」我告訴母親，只要能幫助家計，我什麼都願意做。從那天起，每天下課後，我換好衣服，雙手托著一盤媽媽做的酥皮點心出去，盡可能賣光。剛開始我覺得很不好意思，但後來我勇敢地走到每個工人面前，請他們買我的酥餅。

某個冬日，我如常地外出賣酥餅，到達時卻發現工業區空無一人，原來天氣實在太冷，沒有人外出工作。我雙手凍僵了，天還開始下雨，我把有塑膠蓋子蓋著的托盤頂在頭上當作雨傘遮雨。這時我看到一輛車停在路邊，車上有好幾個人，駕駛打開車窗，伸出頭來，叫住我。

「喂，孩子，你手上的是什麼？」

「我有一些果仁酥餅。」我邊說，邊向車子走去。

當我向車內望去，發現舅舅易伯拉欣正坐在裡面，我好驚訝，他的朋友也很詫異，竟會看到易伯拉欣的外甥在冬雨霏霏的日子沿街叫賣。讓他如此難堪，我覺得很羞恥，只能無言以對，他們也是。

舅舅買下我手中所有的酥餅後叫我回家，還說晚一點會去看我。後來他一到家，就對母親大發雷霆，我聽不清楚他對母親說了什麼，但是舅舅離開後，母親哭了。第二天下課，我如常換了衣服，告訴母親我已經準備好出去賣餅了。

「我再也不要你去賣酥餅了。」她說。

「可是我已經漸漸上手了，相信我，我很在行的！」

淚水從母親眼中流下，而我再也沒有出去賣餅了。

我充滿憤怒。我不明白，鄰居、親友不幫助我們也就罷了，當我們自力更生時，他們為什麼還有臉批判我們？我思索，也許背後真正的原因是他們擔心因為幫助我們而被以色列人認為是幫助恐怖分子，害怕惹上麻煩。可是，我們不是恐怖分子，我父親也不是。很不幸地，後來情況卻有所改變。

6

# 英雄回來了

一九九〇

大家避而不見一年半後，父親終於被釋放了，我們家突然變成了皇族——因為英雄回來了。我不再是帶給他人恥辱的可憐孩子，而是有合法繼承權的王儲，弟弟們是王子，妹妹們是公主，母親則是王后，再也沒有人膽敢批評我們。

除了清真寺的工作，父親也重拾基督教學校的教職。現在他回家了，便盡可能幫助母親料理家務，也分攤我們孩子原本承擔的家務，使我們輕鬆不少。無疑地，我們仍然不富有，但是已有足夠的錢買像樣的食物，偶爾還可以為我們的「星星」遊戲贏家買些真正的獎品，我們因榮耀及敬重而富足。最棒的是，有父親跟我們在一起，我們就什麼都不缺了。

所有的事很快地重回軌道，變得正常——當然是相對而言的正常。畢竟我們仍被以色列占領，街上每天都有人喪生，我們家位於通往墓園的路上，那裡每天大口大口地吞下流血的屍體。父親因被懷疑是恐怖分子而入獄，他對那十八個月只留下駭人的回憶，而被占領區也漸漸退化成無法無天的原始叢林。

伊斯蘭法是穆斯林唯一謹守的法規，由伊斯蘭教法學家裁決（fatwas），或是根據教規針對每一個主題進行判決。伊斯蘭教法學家裁決的原意是：引導穆斯林在日常生活中履行古蘭經教義，但是因為沒有中央統一的立法機構，不同的教長針對相同事件常有不同的裁決，所以造成每個人都有自己的一套規則，有些又比他人的更嚴苛。

某天下午我跟朋友在室內遊戲，聽見外面有尖叫聲，叫囂或械鬥在我們的世界裡已是司空見慣，我們全都跑出去看看發生了什麼事，原來是鄰居阿布．撒林姆（Abu Saleem）手中揮舞著刀，威脅要殺他的表弟。他可憐的表弟努力閃躲在空中飛舞的閃亮刀鋒，附近鄰居都跑出來阻止阿布．撒林姆，但他體格很壯碩。他是肉販，我曾見過他在自家後院宰牛，弄得他從頭到腳沾滿黏稠的牛血。當阿布．撒林姆追著他表弟跑時，我忍不住回想他處置那隻動物的光景。

**是的**，我心中想著，**我們真是住在叢林裡**。

沒有警察可叫，沒有當權者，除了圍觀，我們還能做什麼？還好，他的表弟最後安全脫身，跑走後沒再回來。

當天晚上父親回家後，我們告訴他下午發生的事情。父親的身高只有五呎七吋，不是你想像中的運動家體型，他聽完我們七嘴八舌的描述後，竟跑去對隔壁喊道：「阿布．撒林姆，怎麼回事？我聽說今天有打架。」而阿布．撒林姆則反覆說著要殺了他的表弟。

「你知道我們現在身處占領區，」父親說：「你要明白我們沒有時間花在這種蠢事上面。你應該坐下來跟表弟道歉，他也要跟你道歉。不要再讓我看見這種麻煩發生。」

阿布．撒林姆跟其他人一樣敬重我父親，即使是家務事，他也信任父親的智慧，他同意跟表弟把事情解決了，然後就跟著父親一起參加街坊鄰居的社區會議。

「現在的狀況是，」父親平靜地說：「這裡沒有政府，整個局面幾乎已經完全失控，我們不能彼此鬥毆，流自己人的血。我們在街上打，在家裡打，在清真寺裡也打，夠了！大家至少應該一週坐下來一次，解決彼此之間的問題，像個人一樣。雖然沒有警察，我們也不允許任何人殺害另一人，因為我們有更重要的事情要處理，我希望大家團結，守望相助，我們必須更像一家人。」

這些人認為父親的建議有道理，他們一致同意，決定每週四傍晚集會討論地方上的大小事，也藉此化解任何嫌隙。

身為清真寺的阿訇／教長，帶給人們希望並協助他們解決問題是父親的責任。對這些人而言，在這個景況中，父親是最接近「政府」形式的領袖了。父親變得更像祖父，但現在，他也以哈瑪斯的當權者身分說話——以謝赫的身分說話。謝赫的身分比教長更有權威，就像將軍，而不只是神職人員。

父親返家三個月了，我盡可能把握時間跟他相處。此時，我已是學校裡伊斯蘭學生運動的主席，我希望盡力瞭解伊斯蘭信仰，並學習古蘭經。週四傍晚，我問父親是否可以跟他一起參與例行的地方會議。「我快成年了，」我說：「我希望能像成年人一般被對待。」

「不行，」他說：「你留在家裡。這是男人的事，晚一點我會告訴你會議裡發生的事。」

我好失望，但是我能理解。我的朋友中也沒人可以參與這個會議，至少父親回來後，我還可以打探一些會議中的事。
父親出去幾個小時，母親趁這段時間準備可口的晚餐。有人來敲後門，我透過門縫向外窺視，是善上尉，就是將近兩年前抓走父親的那個人。
「爸爸在家嗎？」他用阿拉伯語問。
「不在。」
「那開門。」
我不知道除了開門還能做什麼，所以我開了門，善上尉跟上一次來逮捕父親時一樣有禮貌，我看得出來他不相信我。他詢問是否可以在屋內四處看看，我知道自己沒得選擇，只好答應。士兵在屋內逐房搜索，門後面、櫃子內無一放過，我好希望自己可以阻止父親在此時回來。那時並沒有手機，我也無法警告他。我愈是這麼想，愈覺得有沒有手機其實不重要，因為無論有沒有通知，父親終究都會回家。
「好了，大家安靜。」善上尉吩咐屋外部署的一群士兵。他們全部低身藏入樹叢或建築物旁，只等父親回來。我坐在餐桌前無助地聽著外頭的動靜，沒多久，有人大聲喊：「站住！不要動！」接著是一群人移動和說話的聲音，情況不妙，難道父親又要回到獄中嗎？
幾分鐘後，父親進到屋內，搖著頭，滿臉歉意地對我們每一個人笑。
「他們要帶我回去。」他說，一一親吻母親以及我們每個孩子。「這次不知道要去多久，乖乖的，大家要互相照顧。」

然後，他穿上外套離開了，只留下烤魚在盤子裡變冷。

我們又像難民一樣地被對待，連街坊鄰居中父親曾經試圖保護的人都惡待我們。有人虛情假意地問我們父親狀況如何，我卻心知肚明，他們根本不在意。

儘管我們都知道父親被關在以色列的監獄，但沒有人能夠告訴我們是哪一間監獄。我們花了三個月的時間，在每一所監獄打聽他的下落，終於聽說他被關在一個專門用來審問最危險的恐怖分子的特別牢獄中。**為什麼**？我納悶著。哈瑪斯並沒有執行任何恐怖攻擊，它甚至不是一個武裝組織。

當我們打聽到父親的下落，以色列官方允許我們探監，一個月三十分鐘，每次只有兩個人能進去。我們輪流跟母親進去，當我再見到父親，我很訝異他的落腮鬍長得好長，看起來十分疲憊，即便如此，我還是很高興能見到他。他不曾抱怨，只想知道我們過得如何，叫我們告訴他生活中的每個細節。

在一次探訪中，父親交給我一袋糖果，他說每個囚犯每兩天會得到一顆糖，他都沒有吃，為的是把糖留下來給我們。我們則精心保留每一張糖果紙，直到父親再次被釋放返家。

終於，殷殷期盼的日子到了。我們事先不知道父親要回來，一看到他走進家門，我們全都上前去緊緊抱住他，深怕這只是一場夢。父親回家的消息快速傳開，接下來六個小時，人們湧進我們家。實在是有太多人前來致意，歡迎父親回家，為了讓所有訪客有一杯乾淨的水喝，我們水塔的水都流盡了。我看著人們對父親流露出難以掩抑的崇敬之情，一方面心裡感到驕傲，另一方面卻覺得很生氣。父親不在時，這些人都到哪裡去了？

所有人離開後，父親對我說：「我不是為這些人效力，不是為了他們的讚賞，也不是期待他們能照顧我或我們家。我是為阿拉奉獻，我知道你跟我一樣付出了沉重的代價，你也是阿拉的僕人，所以要有耐心。」

我能理解，但是我納悶父親知不知道他不在家時，情況有多糟糕。

正當我們說話時，又有人來敲後門。以色列人又來逮捕他了。

7

# 激進

一九九〇—一九九二

一九九〇年八月，當父親第三次被捕入獄，伊拉克的薩達姆．海珊（Saddam Hussein）正入侵科威特。

巴勒斯坦人因此陷入瘋狂，大家都跑上街頭歡呼，想看看那些鐵定會落在以色列境內的飛彈。我們的阿拉伯兄弟終於來解救我們了，我們認為海珊一定會對以色列的心臟重擊，然後占領便告結束。

以色列政府憂心會有類似一九八八年海珊殺害五千名庫德族人的毒氣攻擊事件，便開始向人民發放防毒面罩，但是巴勒斯坦人一家只分配到一具面罩。像我母親有一個，但其他七人什麼也沒有。所以我們發揮創意自製防毒面罩，先買一些塑膠布，用膠帶緊貼住所有門窗的縫隙，但是第二天早上起床時卻發現，所有膠帶都因為房裡的霧氣剝落了。

我們緊盯著以色列電視頻道，每當有飛彈空襲警報響起，我們就大聲歡呼，一起爬到屋頂上，熱切地想看伊拉克的飛毛腿飛彈點亮台拉維夫的天空，卻什麼也沒看到。

**可能是比瑞視野不好**，我這麼推測。所以我決定去伯父達武在阿賈尼亞的家，從那裡可以一眼看到地中海。弟弟司海跟我在一起，從伯父家的屋頂，我們看到第一枚飛彈。其實我們只看到飛彈的火光，但也足夠令人高興了。

新聞報導共計有四十枚飛毛腿飛彈落在以色列境內，卻只有兩個以色列人死亡，我們深信以色列政府說謊，後來卻發現這是事實。原來伊拉克人粗製濫造的飛彈為了增加射程，犧牲了火力及準確度。

我們待在伯父達武家，直到聯合國把海珊打回巴格達。我很生氣，因為失望而滿心怨恨。「以色列還沒被消滅，戰爭怎麼可以結束呢？父親還在以色列的監獄中，伊拉克應該繼續發射飛彈！」

事實上，所有巴勒斯坦人都很失望，被占領了數十年，現在終於有一場真正的戰爭爆發，帶著毀滅性的彈頭朝以色列發射，卻什麼也沒有改變。

波斯灣戰爭後，父親被釋放出獄，母親告訴父親，她想變賣自己的黃金嫁妝好買塊地，再向銀行借點錢，我們就可以蓋一棟屬於自己的房子。我們一直是租賃而居，每次父親被捕入獄，房東就誆騙我們，對母親也總是野蠻又無禮。

父親因為母親願意割捨如此珍貴的禮物而感動，可是他還有其他的顧慮。他擔心我們無法持續支付貸款，畢竟他可能隨時又被捕入獄。最後，父母親決定放手一搏。一九九二年，我十四歲，我們在貝圖尼亞（Betunia）靠近拉瑪拉之處蓋了一間房子，我的家人至今仍住在那裡。

相較於比瑞或拉瑪拉，貝圖尼亞平靜一點，不是那麼暴力橫行。我加入新家附近的清真寺，還參加一個團體，其宗旨是鼓勵信徒背誦古蘭經經文，並教導人們一些法則，其領導人聲稱遵行這些法則將可以建立一個全球性的伊斯蘭政權。

我們搬進新家幾個月後，父親又被捕了；他通常不是有什麼明確的控告而被捕。由於我們住在占領區中，在這裡，根據緊急法，以色列政府可以單單因為一個人有參與恐怖活動的嫌疑而逮捕他。父親身為宗教領袖，理所當然也是政治領袖，很容易便淪為下手的目標。

看來這已經成為一個固定模式，只是當時我們不知道。這種逮捕、釋放、再逮捕的模式將持續好多年，每一次都增添我們家裡的緊張壓力。同時間，哈瑪斯也愈來愈暴力激進，特別是當年輕的哈瑪斯分子爭奪領導地位時，他們慣用更極端激烈的手段。

「以色列人殺害我們的兒童。」他們高喊：「我們丟石頭，他們卻用機關槍掃射我們，我們被占領了。聯合國、國際社會，以及任何一個有自由思想的人都會認可我們抗爭的權利！阿拉——願祂的名被讚美——也如此吩咐我們，我們還在等什麼？」

這段期間，大多數的攻擊行動都是個人性而非組織性。哈瑪斯領袖對於那些有自己議題的成員沒有任何約束力，我父親的訴求是為伊斯蘭自由而戰，他相信對抗以色列可以換取自由。這些年輕人卻是為暴力而暴力；暴力衝突本身即是目標，再無其他終點。

西岸漸漸成為危險之地，迦薩走廊更是如此。基於地理因素，迦薩主要受埃及基本教義派的穆斯林兄弟會所支配，過度擁擠的人口讓事態更形惡化。迦薩走廊是世上人口最稠密的居住地區之一，僅僅一百三十九平方英里大的難民營塞進超過一百萬人。

在這裡，你會看見家家戶戶把房產地契及家門鑰匙掛在牆上，安靜地見證一切，也時時提醒自己過去擁有的美好房舍及農地——那些戰後被以色列奪走的財產。在這種氛圍之下，迦薩實在是一個吸收新成員的好地方。這些難民被環境所迫，而且無事可做，他們不只受以色列殘害，也受巴勒斯坦人——自己人——殘害，巴勒斯坦人視難民為次等公民，事實上，難民也被視為入侵者，因為難民營正建立在其他巴勒斯坦鄰居原有的土地上。

這些哈瑪斯組織中蠢蠢欲動的年輕活躍分子大都來自難民營，伊馬．雅基爾（Imad Akel）就是其中之一，他是家裡三個孩子中最年幼的，原本在學校研讀藥劑學，預備成為藥師。當他的心被不公義及挫敗感充滿時，他終於拿起一把槍射殺了幾個以色列軍人，之後還搶奪這些軍人的武器。其他人紛紛起而效尤，隨著影響力日漸增長，伊馬成立了一個獨立行動的小型武裝團體，隨後搬遷到有更多攻擊目標的西岸，他認為自己在那裡將有更大的行動空間。我從鎮上幾個男人的對話中聽出來，即使伊馬完全不受組織的約束或規範，哈瑪斯卻非常以他為榮。儘管如此，哈瑪斯領袖還是希望將伊馬帶領的行動和哈瑪斯其他行動區隔，所以他們新增一個武裝派系，稱為「卡桑旅」（Ezzedeen Al-Qassam Brigades），以伊馬為首。很快地，伊馬成為以色列通緝名單上的頭號分子。

哈瑪斯自此發展成一個武裝組織。當槍械、彈藥代替石塊，牆上塗鴉的抗議標語變成汽油彈時，以色列遭遇前所未有的麻煩。過去對抗巴解從約旦、黎巴嫩或敘利亞而來的攻擊是一回事，如今，攻擊卻從自家國土境內冒出。

# 8 火上加油

一九九二—一九九四

一九九二年十二月十三日，五名卡桑旅成員在台拉維夫附近綁架以色列的邊境警察尼辛·托萊德諾（Nissim Toledano），他們要求以色列釋放謝赫阿赫米德·亞辛，以色列拒絕。兩天後，尼辛·托萊德諾的屍體被人發現。以色列因此發動大規模掃蕩哈瑪斯的行動，在極短的時間內就有超過六百名巴勒斯坦人被捕。接下來，以色列決定祕密驅逐四百一十五位哈瑪斯、伊斯蘭聖戰組織及穆斯林兄弟會的領袖，我父親也名列其中。當時父親仍在監獄裡，除了父親，還有三個叔叔將一起被驅逐。

那時我只有十四歲，我們沒人知道父親將被祕密驅逐。當消息傳來後，我們只能靠各種線索慢慢拼湊出事情的輪廓，父親很可能跟那一大群被戴上手銬、眼罩，塞進車子裡的老師、宗教領袖、工程師及社會工作者在一起。消息走漏後幾小時，律師及人權組織開始發出請願書，以期阻止事情發展。終於，這些巴士於清晨五點被攔下來，以色列高等法院開庭以確認該行動的合法性，在接下來十四小時的激辯中，我父親及其他被驅逐者戴著手銬和眼罩待在巴士上枯等，他們沒有食物、飲水，也不能上洗手間。最後，法院支持政府的行動，巴士得以繼續向北方駛去。後來我們得知這些人被送到黎巴嫩南部一個大雪覆蓋的無人之地。無視於凜冽寒冬，他們全被丟在一個沒有遮蔽或是補給的地方。無論以色列或黎巴嫩政府，都不准救援機構運送食物或藥品進來，貝魯特當局更拒絕將傷病者運送到境內的醫院接受救治。

十二月十八日，聯合國安全理事會引用第七九九號決議案，呼籲以色列「立即且安全地」將被驅逐者接回，此呼籲被以色列拒絕。過去，父親被關在監獄裡時，我們還可以去探視他。現在以色列與黎巴嫩之間的邊境關閉，我們無計可施，在父親流放期間，我們完全沒有機會探視。父親被驅逐幾週後，我們在電視上第一次看到他。很明顯地，哈瑪斯成員任命父親為驅逐營地的祕書長，地位僅次於另一個哈瑪斯領袖——阿貝德．阿濟茲．阿朗帝西（Abdel Aziz al-Rantissi）。

從那天起，我們天天盯著電視新聞，希望再一次瞥見父親的臉。我們三不五時會看到他透過手提式擴音器管理、指導其他的被驅逐者。當春天來臨，父親甚至有法子捎信來，或是寄上幾張記者或救援機構工作人員為他拍的照片。最後，被驅逐者可以用手機對外聯絡，因此我們每週還可以跟父親說上幾分鐘的話。

這段時間，媒體藉著採訪受驅逐者的家人來激發國際社會對他們的同情。當妹妹塔司妮在鏡頭前哭喊著「阿爸，阿爸」時，各國的觀眾莫不熱淚盈眶。某種程度上，我們家成了其他家庭的非正式代表，他們邀請我們參與每一個抗議活動，包括持續在以色列總理位於耶路撒冷的辦公室前示威。父親告訴我們他非常以我們為榮，來自世界各地的支持者也讓我們稍感安慰，這些支持者甚至包括幾個以色列的和平運動團體。六個月後，我們聽說將有一百零一人獲准返家，就像所有家庭一樣，我們熱切希望父親出現在返鄉名單上。

但是他不在名單上。

隔天，我們拜訪那些剛從黎巴嫩返家的英雄們，看看能否得到一些父親的消息。他們只說父親一切安好，應該很快就可以回家了，其他什麼都沒有說。又過了三個多月，以色列終於同意將其他人送回。我們再次燃起希望，為此感到喜出望外。

到了預定的日子，我們在拉瑪拉監獄外面焦急地等候，所有的受驅逐者都會從這裡被釋放。眼看十個人出來，二十個人出來，父親卻不在他們之中。當最後一個人從我們眼前走過，看守的士兵對我們說，就這樣了。現在，父親行蹤不明，沒有任何蛛絲馬跡。每個家庭都歡歡喜喜地把自己親愛的家人帶回去，獨留我們站在黑夜中，完全不知道父親的下落。我們垂頭喪氣地回家，既沮喪又焦慮。為什麼他沒有跟其他人一起被釋放？他現在在哪裡？

第二天，父親的律師在電話中告訴我們，父親及其他幾位被驅逐者又被送回監獄。這次驅逐行動很顯然為以色列帶來了不良的後果。流放期間，父親跟其他巴勒斯坦領袖在世界各大新聞媒體曝光，賺盡世界的同情，因為驅逐行動被認為是既離譜又違反人權。整個阿拉伯世界視這些人為英雄，因此他們變得更重要、更有影響力。

這次驅逐行動還為以色列帶來另一個沒預期到的災難性後果。哈瑪斯與黎巴嫩境內主要伊斯蘭政治及軍事組織真主黨（Hezbollah）成員，在這段流放期間建立起前所未有的鋼鐵情誼，這個連結背後意味著許多歷史地理上的縱橫交錯。被流放期間，父親跟其他哈瑪斯領袖時常溜出營區，避開媒體，私底下跟真主黨和穆斯林兄弟會的領袖碰面。這樣的事原本在巴勒斯坦境內是不可能的。

當父親跟其他人身陷黎巴嫩邊境，比他們更激進的哈瑪斯成員卻仍逍遙在外，而且變得比以前更加狂暴。當這些激進的新成員填補了哈瑪斯組織內部暫時的權力真空，哈瑪斯跟巴勒斯坦解放組織的隔閡就更大了。

差不多就在那個時候，以色列跟阿拉法特展開一項祕密談判，促成一九九三年的「奧斯陸協議」。九月九日，阿拉法特捎信給當時的以色列總理拉賓（Yitzhak Rabin），信中正式承認「以色列有權在和平及安全中生存」，並聲明「放棄使用恐怖主義或是其他的暴力行動」。

而拉賓總理則正式承認巴勒斯坦解放組織為「巴勒斯坦人民的合法代表」，美國總統柯林頓也於此時取消美國政府對與這些組織接觸的禁令。九月十三日，世人莫不瞪大眼睛，驚訝地看著阿拉法特與拉賓在白宮草坪上握手的歷史性照片。據當時民調顯示，絕大多數西岸及迦薩走廊的巴勒斯坦人民支持這亦被稱為「原則宣言」（Declaration of Principles, DOP）的協議內容。此文件後來促成「巴勒斯坦自治政府」（Palestinian Authority, PA）的成立，並使以色列撤出迦薩走廊及耶利哥（Jericho），賦予這些地區自治權，並且同意讓阿拉法特及巴勒斯坦解放組織從流亡超過二十年的突尼西亞返回。

父親反對「原則宣言」內容。他不信任以色列，也不信任巴勒斯坦解放組織，所以對和平進程毫無信心。他解釋，其他哈瑪斯成員也各有反對該宣言的理由，包括和平宣言可能帶來高風險！和平共存意味著哈瑪斯將被解散。從他們的觀點來看，哈瑪斯不可能在和平的環境中欣欣向榮。而其他反抗組織在持續的暴力衝突大餅中，也各自撈到不少好處，所以在各派人馬各有盤算的情況下，和平幾乎是不可能達成的目標。

在這個氛圍中，以色列境內攻擊事件仍持續發生：

- 九月二十四日，一個以色列人被哈瑪斯自由鬥士在巴司拉（Basra）附近的果園中刺殺身亡。
- 兩週後，巴勒斯坦人民解放陣線和伊斯蘭聖戰組織宣稱，日前在猶大沙漠發現的兩名以色列人是他們殺的。
- 又過了兩週，哈瑪斯成員在迦薩的猶太屯墾區外槍殺了兩名以色列國防軍士兵。

但是這一連串的恐怖攻擊事件，都不如一九九四年二月二十五日星期五的「希伯倫屠殺」更得到世界的關注，站上頭條新聞。

猶太人普珥節及穆斯林齋戒月期間，一個在美國出生的內科醫生巴魯赫·革登司坦（Baruch Goldstein），進入希伯倫的哈拉姆·易卜拉欣（Al-Haram Al-Ibrahimi）清真寺。根據當地傳統，一般咸信亞當跟夏娃，亞伯拉罕跟撒拉，以撒跟利百加，還有雅各跟利亞都埋葬於此。革登司坦在清真寺內毫無預警地開槍，在他被群情激憤的群眾毆打至死前，他總共射殺二十九個前來祈禱的巴勒斯坦人，另外約有一百人重傷。

透過攝影機的鏡頭，我們坐在電視機前，眼看一具一具流血的遺體被送出聖地。我好震驚，電視上的一幕幕像慢動作一樣在我眼前移動，剎那間我的心跳夾帶著我不曾意識到的狂怒。這狂怒先是使我驚訝，又讓我平靜下來。下一分鐘，我凍結在憂傷中，接著突然感到狂怒——然後又陷入麻木。這一幕不只使我激動，也讓占領區阿拉伯居民的情緒都沸騰起來，那種極不真實的感覺上下震盪，使我們感到極度疲憊。

革登司坦那天穿著他的以色列軍裝，而正巧當天在附近巡邏的以色列國防軍人數也比平日少，巴勒斯坦人因此深信革登司坦是耶路撒冷的以色列政府派來的，或者，至少受他們掩護。其實，無論他是愛扣扳機的以色列士兵或是失去理智的屯墾區居民，對我們而言都一樣。這起事件之後，哈瑪斯說話的口氣中帶著可怕的決心，對於這樣的暴行，「報復」是他們唯一想得到的回應手段。

四月六日，一枚汽車炸彈炸毀了阿富拉（Afula）的巴士，造成八死四十四傷。哈瑪斯說那是為了報希伯倫的血仇。同一天，哈瑪斯攻擊亞實突（Ashdod）附近的巴士站，有兩名以色列人被槍殺，另外四人受傷。

一週之後，以色列感受到第一起正式自殺攻擊帶來的震撼教育，這是一項具歷史性卻恐怖的跨越。一九九四年四月十三日（這一天，父親也在流放黎巴嫩後被釋放）星期三早上，二十一歲的亞牧・薩來・迪亞・亞馬納（Amar Salah Diab Amarna）進入海法（Haifa）與台拉維夫之間哈代拉（Hadera）的巴士車站，他的袋子裡裝著炸彈裝置和超過四磅、自製的過氧化丙酮爆炸物。早上九點三十分，亞牧坐上開往台拉維夫的巴士，十分鐘後，當巴士慢慢駛離巴士站，他將袋子放在地上引爆。

爆炸碎片飛射向車上乘客，造成六死三十傷，當救難人員抵達現場，第二枚土製管式炸彈被引爆。哈瑪斯稍後在一本宣傳手冊裡宣稱，這只是報復希伯倫之仇「連續五次攻擊中的第二次」。

看到新聞報導，我心裡真以哈瑪斯為榮，我相信這次攻擊是對以色列占領的成功還擊！在一個十五歲的孩子眼中，這世上只有黑、白兩色的二分法，只有好人跟壞人，而壞人應該承受一切他該得的後果。那時，我第一次見識到當一個兩公斤重的炸彈跟釘子、鋼珠混在一起時，會對人體帶來什麼樣的殺傷力。此外，我也希望這件事能向以色列社會傳遞清楚的訊息。

如我所願，它做到了。

在每次自殺攻擊之後，被稱為「ZAKA」（災難受害者辨識）的正統猶太教義工團體人員，會穿著螢光黃的背心來到爆炸案現場。他們的工作是在現場尋找罹難者大小不一、支離破碎的屍塊或血塊，也包含非猶太人或自殺炸彈客本身。這些屍塊或血塊會被送到雅法（Jaffa）的法庭中心，在那裡，病理學家把這些遺體僅剩的部分拼湊起來，以辨識罹難者身分，通常DNA檢驗是唯一能幫他們把遺體碎塊一片片拼湊起來的方法。

如果受難者家屬在爆炸現場當地的醫院找不到心愛的家人，他們會被引導到雅法認屍。當他們到雅法的時候，通常已經因為哀慟而顯得恍惚茫然。

在這裡，病理學家大都建議家屬不要看罹難者的遺體，希望他們記得自己親愛家人生前的模樣即可，但是大多數的家屬仍希望再次觸摸自己所愛的家人，即使只留下一隻腳。

根據猶太律法，任何人過世後，逝者的遺體必須於當天完整下葬。因此，在這種情況下，較大塊的遺體通常會先下葬，較小的碎塊須經過ＤＮＡ辨識後再放入墓中。這個程序等於是再次撕開逝者家屬的悲痛傷口。

雖然哈代拉是第一起正式的自殺攻擊，卻是哈瑪斯的第三次嘗試。在不斷嘗試修正的過程中，哈瑪斯的炸彈專家亞赫亞·阿亞緒（Yahya Ayyash）的工藝更為精進。阿亞緒是伯才特（Birzeit）大學工程系的學生，原本並非激進的穆斯林或狂熱的民族主義分子，只因為有一次他申請到海外繼續求學卻被以色列政府拒絕，於是心懷怨恨，開始製造炸彈，才成為巴勒斯坦的英雄及以色列的頭號通緝犯。

四月六日和四月十三日的自殺炸彈攻擊加上前兩次失敗的嘗試，在超過五次的攻擊事件中，阿亞緒至少須為三十九條無辜人命負責。除了自己製造炸彈之外，阿亞緒還傳授其他人炸彈製造祕訣，例如友人哈珊·沙來米赫（Hassan Salameh）。

波灣戰爭期間，阿拉法特支持海珊入侵科威特。此舉使得美國，還有那些支持以美國為首的聯軍的阿拉伯國家與他疏遠，開始把原本對巴解的金援移轉給哈瑪斯。

一九九三年奧斯陸協議之後，阿拉法特個人的聲望達到高峰。隔年，他與以色列總理拉賓及外交部長裴瑞茲（Shimon Peres）同獲諾貝爾和平獎。

根據奧斯陸協議，阿拉法特必須在西岸和迦薩地區成立「巴勒斯坦自治政府」（Palestinian National Authority）。因此，一九九四年七月一日，阿拉法特結束流亡生涯，穿越埃及與以色列之間的拉法（Rafah）邊界，回到迦薩定居。

在迦薩，他對慶祝他回鄉的支持者高喊：「國家統一是我們的盾牌，是人民的盾牌！統一！統一！統一！」[3] 但是巴勒斯坦的恐怖主義者距離團結合作的目標還很遠。

哈瑪斯及其支持者對於阿拉法特密會以色列，並且承諾巴勒斯坦人民將不再為民族自決而戰感到憤怒。我們的人還被關在以色列監獄中，巴勒斯坦國也還沒有建立，西岸的耶利哥市和迦薩是我們唯一有自主權的地方；前者只是一個小城，什麼都沒有，後者卻只有沿著海岸線綿延的遼闊難民營。

現在阿拉法特竟然與以色列人一起坐在桌前握手言和？「巴勒斯坦人民所流的鮮血呢？」我們的人民彼此互問：「阿拉法特是不是把我們賤賣了？」

另一方面，部分巴勒斯坦人願意勉強讓步。他們想，至少巴勒斯坦自治政府給了我們耶利哥和迦薩，但是哈瑪斯給了我們什麼？哈瑪斯連一個巴勒斯坦小村莊都沒有解放過！

也許他們說得沒錯，但是哈瑪斯不信任阿拉法特——主要是因為他打算退而求其次，接受一個在以色列境內的巴勒斯坦國，而不是收復以色列建國之前巴勒斯坦人擁有的每一吋土地。

「你們要我怎麼辦？」阿拉法特跟他的發言人每次被逼急時就這麼回答：「我們跟以色列抗爭了幾十年，從來沒有贏過，我們從約旦跟黎巴嫩被驅逐到一千哩外的突尼西亞，國際社會也起來反對我們，我們一點力量都沒有。蘇聯瓦解之後，美國已經是世上唯一的強權，很不幸，他們支持以色列。我們已經取回一九六七年六日戰爭時失去的土地，現在還能擁有自治權，我們當然同意並且接受！」

返抵迦薩幾個月後，阿拉法特第一次拜訪拉瑪拉，父親與其他許多宗教、政治和商業領袖列隊歡迎他。當這個巴勒斯坦解放組織最高領導人一見到謝赫哈珊·約瑟夫，馬上親吻父親的手，當下立判父親是這裡的政治兼宗教領袖。

接下來的一年當中，父親與其他哈瑪斯領袖密集地跟阿拉法特在迦薩市會面，試圖整合巴勒斯坦自治政府與哈瑪斯，但是這些會面最終都因為哈瑪斯拒絕加入和平進程而徒勞，無論是意識形態或組織目標，雙方離「整合」都太遠了。

此時，哈瑪斯已正式轉型成一個徹頭徹尾的恐怖主義組織，許多成員登上了伊斯蘭信仰梯子的頂端，像父親一樣的溫和派政治領袖無法告訴武裝分子他們走錯路了。當然不行！旁人能根據什麼來指責武裝分子？這些武裝分子可是有整本古蘭經為他們背書。

所以，即使父親沒有親手殺害任何人，他還是在這條路上繼續前進，而以色列人因為無法逮捕那些年輕暴力的武裝分子，只好繼續把父親這種容易下手的目標抓入監獄。他們可能認為父親身為哈瑪斯領導者，必然參與這些攻擊計畫，所以把他關進監獄就能終止恐怖攻擊事件。可惜，以色列沒有花工夫深入瞭解哈瑪斯成員到底是誰？是什麼樣的組織？直到以色列花了許多年、付出痛苦的代價才漸漸明白，哈瑪斯跟一般人認知的有領導階層的組織形態不同，它就如同鬼魅、理念一般。沒有人有辦法摧毀一個理念，你只能激發它。哈瑪斯就像一隻扁蟲，你切掉它的頭，它會長出另一個來。

最大的問題是哈瑪斯中央組織的前提和目標其實都是幻影，敘利亞、黎巴嫩、伊拉克、約旦，甚至埃及，都一再試圖將以色列驅逐到大海裡，然後把它的國土轉變成一個巴勒斯坦國。這些國家向來無功而返，連海珊跟他的飛毛腿飛彈都失敗了。為了讓幾百萬巴勒斯坦難民重得超過半世紀前失去的房舍、農田跟財產，以色列應該進行實質的土地交換。然而很明顯的，這不可能發生，因此哈瑪斯就像希臘神話裡的薛西佛斯，因為受罰必須永無止境地把沉重的巨石推上陡峭斜坡，再看著它滾下坡，永遠不可能達成目標。

那些認清事實且知道哈瑪斯永遠達不到目標的人將指望轉向阿拉。他們相信阿拉有一天會痛擊以色列——即使祂必須用超自然的方式。

對以色列來說，巴勒斯坦解放組織的民族主義者只是一個政治問題，用政治手段就可以解決，但是哈瑪斯將巴勒斯坦問題伊斯蘭化，成了一個宗教問題，宗教問題只能用宗教的方式解決，這樣，雙方根本沒有出路。從宗教觀點來看，巴勒斯坦人相信這塊土地屬於阿拉。就這樣，沒什麼好談的。所以，哈瑪斯的終極問題不是以色列政府的任何政策，而是以色列這個國家的存在問題。

那我父親呢？他也成為一個恐怖分子嗎？一天下午，我讀到報紙上的新聞標題，是關於當時一件造成許多婦孺和無辜百姓傷亡的自殺攻擊事件（哈瑪斯稱之為「烈士行動」）。父親的仁慈、品格，以及他領導哈瑪斯這樣一個組織的事實，在我心裡造成很大的衝突。我指著報紙內文，問他對這樣的行動作何感想？

「有一次，」他回答：「我離開家門，看見屋外有一隻蟲子，我想了想，是否要殺死牠……我想我不能殺死牠。」父親用這種方式間接表達他個人不會參與這種肆無忌憚的殺戮。但是，以色列人民不是蟲子啊！

父親沒有製造炸彈，然後把它們綁在炸彈客身上，他也不曾為哪一次攻擊行動挑選目標，但是數年後，當我讀到聖經中某一段經文時，我不禁再次思索父親的回答。這是一個叫司提反的無辜年輕人被石頭打死的故事，故事最後是這樣說的：「司提反被害，掃羅也欣然同意。」（使徒行傳八章一節）

我深愛父親，也非常崇敬他和他的情操，對一個連蟲子都不傷害的人來說，能夠看著一些人把他人的身體炸成碎肉，父親想必已找到一個合理化的方式說服自己：只要自己的雙手沒有沾上血腥，這就是可以接受的行為。

就在那時候，我對父親的觀感變得更複雜了。

# 9 持槍

一九九五冬—一九九六春

奧斯陸協議簽訂之後，國際社會殷殷期盼巴勒斯坦自治政府能看管好哈瑪斯，約束恐怖暴力行為。一九九五年十一月四日星期六，我正在看電視，一段新聞快報打斷電視節目，以色列總理拉賓在台拉維夫一場和平示威中遭槍擊，情況看來非常嚴重。幾小時後，以色列官員宣布總理拉賓傷重不治。

「哇！」我忍不住叫出來：「巴勒斯坦各派系中總算還是有人有辦法刺殺以色列總理了！這種事早就該發生了。」我為總理拉賓的死感到雀躍，也很高興這將重擊巴勒斯坦解放組織，以及它與以色列達成的輕率協議。

這時，電話響了，我馬上認出電話另一頭的聲音是阿拉法特，他要跟父親說話。父親講電話時我豎起耳朵，希望能聽到什麼，他卻沒有說太多話。只是溫和有禮，無論阿拉法特在電話那端說什麼，父親大部分的時候都一味說好。

「我瞭解，」他說：「再見。」

掛上電話後父親看著我。「阿拉法特要我們盡力阻止哈瑪斯成員慶祝以色列總理的死。」

他說：「這次暗殺事件對阿拉法特是很大的損失，總理拉賓致力與阿拉法特進行和平談判。要知道，這麼做需要極大的政治勇氣。」

後來，我們得知拉賓總理根本不是被巴勒斯坦人暗殺，而是一個以色列法律系學生從他背後開槍，哈瑪斯內部因為這個消息莫不個個失望透頂。而我個人卻發現這是件有趣的事，原來以色列內部的狂熱分子與哈瑪斯有相同的目標。

以色列總理拉賓被暗殺一事令國際社會忍無可忍。他們對阿拉法特施壓，要求他好好控管巴勒斯坦的領土。於是，阿拉法特展開對哈瑪斯的掃蕩行動。一天，巴勒斯坦自治政府警察找上門來，叫父親簡單準備一下，然後把他押解到阿拉法特的官邸——一路上卻對父親展現極高的尊敬與善意。

即便如此，這也是巴勒斯坦人首次監禁自己的人民。這實在是個醜陋的行為，但是至少他們對父親展現完全的敬意。相較於其他人，父親的房間舒適多了，阿拉法特也不時來見父親，一起討論各種事情。

不久，透過掃蕩行動，哈瑪斯所有的高階領袖和幾千名成員都被關押在巴勒斯坦的監獄裡，許多人因為情報被刑求。有些人死了，另有一些僥倖沒有被捕的人成為亡命之徒，繼續對以色列發出攻擊。

現在，我仇視的對象變得很多元。我恨巴勒斯坦自治政府，我恨阿拉法特，我恨以色列，我也恨那些世俗化的巴勒斯坦人。為什麼像父親這樣敬虔又愛阿拉的人得付出如此沉重的代價？而阿拉法特跟他巴解這種不敬畏真主的人，還把一個極大的勝利交在以色列人手中？——就是那些在古蘭經裡被稱為豬和猴子的以色列人！國際社會竟然還為以色列有能耐讓恐怖主義分子承認它的生存權而喝采！

我只是個十七歲的孩子，再過幾個月將從高中畢業。每次我從家裡帶些食物或是其他可以讓父親日子好過一點的東西去他被監禁的地方探視時，他總是對我說：「你只要好好考試就行了，專心學業，不要為我操心，我不希望我的事影響你們的生活。」但對我而言，人生早已失去意義，我滿腦子只想著加入哈瑪斯武裝派系，以報復以色列跟巴勒斯坦自治政府，我思索一生當中的所見所聞，難道這一切用生命抗爭或犧牲的結局只是如此？只換來跟以色列廉價的和平？如果我因奮戰或抵抗而犧牲生命，至少我還能成為一個烈士，死後上天堂。

父親未曾教導我仇恨，但是我真的不知道該如何停止這種感覺。雖然父親熱中於反抗以色列占領，若是他手上有顆核子彈，我相信他會毫不遲疑地下令轟掉以色列整個國家，但我不曾聽他說過一句攻擊以色列人的話——像那些激進的哈瑪斯領袖一樣。他對古蘭經裡的阿拉比對政治更感興趣。阿拉賦予我們除滅猶太人的責任，即使父親跟猶太人不曾有過節。關於這一點，他從未質疑。

「你最近跟阿拉關係如何？」每次我探視父親時，他都這樣問我：「今天有祈禱嗎？感動流淚？花時間向阿拉祈禱了嗎？」父親從不曾說：「要成為一個好的聖戰士。」他對自己長子的告誡一直是：「好好孝順媽媽，跟隨阿拉，善待你的同胞。」

我不明白父親為何這麼寬容又有憐憫心，即使是對那些一而再、再而三來逮捕他的士兵，他也把他們當成孩子看待。每次我到巴勒斯坦自治政府的宅院送食物給父親時，總看到他邀請警衛一起享受母親特別預備的肉跟米飯。這樣幾個月後，連自治政府的警衛都愛上他了。我很能體會人們為何喜愛父親，但是對我而言，他也是個非常難以理解的人。

當我的心裡被憤怒及復仇的渴望所充滿時，我開始思索有什麼方法可以弄到槍。雖然當時一般百姓要弄到武器是有門路的，但是對我這樣一個身無分文的窮學生而言，這些東西要價還是太昂貴了。

易伯拉欣・吉思瓦尼（Ibrahim Kiswani）是一個住在耶路撒冷近郊村子的同學，他身上也流著跟我一樣的復仇熱血。他說他可以弄到一些錢，雖然可能不夠買重型武器，但是至少可以買些廉價的來福槍或手槍。我聽了為之一振，跑去找堂哥約瑟夫・達武，問他是否知道哪裡可以買到一些武器。

堂哥約瑟夫跟我其實沒有很親近，但是我知道他有一些我缺少的人脈。

「我有幾個在納布盧斯的朋友可能可以幫得上忙。」他告訴我：「你要槍幹麼？」

「每個人家裡都有一些武器啊。」我騙他，「我想要一把槍保護家人。」

在同學易伯拉欣住的村子裡，的確家家戶戶都有武器用來防身。易伯拉欣就像我的家人一樣，所以我這樣說也不算是撒謊啦！

除了復仇的渴望，我覺得能成為一個擁有槍械的青少年也挺不錯的。那時我已經不太在意學校課業了，在這個瘋狂的國家，上學還有什麼意義？

終於，有天下午我接到堂哥約瑟夫的電話。

「好了，我們要去納布盧斯，我認識一個巴勒斯坦自治政府的警衛，我想他可以幫我們弄到一些傢伙。」他說。

當我們到了納布盧斯，有個男人在一間小屋前等著我們。帶我們進到屋內後，他拿出一些瑞典的卡爾．古斯塔夫M45衝鋒槍和M45B衝鋒槍（Port Said）給我們看，然後帶我們到較遠處的山間，示範一遍，教我們如何使用這些傢伙。當他問我是否要試一試其中一把機關槍時，我的心怦怦跳，我不曾扣過扳機，突然之間，我退縮了。

「不用了，我相信你。」我說。我向他買了幾把古斯塔夫，外加一把手槍。回到車上，我把槍枝藏在車門旁的置物格，再在上面撒一些黑胡椒粉，以免檢查哨的以色列警犬嗅出槍枝的味道。

駕車回拉瑪拉的路上，我打電話給易伯拉欣。

「嘿，我弄到傢伙了！」

「真的嗎？」

「真的。」

我們知道最好不要使用**槍枝**或是**武器**這一類的字眼，因為以色列人極有可能竊聽一切通話。我們只是簡單約定易伯拉欣來「取貨」的時間，然後速速結束通話。

那是一九九六年春天，我剛滿十八歲，已經隨身攜帶武器了。

某晚，易伯拉欣打電話給我，從他說話的語調，我聽得出來他很生氣。

「槍不能用啦！」他對著話筒咆哮。

「你在胡說什麼？」我吼回去，好希望沒有人在竊聽我們的對話。

「槍不能用啦！」他又說了一次：「我們被騙了！」

我跟他說：「我現在不能說話。」

「好，可是今晚我們必須碰個面。」

他一進我家門，我馬上痛打他。

「你瘋了嗎？在電話裡那樣說！」我說。

「我知道，但是槍不能用啦！手槍沒問題，但是衝鋒槍根本不能發射。」

「好，槍不能用，但是你確定你知道怎麼用嗎？」

他向我保證他知道怎麼用槍。我告訴他我會處理這事。再過兩週就是期末考了，我其實沒時間處理，但是我還是硬著頭皮跟堂哥接洽，我需要把這些不能用的槍枝退回去給他。

「這真是太慘了。」碰面時我跟他說：「手槍沒問題，但是機關槍不能用。趕快跟你納布盧斯的朋友聯絡，我們至少要把錢拿回來。」約瑟夫答應我他會盡力處理。

第二天，弟弟司海捎來令人心驚膽戰的消息。「哥，以色列安全局的人昨天來家裡找你。」他語氣中帶著一絲憂慮。

我的第一個反應是，**我們連一個人都還沒殺啊**！雖然嚇壞了，但我感覺自己似乎有點重要性，原來我已經對以色列產生威脅了。後來我去探望父親時，他已經知道以色列人盯上我了。

「怎麼回事？」父親嚴肅地問我，我向他據實以報。他勃然大怒。從父親的怒氣中我可以感受到，除了生氣，還有更多的失望及擔心。

「這是非常嚴肅的事，」他嚴肅地警告我：「為什麼要給自己惹這種麻煩呢？你應該好好照顧母親還有弟弟妹妹，而不是花精神躲避以色列人的追捕，你難道不知道他們真的會射殺你嗎？」

回家後，我抓了幾件衣服和課本，趕緊聯繫一些穆斯林兄弟會的學生，請他們窩藏我一陣子，好讓我參加期末考，完成這學期的學業。

易伯拉欣顯然不知道我的處境有多麻煩。他繼續打電話給我，大都是打到父親的手機。

「發生什麼事了？你到底怎麼了？我錢都給你了，槍退了嗎？快點把錢還給我。」

我跟他說安全局的人到過我家。他激動地大喊，口無遮攔地提到許多敏感字眼。在他把我或他自己牽連進來以前，我趕緊掛上電話。儘管如此，第二天，以色列國防軍還是在易伯拉欣家出現，翻箱倒櫃地搜索，找到了那把手槍。易伯拉欣因此即刻被捕。

我感到很迷惘，我竟然輕信一個根本不值得信任的人。父親還在監獄裡，他對我感到失望，母親也因為我憂慮成疾。我應該認真念書，好好準備考試，而現在，我卻被以色列通緝。
我的人生還能更糟嗎？

10

# 屠宰場

一九九六

雖然我已盡可能謹慎提防，以色列國安局還是抓到我了。他們竊聽我跟易伯拉欣的通話，所以，現在我才會在這裡，雙手反銬，雙眼被蒙住，塞在軍用吉普車後座，還得努力閃躲來福槍托的重擊。

吉普車停了下來，我們大概開了幾小時。這些士兵抓著我的手臂，把我拖上幾個台階，塑膠手銬因為用力拉扯，深陷在我手腕的皮肉中，其實我已經幾乎感受不到自己的雙手了。雖然看不見，我卻可以聽見身邊的人群移動，用希伯來文大聲喊著。

我被帶到一個小房間，在那裡，他們拿掉我的手銬跟眼罩，我的眼睛因為光線不自主地瞇了起來。視力漸漸恢復之後，我試著看清楚環境，除了角落一張小桌子，這房間空無一物。我不知道這些士兵接下來要怎麼處置我。訊問？更多拳打腳踢？還是虐待？我來不及想太多，幾分鐘後，一個年輕士兵開門進來，他鼻子上掛個鼻環，我認得他的俄國口音，他就是在吉普車後座毆打我的士兵之一。他緊抓著我的手臂，帶我穿過一道又一道既長又寬的走廊，來到另一個小房間。房間裡，一張老舊的桌上有血壓計袖套、一面螢幕、一台電腦和一台小電視機。一進到房內，一股令人無法忍受的惡臭撲鼻而來，因為反胃，我幾乎又要吐了。

一個穿醫師袍的男人從我們後面進來，看起來又累又不開心。他看著我因為重擊而腫得兩倍大的臉跟眼睛，露出很訝異的表情。然而，即使他對我的健康狀況有絲毫的關切，我在他的行為中也完全感受不出來，因為連獸醫為動物體檢時，都比這個醫生來得溫和友善。

接著，一個穿著警察制服的警衛走進來。他讓我轉過身，再次給我戴上手銬，還給我戴上一個深綠色的頭罩。現在，我知道惡臭從哪裡來了。這個頭罩聞起來好像不曾洗過一樣，散發上百名囚犯沒刷牙的口臭味。我感到極度反胃，試著屏住呼吸，但是每次我憋氣後大呼吸，反而將令人作嘔的布料吸進嘴裡。我感到驚慌，深怕自己因為不能擺脫這個頭罩而窒息。

警衛搜我全身，拿走我身上所有的東西，包含皮帶及鞋帶。他抓著我的頭罩，扯著我往前走，穿過走廊，右轉，左轉，再左轉，右轉，再右轉。我不知道自己在哪裡，也不知道他要帶我去哪。

終於，我們停了下來。我聽見他摸索找鑰匙的聲音。他打開一扇感覺又厚又重的門。「往前走。」他說。我依指令向前走了幾步，透過頭罩，我隱約看到像閃光一樣的東西，類似警車車頂上的警示燈。

當警衛扯掉我的頭罩，我才知道自己站在一排簾子前面，我的右手邊地上放了一籃頭罩。大約等了幾分鐘，簾子另一邊傳來一個聲音說我們可以進去了。警衛用腳鐐鎖住我的腳踝，再次把我的頭塞進另一個頭罩，然後抓著頭罩，拖著我往前走。

一穿過簾子，冷氣從通風口吹出來，遠處還傳來音樂聲，我應該正通過一個很狹窄的廊道，因為前進時一直撞到兩邊的牆壁。我感到昏眩又疲憊，直到我們終於又停下來。那個士兵打開一扇門，把我推進去，扯掉我的頭套後就走了。厚重的門在我背後鎖上。

我東張西望，再一次打量環境。牢房約六英尺平方，只夠放下一個單人床墊和兩張毯子，前一個關在這間牢房的人把其中一條毯子捲成了枕頭。我在床墊上坐下，床墊又濕又髒，毯子聞起來跟頭套一樣臭，令人作嘔，我的襯衫也因為嘔吐物發出臭酸味。天花板上懸掛一個電燈泡，發出微弱的光芒，我卻到處找不到電燈開關。牢房門上開的小孔成為房間唯一的窗子，黏濕的空氣讓水泥地板很潮濕，還長滿了黴菌，小蟲子四處爬來爬去，所有東西都是又潮濕、又骯髒、又破舊。

我坐了好一會兒，不知道該做些什麼。我想上廁所，便站起來使用牢房角落被污鏽覆蓋的馬桶。不妙的是，我一壓下沖水按鈕，馬上就後悔了，污水不但沒有被沖進洞裡，反而四溢出來，流到地板上，甚至滲到床墊裡。

我只好坐在牢房裡唯一沒有污水的角落，試著整理思緒。在這種地方過夜真慘！我有一隻眼睛不斷抽痛，難受得像火燒一樣，房間裡的氣味幾乎讓我每吸一口氣都要窒息，加上牢房裡的高溫教人難以承受，我的衣服早被汗水浸濕，黏在身上。

自從在家裡喝過一點羊奶後，到現在，我沒有進食也沒有喝水，而那些羊奶如今則是在我的衣服、褲子上發酸。我絕望地張望著，突然注意到有根水管從牆上伸出來。我轉動水龍頭，希望弄到一點水，但是管子只流出又稠又黃的液體。

現在幾點了？他們會把我整夜留在這裡嗎？

我的頭砰砰直跳，我知道自己今夜恐怕無法入眠，只能向阿拉祈禱。

**保護我**，我說：**保佑我平安，早日帶我回家**。

儘管隔著厚重的鋼門，我仍聽得到遠處的音樂聲。同一個卡帶，一次又一次地播放，我算著讓人心智麻木的播放次數，好藉此估算時間。

李歐納．科恩（Leonard Cohen）一次又一次地唱著：

因為我試圖改變內部體制，
他們判我二十年的沉悶監禁，
我來了，我來報復他們了，
讓我們先征服曼哈頓，然後是柏林。4

我聽見遠處有許多扇門開開關關，漸漸地，開門關門的聲音愈來愈近。然後有人打開我的牢房門，塞了一個藍色托盤進來後把門重重關上。我盯著浸在馬桶污水中的托盤，裡面有一個水煮蛋，加上大約一湯匙分量、聞起來酸酸的優格，以及三顆橄欖。托盤另一邊有個裝著水的塑膠容器，我拿起來正要喝，卻發現味道不對，只喝了一小口，剩下的全拿來洗手。我把盤裡的東西吃得一乾二淨，可是還是很餓。這是早餐嗎？現在幾點？我猜是下午。

當我試著弄清楚自己到底進來多久，牢房門被打開了，有人——或說有東西——站在門口，這是人嗎？他很矮，看來有七十五歲了，活脫脫像個駝背的猩猩。他用俄國口音對我咆哮，咒詛我，咒詛神，還在我臉上吐口水，我實在想不出任何比他還醜的東西了。

很顯然，「這東西」是名警衛，因為他塞了個頭套給我，叫我戴上。之後，他抓著頭套，死命拽著我往前走，再次穿過走道。他打開一間辦公室的門，把我推進去，強迫我坐在一張塑膠矮椅子上；感覺上是小學孩童坐的椅子，被固定在地上。

他用手銬把我銬住，一隻手從椅子底下穿過椅腳，另一隻手銬則在外面，就這樣兩隻手被銬在一起，再給我戴上腳鐐。因為椅子是斜的，我無法坐穩，被迫往前傾斜坐著。這房間跟我濕熱的牢房不一樣，這裡很冷。我想空調可能設定在零度。

我就這樣坐了好幾個小時，因為冷空氣，不由自主地直打哆嗦，身體被迫彎成令人痛苦的不自然角度。我動彈不得，也無法調整姿勢讓自己舒服一點。我只敢淺淺地呼吸，試著不要吸進頭套的臭味。我又餓又累，眼睛仍然充血腫脹。

門開了，有人拉掉我的頭罩，我很訝異這次不是警衛或士兵，而是一個看起來像平民百姓的人。他坐在桌邊，我的頭大約在他膝蓋的高度。

「你叫什麼名字？」他問。

「摩薩．哈珊．約瑟夫。」

「知道自己在哪裡嗎？」

「不知道。」

他搖著頭說：「有人稱這裡為『暗夜』，有人叫它『屠宰場』。無論如何，你麻煩大了，摩薩。」

我試著隱藏自己的情緒，眼睛緊盯著這傢伙背後牆上的一個污點。

「你父親在巴勒斯坦自治政府的監獄裡還好嗎？」他問：「比以色列監獄有意思嗎？」

我微微移動身體，仍然拒絕回答。

「你知道你父親第一次被捕後也是待在這裡嗎？」

原來我置身在西耶路撒冷的「馬司卡比葉」拘留中心，父親說過這個地方，它原本是俄羅斯東正教教堂，棲息在六千年的歷史之上。如今，以色列政府把它變成一個高度機密的設施，包含警察總局、辦公室和以色列國家安全局的一個拘留中心。

教堂地下深處古老的房舍現在則是監獄，又黑、又髒、又暗，就像電影裡有老鼠成群出沒的中世紀地牢。「馬司卡比葉」惡名遠播。

現在我被抓來這裡忍受跟父親一樣的遭遇，幾年前就是這些人鞭打、刑求父親。他們在父親身上花了很多工夫，很清楚他的底細，但是他們不曾擊敗父親。父親很堅強，這一切經歷只會讓他更堅強。

「告訴我你為什麼在這裡。」

「我不知道。」當然，我猜是因為我買了幾把根本不能用的爛槍，我知道我的麻煩大了。我的訊問員走過來抬起我的下巴，看著我。

「你想學你父親當硬漢嗎？看來你還搞不清楚這房間外面有什麼在等著伺候你。快告訴我哈瑪斯的事！你知道什麼祕密？還有伊斯蘭學生運動！一五一十全部招出來！」

他真的覺得我這麼有威脅性嗎？我不相信！後來，當我再想一想，便覺得這是很有可能的，從他的角度來看，謝赫哈珊．約瑟夫的兒子買自動武器，這就足以讓他們大起疑心了！這些曾經監禁、刑求父親的人現在要刑求我。他們真的相信這樣我就會屈服，接受他們的生存權嗎？我的立場跟他們完全不一樣，我的同胞都是為自由而戰，這是我們的土地！

當我拒絕回答任何問題，這個人便用拳頭猛擊桌面，再一次走過來抬起我的下巴。

「現在我要回家跟家人共度愉快的夜晚，你在這裡好好享受吧。」

他走了之後，我又在那小椅子上坐了好幾個小時，保持笨拙的前傾姿勢。最後，終於有個警衛進來，打開我的手銬跟腳鐐，給我戴上頭套，拽著我通過狹窄走道，回到牢房中。李歐納．科恩的歌聲愈來愈大。

我們停下來後，這名警衛粗聲粗氣地命令我坐下，音樂如今已震耳欲聾。我的手腳再次被銬在低矮的椅子上，椅子因為「讓我們先征服曼哈頓，然後是柏林！」毫不留情的重低音而振動著。

我的肌肉由於冷氣和極不舒適的姿勢而抽筋，鼻子則不斷吸進頭罩的臭味，即使李歐納．

科恩大聲歌唱，我仍聽見周圍有人因為劇痛而哀號。這次我鐵定不是一個人在這裡。

「有人在嗎？」我透過油膩膩的布料大喊。

「你是誰？」身旁有個聲音在音樂聲中回答。

「我是摩薩。」

「你在這裡多久了？」

「兩天。」

過了好幾分鐘，他都沒說話。

「我已經坐在這椅子上三個禮拜了。」他終於開口。「他們每週只讓我睡四個小時。」

我愣住了，這是我最不想聽見的事。另一個人則說他差不多跟我同時間被捕。後來我猜這房裡大概有二十來人。

我們的對話因為有人重擊我的後腦杓而被打斷，劇痛穿過我的頭殼，頭罩下的眼睛因為突來的重擊而緊閉，擠出淚來。

「不准說話！」有個警衛咆哮。

接下來，每分鐘就像一小時一樣長。其實我已經記不得一小時到底有多長了。我的世界已經停止，我知道外面的人照常起床、上班、回家。同學們也應該都在為期末考拚命念書，母親在煮飯、打掃、親吻擁抱弟弟妹妹。

但是在這個房間裡，每個人都被強迫坐著，沒人可以移動分毫。

**讓我們先征服曼哈頓，然後是柏林！讓我們先征服曼哈頓，然後是柏林！讓我們先征服曼哈頓，然後是柏林！**

我周圍的幾個男人開始痛哭，但是我已下定決心不哭，我相信父親也不曾哭泣，他很堅強，絕不會屈服。

「警衛！警衛！」有個人大喊。沒人回答，因為音樂實在太大聲了。好一會兒，終於有個警衛過來。

「幹嘛？」

「我想上廁所，我需要去洗手間。」

「不准去，現在不是上廁所時間。」他說完就走了。

「警衛！警衛！」這個人不放棄地尖聲叫喊。

半小時後，當警衛回來時，此人已經失控。警衛一邊咒罵他，一邊把手銬打開，把他拉出去。幾分鐘後，他被帶回來，警衛把他銬在小椅子上後又走了。

「警衛！警衛！」這次是另一個人尖叫。

我疲憊不堪，胃也極度不舒服，脖子很痠痛，我從來不知道自己的頭有這麼重，我試著靠向旁邊的牆，但是就在我昏昏沉沉、快睡著時，一名警衛敲了我的頭，把我弄醒。他唯一的責任似乎就是讓我們保持清醒和安靜。此時，我覺得自己好像被活埋，因為給錯答案，被天使蒙卡跟納克爾刑求。

當我聽到一名警衛四處走動時，我猜應該是上午了。他一個一個打開我們的手銬跟腳鐐，把人帶出去，幾分鐘後帶回來，然後再次銬在小椅子上。終於，他走向我了。

解開我的手銬後，他扯著我的頭套，拉我穿過走道，打開一間牢房，叫我進去。當他拿掉我的頭套，我看到那個像猩猩的駝背警衛，拿著我的早餐，用腳把裝著雞蛋、麵包、優格、橄欖的藍色托盤推進來。地上積了近一吋深的臭水，濺到托盤裡。我真是寧可餓死也不要吃這些東西。

「你有兩分鐘吃東西跟上廁所。」他告訴我。

但是我只想伸展身體、躺下、睡覺，即使只有兩分鐘。當時間一分一秒過去，我只是站在原地不動。

「快點！過來！」

在我咬下第一口食物時，他又給我戴上頭套，把我帶回那房間，再次把我銬在小椅子上。

**讓我們先征服曼哈頓，然後是柏林！**

11

# 提議

一九九六

整天，牢房的門都開開關關，囚犯們酸臭的頭套被拉著，從這個訊問員帶到另一個訊問員，解開手銬，扣上手銬，訊問，鞭打。有時候，訊問員會大力搖晃囚犯，通常不下十次，囚犯就昏了過去。解開手銬，扣上手銬，訊問。開門，關門。

每天早上我們被個別帶開，兩分鐘的藍托盤早餐時間，幾小時後，兩分鐘的橘托盤午餐時間。一小時又一小時，一日復一日，我們在藍早餐托盤和橘午餐托盤之間痛苦煎熬。沒多久，我開始把寄託放在吃飯時間，不為了吃飯，只為了站直。

夜間，當我們都吃過飯，牢房門不再開開關關。此時，訊問員已結束一天的工作回家了。對我們而言，無盡的暗夜卻才開始，囚犯哭泣、呻吟或尖叫，聽起來不像人類，甚至聽不出來他們嘴裡說些什麼。穆斯林虛弱地反覆背誦古蘭經文，祈求阿拉憐憫賜下力量，我也祈禱，卻什麼力量都沒得到。我想著愚蠢的易伯拉欣，想著那些蠢槍，還有打到我父親手機的那幾通蠢電話。

我也想到父親。一想到父親被囚禁期間遭受的一切，我的心都痛了，但是我知道父親的個性，即使被羞辱或凌虐，他也會默默接受這一切，甚至會跟那些被指派來鞭打他的獄警變成朋友，對他們個人展現真誠的關懷，問問他們家裡的事、生活背景或喜好。

父親真是愛、人道及犧牲奉獻的表率。他的身高雖然只有五呎七吋，卻是我見過最出類拔萃的人。我非常渴望像他一樣，但是我知道自己還有一段很長的路要走。

有一天下午，我每天的例行待遇無預警地被打斷，一名獄卒走進牢房，把我被銬在椅子上的雙手解開。我知道現在離晚餐時間還早，不是解開手銬的時候，但是我保持沉默，什麼都沒問。只要能離開這張折磨人的椅子，即使是去地獄，我都樂意。我被帶到一間小辦公室後又被銬起來，這次是一張正常高度的椅子。隨即，一個以色列國家安全局的官員進來，上下打量著我。儘管我的臉不像之前那麼痛，但我知道那名士兵用來福槍托在我臉上留下的痕跡還在。

「你還好嗎？」那個官員問：「眼睛怎麼了？」

「他們打我。」

「誰？」

「帶我來這裡的士兵。」

「這是禁止的，這違反了法律。我會調查一下，看看為什麼有這種事。」

他看起來很有自信，說話也很友善，語氣中帶著敬意。我懷疑這是一種引誘我吐露消息的手段。

「你快要考試了，為什麼在這裡？」

「我不知道。」

「你當然知道，你並不笨，我們也不笨。我叫羅艾（Loai），是負責你家那一區的國家安全局指揮官，你家還有鄰居的事，我都知道。我也知道你所有的事。」

他確實都知道。很顯然，他負責監管我們家左右鄰舍的每一個人，他知道誰在哪裡工作，誰在學校念書、上什麼課，誰的太太生了孩子，不用懷疑，還有新生兒的體重。所有的一切。

「你可以自己決定，我今天來，就是要跟你坐下來談一談。據我所知，其他訊問員可沒這麼好。」

我仔細端詳他的臉，試著聽出他的弦外之音。他挺瘦的，金髮，說話語調帶著一股我不曾見過的冷靜，表達也很溫和，甚至有點關心我。我不禁想，難道這是以色列的計謀：上一分鐘打你，下一分鐘又仁慈待你，只為了讓你困惑。

「你想知道什麼？」我問。

「聽著，你對於我們抓你來這裡的原因心知肚明，所以一五一十從實招來吧，把你知道的事和盤托出。」

「我不懂你在說什麼。」

「這樣吧，讓我幫你提示一下。」

他在桌子後面的白板上寫了三個詞：**哈瑪斯**、**武器**、**組織**。

「先講講哈瑪斯的事，你知道哈瑪斯的什麼事？你在裡面扮演什麼角色？」

「我不知道。」
「你知道他們武器的事嗎？從哪裡來的？怎麼來的？」
「不知道。」
「你知道任何關於伊斯蘭青年運動的事嗎？」
「不知道。」
「好吧，你自己決定吧。我不知道還能跟你說什麼，但是我告訴你，你實在是選錯路了……。你想吃點東西嗎？」
「不，什麼都不用。」
羅艾走出去，幾分鐘後端了一個冒著蒸氣的托盤進來，有雞肉、米飯、熱湯。聞起來真棒，我的胃不由自主地咕嚕咕嚕作響。毋庸置疑，這是為訊問員預備的食物。
「請用，摩薩。吃吧，不要逞強，吃點東西，放鬆一下。你知道嗎？我認識你父親很久了，他人很好，也不是狂熱分子，我們不明白你為什麼要給自己惹這種麻煩。我們不想刑求你，但是你要知道，你這麼做是跟以色列作對。以色列是一個小國，我們需要保護自己，我們不允許任何人傷害以色列國民。我們一生之中已經有太多苦難，所以對於那些要傷害我們人民的人，不會太客氣。」
「我不曾傷害過任何以色列人。是你們傷害我們，你們還抓了我父親。」
「沒錯，你父親是個好人，但是他也和以色列作對，鼓勵人們起來對抗以色列。因此我們不得不把他關起來。」

我看得出來羅艾真的認為我是個危險人物。後來那些曾被關在以色列監獄的人告訴我，不是每個巴勒斯坦囚犯都會像我一樣，被如此嚴峻對待或是長時間拷問。

當時我不知道的是，哈珊．沙來米赫幾乎也在同時間被逮捕。

為了報復哈瑪斯炸彈專家亞赫亞．阿亞緒被暗殺，沙來米赫執行了許多炸彈攻擊。當以色列國家安全局監聽到我透過父親的手機跟易伯拉欣談到弄些武器的事，他們便認定我絕非單獨行動，而且相當肯定我已加入卡桑旅。

最後，羅艾說：「我最後一次問你。接著我就要走了，我還有很多事要辦。我們其實現在就可以解決問題，有些進展，你也不需要再接受更多審問。你只是個孩子，需要有人幫你一把。」

沒錯，我曾經希望自己成為危險人物，也曾有過危險的念頭，但是很明顯的，對於成為激進分子，我並不在行。我只知道我已受夠這些小塑膠椅，還有臭氣薰天的頭套。這些以色列情報人員實在太抬舉我了！所以，我決定和盤托出——除了想弄些武器殺以色列人那一部分。我告訴他，我買武器是為了幫助我的朋友易伯拉欣，幫他保護家人。

「所以是有武器，我知道了。」

「是的，有武器。」

「武器在哪？」

我真希望他們去我家，我很樂意把傢伙全部交出來。但現在，我不得不拖堂哥下水。
「好吧，事情是這樣的，有個跟此事完全無關的人擁有這些武器。」
「誰？」
「我堂哥約瑟夫。他娶了一個美國人，有個新生兒。」我暗自希望他們能念在他有家庭的分上，叫他把武器交出來就好。但是事情向來沒那麼容易。
兩天後，隔著牆，我聽見隔壁牢房傳來上手銬的聲音。我屈身靠近，對著連結隔壁牢房的鏽蝕水管。
「喂，有人嗎？」我喊。
一片安靜。
然後……
「摩薩？」
什麼!?我真不敢相信自己的耳朵，是堂哥！
「約瑟夫？是你嗎？」
聽到他的聲音，我實在太興奮了，我的心開始怦怦亂跳，真的是約瑟夫嗎？但是他開始咒罵我。
「你為什麼要這麼做？我有家庭耶……」
我忍不住哭了。這段囚禁期間，我多想要有個人能說說話，現在，有個親人坐在牆的另一邊，他卻對我咆哮。突然，我有個念頭：以色列人正在偷聽！他們把約瑟夫關在我隔壁，好竊聽我們說的話，看看我是否跟他們說了實話。其實我無所謂，之前我的確跟約瑟夫說過我買槍是為了保護家人，所以我不擔心說溜嘴。

當國家安全局人員確定我之前說的都是實話，便把我移到另一間牢房，我又變成孤單一人。我想到自己是如何毀了堂哥的一生、傷害了家人，還有十二年來的學業就此荒廢——這一切都是因為我信任像易伯拉欣這樣一個豬頭！

接下來幾週，我在牢房內待著，沒有接觸任何人。每天獄卒不發一語地從門縫塞進食物，我甚至開始懷念李歐納．科恩的歌聲。這裡沒書可看，我對時間唯一的認知來源就是這些來來去去的彩色托盤。除了思考與祈禱，我無事可做。

有一天，我終於又被帶到一間辦公室，羅艾正在那裡等我。

「摩薩，如果你願意跟我們合作，我保證會盡力減少你在苦牢的日子。」

我看見一絲曙光！我想也許我可以讓他誤以為我要合作，然後他就會放我走。

我們又聊了一些瑣事，接著他說：「我有個提議，給你一個一起工作的機會如何？以色列領袖跟巴勒斯坦領袖都能坐下來協談，他們都打了那麼久，最後還是握手言和，一起晚餐。」

「伊斯蘭信仰不允許我跟你們合作。」

「摩薩，讓我告訴你，某些程度上，連你父親都會坐下來跟我們協議，我們也會跟他談。何不讓我們攜手一起為人民謀求和平呢？」

「這是我們達成和平的方法嗎？我們應該以終止占領來達成和平。」

「不是，我們是透過有勇氣做改變的人帶來和平。」

「我不同意，這不值得。」

「你害怕因通敵而被殺？」

「不是。在我們受了這麼多苦之後，我沒辦法就這樣坐下來，像朋友一樣跟你談話，更不用說是一起工作了。這違反了我所有的信念。」

我心深處仍然仇恨周遭的一切。我仇恨以色列的占領，仇恨巴勒斯坦自治政府。我變得激進，因為我心裡有一股想要摧毀什麼的衝動，但是就是那股衝動把我帶到今天的麻煩中。現在我落在以色列的牢獄中，而眼前這個人竟然問我要不要為他們工作？我知道，一旦答應，無論今生或來世，我都要付出可怕的代價。

「好吧，我需要想想。」我聽見自己說。

我回到牢房，想著羅艾的提議。我曾聽說有些人答應跟以色列合作，骨子裡卻是雙面間諜。他們殺掉中間人，藏匿武器，然後一逮住機會就更重重地傷害以色列。如果我答應羅艾，我想他極有可能放了我。這樣，我甚至有機會拿到真正的武器，然後就可以用這些武器殺了他。

仇恨之火在我內心燃燒。我想要不計一切報復那名痛毆我的士兵，我要報復以色列——即使得付出生命。

當我再深入想想，為以色列國安局工作可比單純買武器的風險更高。看來還是算了吧，我應該乖乖服完刑回家，繼續念書，跟母親住在一起，好好照顧弟弟妹妹。

隔天，獄卒最後一次帶我到那間辦公室。幾分鐘後，羅艾進來了。

「今天還好嗎？你看來好多了，要喝點什麼嗎？」

我們像兩個老友一樣，坐著喝咖啡。

「如果我因此被殺了怎麼辦？」我問。雖然我一點也不在意是否會被殺，我只是想讓他誤以為我是認真的。

「這樣說吧，摩薩，」羅艾說：「我已經為以色列國安局工作了十八年，這麼多年來，我只聽說過一個人被揭穿。其他那些你聽到、看到被殺的人，都與國安局無關。他們孤家寡人、沒有親友，又做了令人起疑的事，才會被懷疑，甚至被暗殺。而你，不會有人知道的，我們會掩護你、保護你，不會讓你曝光，我們會照顧你。」

我盯著他看了好久。

「好吧，」我說：「我答應你，現在可以放我走了吧？」

「太好了。」羅艾眉開眼笑，說：「但是，很不幸的，我們無法即刻釋放你，因為你跟你堂哥是在哈珊．沙來米赫之後馬上被捕，這消息還上了《聖城報》（*Al-Quds*，巴勒斯坦主要報紙）的頭版，大家都認為你是因為跟一位炸彈專家有牽連而被捕。如果我們太早放你出去，你會被懷疑通敵。送你回監獄是保護你最好的方法，但是不要擔心，不會待太久的。我們會看是否有囚犯交換或釋放協議，再找機會把你弄出拘留中心。一旦進到監獄裡，我相信哈瑪斯會好好照顧你的，尤其你又是哈珊．約瑟夫的兒子。你出獄後，我們會跟你聯繫。」

他們帶我回牢房，我又在那裡待了好幾週，我實在等不及要離開「馬司卡比葉」。終於，一天早上，獄卒告訴我可以離開了，他再次給我戴上手銬，但這次我的雙手是銬在前面，也不用戴臭氣薰天的面罩。四十五天以來，我第一次看到太陽，呼吸到室外空氣，我一邊深吸一口氣，感受自己的肺隆起，一邊貪婪地享受微風在臉頰輕拂。我爬上一輛福特客貨兩用車的後座，還能坐在椅子上。在這個炎熱的夏天，我的雙手被扣在發燙的金屬椅子上，皮膚幾乎起水泡，但是我不介意，我感到好自由！

兩小時後，我們抵達米吉多（Megiddo）的監獄，但是我們得坐在貨車上再等上一小時，才能被放行。一進入營區，一位監獄醫生來給我做檢查，他說我一切正常。我用真正的肥皂洗澡，有乾淨的衣服和其他盥洗用具。午餐時間，我吃了數週以來第一餐熱食。

他們問我隸屬於哪個組織。

「哈瑪斯。」我回答。

在以色列監獄，每個組織都可以自己維安，一方面是減少獄囚的社交衝突，另一方面藉此在各派系間製造更多矛盾。當獄囚彼此敵對時，就比較沒有精力對抗以色列了。

每一名新囚犯入獄時，都必須歸屬一個組織：哈瑪斯、法塔赫、伊斯蘭聖戰組織、巴勒斯坦人民解放陣線、巴勒斯坦民族解放陣線，或是其他任何組織；我們不能說我們誰也不是。那些未隸屬於任何組織的人，有幾天的時間選擇，決定加入哪一個組織。在米吉多，哈瑪斯在監獄裡主導一切，是裡頭最大、最強的組織。由哈瑪斯訂定遊戲規則，其他人只能照辦。

我進去時，其他人熱切地歡迎我，拍著我的背恭喜我加入。傍晚時分，我們圍坐著，講著自己的故事。不久，我開始感到不自在，其中一人似乎是其他囚犯的領袖，他問了好多問題——實在太多了。雖然他是所謂監獄裡的哈瑪斯領袖「埃米爾」（emir），但我就是無法信任他。我聽過許多「鳥人」的故事，也就是監獄裡的間諜。

**如果他是以色列國安局的間諜**，我心想，**為何他不信任我？我現在應該是他們的一員了**。我決定打安全牌，不會讓他比拘留中心的訊問員知道更多事情。

我在米吉多監獄待了兩週，祈禱、禁食、讀古蘭經。每當有新人進來，我就警告他們，要他們當心這個埃米爾。

「你要小心。」我說：「我覺得那傢伙跟他的朋友是『鳥人』。」這幾個新進者竟然馬上跟埃米爾透露我對他的懷疑。第二天我就被送回「馬司卡比葉」拘留中心。隔天上午我被帶到辦公室。

「米吉多之行如何啊？」羅艾問。

「不錯啊。」我反諷道。

「你知道，不是每個人都能第一眼就認出『鳥人』的。去休息一下吧，我們馬上會送你回去。再過一陣子，我們很快就可以一起做些什麼事。」

**是啊**，我心想，**我也很快會打爆你的腦袋**。看著他離開，我真為自己這個激進的想法感到自豪。

我又在拘留中心待了二十五天，但是這一次，我跟其他三人同住一間牢房，包含堂哥約瑟夫。我們用閒聊跟講故事打發時間，其中一個人告訴我們他如何殺了人，另一個吹噓自己曾送出自殺炸彈客，每個人都有精彩的故事。我們圍坐著、祈禱、唱歌，想辦法找樂子，好讓自己忘卻周遭的環境，因為這實在不是人待的地方。

最後，除了堂哥約瑟夫，我們都被送到米吉多監獄，這一次不是到「鳥人」那裡，而是到一個真正的監獄。自此，一切都變了。

12

# 八二三號

一九九六

大家都聞得到我們來了。

三個月沒有剪髮、刮鬍，我們的頭髮跟鬍子又長又亂，衣服也骯髒無比。整整兩週之後，拘留中心的臭味才漸漸消除，連用力擦洗都沒有辦法除臭，只能讓它隨時間消散。

大多數的囚犯是從「米法」（mi'var）中心展開他們的刑期。每個犯人在跟其他囚犯真正關在一起之前，都會先在這裡過渡一下。然而，有些人因為太具危險性，不適合跟其他囚犯關在一起，便在這裡待了許多年。毫不令人意外，這些所謂的高度危險人物都屬於哈瑪斯，有些人還因認出我而來致意。

身為謝赫哈珊的兒子，我已經習慣走到哪裡都被人認出。如果父親是國王，我就是王子——合法的繼承人，而我也如王子般被對待。

「我們一個月前就聽說你進來了。你舅舅也在這裡，他很快就會來看你。」

在這裡可以享受熱騰騰的午餐，分量也足夠吃飽，滋味卻不如我跟那些「鳥人」在一起時美好，但我還是很開心。即使人在監獄，我卻感覺很自由。我在米法有時間獨處時，常因國安局的事覺得納悶，我已經答應要跟他們合作，為什麼啥都沒告訴我？他們從來沒告訴我該如何聯繫，甚至沒講清楚要怎麼合作。他們丟下我一個人，不告訴我在言行舉止上需要注意什麼。我很困惑，漸漸不知道自己是誰，角色為何。我甚至懷疑自己是不是中計了。

米法被分為兩個大房舍，八號房和九號房，裡面滿是一排排的上下鋪。兩間房舍相連接呈L型，每間各容納二十人。L型轉角處是個運動場，上漆的水泥地上擺著紅十字會捐贈的破舊乒乓球桌。一天兩次放封時間，我們可以出來走走，活動筋骨。

我的床位在九號房最裡面，也是淋浴間的隔壁。這裡所有人共用兩間廁所、兩間淋浴間。廁所，說穿了，只是地上的一個洞，我們或站或蹲地使用，用畢後自己拿水桶沖水。這個季節天氣又濕又熱，氣味聞起來可怕極了。

其實，整間房舍都是如此。有人又病又咳，有的人懶得花工夫洗澡，每個人都有口臭，香菸的煙霧裊裊，讓微弱的風扇絲毫起不了作用，房舍也沒有窗戶可通風。

我們每天早上四點被叫醒，準備「晨禮」。人人手拿毛巾排隊，每個人看起來就是男人早上起床時的樣子，再加上沒電扇時男人散發的氣味。接下來是「小淨」（wudu，譯註：穆斯林在禮拜、誦經、宰牲等之前的局部淨身儀式）時間，開始伊斯蘭教的潔淨儀式：先洗雙手至兩肘，漱口，淨鼻。再以雙手摩臉，從前額到臉頰，從右耳門到左耳門。再次洗雙手至兩肘，以濕手抹頭，從前額到頸背。以大拇指和手指抹耳朵內外，再抹頸項，最後，洗雙腳至兩膝。然後前述所有動作再做兩次。

四點三十分，當每個人都完成「小淨」，伊瑪目（譯註：此指伊斯蘭禮拜儀式中的領禱人）——一個留著大落腮鬍的魁梧硬漢——便開始宣禮（adhan），然後誦讀「法諦海」（Al-Fatihah，古蘭經第一章的開端）。當他結束，我們即進行四個禮拜（rakat，包含祈禱者的悔改、站姿、跪坐、叩頭等一套禮拜儀式）。

我們大多數是屬於哈瑪斯或伊斯蘭聖戰組織的穆斯林，所以這些儀式對我們而言如同家常便飯，只是那些世俗或共產組織成員的囚犯即使不祈禱，也被要求要同時間起床，害他們個個怨聲載道。

其中有個傢伙已完成自己十五年刑期的一半，不想再忍受這些伊斯蘭儀式，所以每天早上，我們要花上一輩子的時間把他從睡夢中叫醒，有人戳他，有人搥他，有人大喊：「起床！」最後，他們不得不朝他的頭澆水，好讓他離開床鋪。我真為他感到抱歉。整個潔淨、祈禱、誦讀古蘭經的儀式費時約一小時，然後大家可以回床上繼續睡，但一律不准說話，一片寂靜無聲。

我通常在晨禮之後便無法再入睡。直到七點，當我終於昏昏欲睡時，又有人用阿拉伯文大喊：「號碼！號碼！」提醒所有人，點名的時間到了。

我們一律坐在床上，背對著點名的士兵，因為他沒有攜帶任何防衛武器。通常他只花五分鐘就點完名，然後我們可以繼續睡覺。

八點三十分，這次換成埃米爾大喊：「集會！教義會議！」一天兩次，由哈瑪斯和伊斯蘭聖戰組織主持的組織會議時間到了。他們就是不讓人好好地連續睡上幾小時！這讓我非常惱怒！再一次，大家排隊使用洗手間，預備參加九點鐘的會議。

在每天的第一個哈瑪斯會議中，我們學習讀古蘭經的規則。其實，這些父親都教過我了，其他囚犯卻一無所知。每天的第二次會議比較像哈瑪斯的內部會議，通常於此時公告監獄裡的哈瑪斯規矩、宣布新進者，還會提到一些外頭的新聞，沒有機密，沒有計畫，只有一般性事務。

每次會議之後，我們就看電視打發時間。電視機在房舍盡頭、廁所的對面。有天早上我正在看卡通影片，遇到中場廣告時間。

**砰！**

一塊大木板從上降下，落在電視螢幕前面晃啊晃的。

我驚跳起來，四處張望。

「發生什麼事了!?」

回過神來，定睛一看，才發現原來那塊大木板是用粗麻繩綁著，懸掛在天花板上。在房舍一角，有個獄囚緊緊抓住繩子的一端，很明顯的，他的工作是當電視節目有不潔淨的畫面時，就放下屏障，保護我們。

「你幹嘛放下板子？」我問。

「為了你自己的安全。」他粗聲粗氣地說。

「安全？我哪裡不安全了？」

「廣告裡那個女的。」用板子發出巨響的人理直氣壯地解釋：「她沒有戴頭巾。」

我轉向埃米爾。「他是說真的嗎？」

「他當然是說真的。」埃米爾回答。

「我們家裡都有電視。在家不用這樣，為什麼在這裡要這樣？」

「在獄中，情況不同，挑戰較多。」他解釋：「這裡面沒有女性，電視上不潔的東西會給大家帶來麻煩，最後會在彼此間發展出我們不樂意見到的關係。這是我們的看法、我們的規矩。」

當然不是每個人都這麼認為，我們能看多少東西主要是根據握繩子的人自己的判斷。舉例來說，一個希伯倫來的傢伙，連沒有戴頭巾的卡通人物都不准我們看；如果握繩子的人從較開放的拉瑪拉來，我們能看的就多多了。大家要輪流抓繩子，但是我實在做不來，這實在太蠢了。

每天午餐後是「晌禮」時間。接下來又是一段安靜無事的時光，大部分人會趁機補眠，睡個午覺，我通常都會看書。傍晚接近日落時，我們可以進入小運動場，走走路、活動或是交談。

因為這些規矩，哈瑪斯成員的牢獄生活實在無聊難熬，甚至連玩撲克牌都禁止，我們只能讀古蘭經或伊斯蘭相關書籍。相較之下，其他組織成員能享有的自由實在比我們多太多了。

有天下午，堂哥約瑟夫終於現身，看到他我實在很開心。以色列獄卒給我們理髮剪刀，好讓我們幫堂哥剪髮、刮鬍，除掉拘留中心的臭味。

約瑟夫不是哈瑪斯成員。他是社會主義者，他不相信阿拉，卻也不是無神論者。這樣的信念系統讓他被分發到巴勒斯坦人民解放陣線。與哈瑪斯或是伊斯蘭聖戰組織不同的是，巴勒斯坦人民解放陣線是為一個政治上的巴勒斯坦國奮鬥，而哈瑪斯和伊斯蘭聖戰組織卻是為一個宗教上的伊斯蘭國戰鬥。

約瑟夫抵達幾天後，舅舅易伯拉欣．阿布．撒林姆來訪。他被判兩年行政拘留，卻不曾有什麼正式的懲處臨到他。我想，因為他對以色列國安造成威脅，所以應該會在獄中待上很長一段時間。身為哈瑪斯貴賓，舅舅可以自由地在米法中心和真正的牢獄房舍間穿梭遊走。所以這天他來到米法探望我——他的外甥，看看我是否一切無恙。不只如此，他還帶了衣服來，對一個曾經毆打我、父親入獄時棄我們於不顧的舅舅而言，這實在是惺惺作態。

易伯拉欣．阿布．撒林姆將近六呎高，他笨重的水桶肚——熱愛美食的明證，讓他看起來像個道地的美食家。但是我很清楚他的另一面，他是個刻薄又自私的騙子，十足的偽君子——一個跟父親完全不同的人。

然而，在米吉多圍牆內，舅舅易伯拉欣如同國王般被對待，無論是哪一個陣線的囚犯都尊敬他——他的年紀、教導能力、在大學的教職，以及他在政治與學術上的成就。通常獄中領袖會趁他來訪時，請他為大家上一堂課。

每個人都喜歡聽易伯拉欣上課。與其說他是個老師，其實他更像個演員。他喜歡讓大家發笑，也善於用簡單的話語表達，讓每個人都能聽懂。

這一天，卻沒有一個人笑。當舅舅竭力譴責通敵者，口沫橫飛地陳述他們如何欺騙家人，使家族蒙羞，是所有巴勒斯坦人的敵人時，每個人都張大眼睛，不發一語，安靜地聽著。從他說話的方式，我覺得他彷彿在說：「摩薩，你若是有什麼事瞞著我，最好現在一五一十地招出來。」

當然，我什麼也沒說。即使易伯拉欣懷疑我跟國安局的關係，我相信他還不敢指著謝赫哈珊·約瑟夫兒子的鼻子質問。

「如果你有什麼需要，」離開前，他說：「儘管跟我說，我會想法子讓你跟我近一點。」那是一九九六年夏天。雖然我只有十八歲，我卻覺得短短幾個月內，我已經活了好幾輩子。舅舅來訪後幾週，一名人犯代表（shaweesh）來九號房，大聲喊：「八二三！」我抬起頭，很訝異聽到自己的號碼，他又喊了其他三、四個號碼，要我們收拾好東西。

當我們走出米法中心，站在戶外的沙漠中，熱浪好像從龍的口鼻中吐出的氣息，我不禁感到一陣暈眩。在視線可及之處一無長物，只看到幾張棕色的帳篷頂。我們步行通過第一區、第二區、第三區。數百名囚犯跑來靠近上鎖的高柵欄，要看看我們這些新到者。當我們到達第五區，門搖搖晃晃地開了，超過五十個人圍上來，又是握手，又是擁抱。

我們被帶到一個行政管理帳篷，再一次被問到屬於哪一個組織。當我被帶到哈瑪斯帳篷時，埃米爾已經在那裡等著迎接我，跟我握手。

「歡迎，」他說：「真高興見到你，我們很以你為榮，我們這就幫你鋪床，還有準備毛巾以及其他日用品。」最後他說了一句典型的監獄玩笑話：「希望你在這裡感覺賓至如歸。」

監獄中，每一區都有十二頂帳篷，每個帳篷裡有二十張床及置物櫃，所以每區的最大容量是二百四十人。這些帳篷圍成一個長方形，周圍布滿雷射光束。第五區被分成四個小區，上方布有雷射線的高牆，從南至北劃開營區，另一較低矮的柵欄則是從東至西把營區分隔開。

右上方及左上方是第一及第二小區，每小區有三頂哈瑪斯帳篷；右下方的第三小區有四個帳篷，分別是哈瑪斯、伊斯蘭聖戰組織、法塔赫，以及「巴勒斯坦人民解放陣線」與「巴勒斯坦民族解放陣線」的共用帳篷。左下角的第四小區則有兩頂帳篷：法塔赫和「巴勒斯坦人民解放陣線」與「巴勒斯坦民族解放陣線」共用的帳篷。

除了帳篷，第四小區內還有廚房、廁所、淋浴間、人犯代表和廚房人員的工作區，以及「小淨」的洗滌池。禮拜時，所有人一列一列整齊排開，一律在第二小區的空地祈禱。當然，這裡每個轉角都設有警衛塔，而通往第五區的閘門就在第三和第四小區之間的柵欄那裡。

值得一提的是，東西向的柵欄上有第一及第三小區間的閘門，還有第二及第四小區間的閘門。這兩個閘門在白天時大都是開啟的，點名時卻都關起來。這樣監獄管理員至少能有效隔離一半的營區。

我被分派到右上角第一小區的哈瑪斯帳篷中，右手邊第三個鋪位。第一次點名結束後，大家坐著閒聊，聽見遠處有人用阿拉伯文大喊：「有信！自由聖戰士，有信！」

那是隔壁小區的「夏威得」（sawa’ed），他一喊，大家都抬起頭來。「夏威得」是哈瑪斯保安部在監獄裡的眼線，負責在每一區之間傳遞消息，此一稱呼源自阿拉伯文的「投擲臂」。

他一喊，幾個傢伙馬上跑出帳篷，張開雙手，兩眼緊盯著天空，一切就像是排練好的一樣。

此時，一顆球不知從天空的哪裡落下，不偏不倚掉在他們張開的雙手中。藉著這個方法，我們這一區的哈瑪斯領袖接收到從其他小區的領袖送來、經過加密的指令或訊息。監獄中每個巴勒斯坦派系組織都用這個方法溝通聯繫，由於每個組織都有代號，所以每當呼喊聲響起，正確的「捕手」會自動出去接球。

球是用水浸濕的麵包做成的，先把紙條塞進麵團裡，再把麵團揉成球體，乾了之後就成為堅固的球。通常，最善於投球或接球的囚犯才有機會被選為「郵差」。

這令人精神一振的時刻才開始就結束了，然後就是午餐時間。

# 13 無人可信

一九九六

被關在地下室這麼一段時間，如今重見光明，實在美好，感覺上自己似乎有好幾年沒看到星空了。星空真美麗，只可惜營區裡強烈的探照燈光削減了星光。每當星星出現，就是我們回帳篷點名、睡覺的時候了。睡前點名其實讓我很困惑。

我是八二三號，所有囚犯的臥鋪是依號碼順序排列，因此，我應該是睡在第三小區的哈瑪斯帳篷內。只是那裡已經塞滿了人，於是我被移到第一小區某個角落的帳篷。

儘管如此，點名時，我仍被要求要站在第三小區的位置，所以獄卒只需用清單逐一唱名，不需記住每項因為清潔管理而做的小小調整。

在這裡，點名是有講究的，每個細微的動作都經過縝密規畫。

二十五名士兵，端著 M16 衝鋒槍待命，先進入第一小區，一個帳篷接著一個帳篷點名。所有囚犯都面對帆布站立，背對軍人，此時，沒有人敢亂動，以免被槍擊。

第一小區結束，士兵們移到第二小區。當第二小區也結束，他們關上兩小區的兩扇柵門，防止第一、二小區的人犯溜到第三或第四小區，頂替任何逃走的囚犯。

到第五營區的第一晚，我就發現這裡有個詭異的騙局正在暗中進行。在我所屬的第三小區，我旁邊站了一個看似病得不輕的囚犯。他看起來糟透了，好像馬上就會死了一般，他的頭髮被剃光，模樣很虛弱，目光不跟任何人接觸。**他是誰？他怎麼了？**我在心裡納悶著。

一旦士兵點完第一小區，移到第二小區時，馬上有人來抓住他，把他拖到帳篷外，此時另一名囚犯會過來站在我旁邊，遞補他的位置。後來我才知道，原來第一跟第三小區間的柵欄被剪了一個小洞，所以可以這樣替換囚犯。

顯而易見，大家都不希望士兵看到這個被剃光頭的人。但是為什麼呢？

那晚我躺在床上，聽見遠處有人呻吟，聽得出來他很痛苦。沒多久，我也昏昏入睡了。早晨總是來得太早。天亮前，我們就被叫醒，起床預備「晨禮」，第五區兩百四十名囚犯中，有一百四十人起床排隊使用六間廁所——廁所其實只是六個圍有屏障的洞，多少有一點隱私，下面就是一個大坑。另外有八個洗滌池，禮拜前「小淨」用的。這一切都要在三十分鐘內完成。

然後我們一列一列排好，祈禱。這裡白天的活動跟米法中心大同小異，只是囚犯人數是米法中心的十二倍之多。我對以色列人能在監獄裡管理這麼多人，而一切還能如此井然有序感到訝異。沒有人出錯，幾乎到了令人毛骨悚然的地步。

每個人看起來都很戒慎恐懼，沒人敢違反一點規矩，沒人敢在廁所待太久，沒人敢在訊問時跟其他人犯有眼神接觸，也沒人敢靠柵欄太近。

不久，我看懂了。在獄方人員嚴密的雷達看管下，哈瑪斯有自己的遊戲規則，他們還為每個人計數。違反一項規定，便記一個紅點，湊足紅點，你就得好好面對「馬及得」（maj'd）——哈瑪斯保安部的人，每個都是不苟言笑的冷酷硬漢。

大多數時候，我們見不到這些人，因為他們忙著蒐集情資，在不同小區間丟來丟去的球就是出自他們之手，也是給他們的。

一天，當我坐在床上，有個「馬及得」進來大喊：「全都離開！淨空帳篷！」沒人敢說話，短短幾秒鐘，帳篷內便空無一人。他們帶了一個人進來，關上帳篷，派兩個人在門口看守。有人打開電視，調高音量，其他人則是大聲唱歌，發出吵鬧聲。

我不確定帳篷裡發生了什麼事，我只知道我不曾聽過有人如此慘叫。**他做了什麼事以致被這樣對待**？我不懂。他被凌虐了人約半小時後，兩個「馬及得」拉他出來，換到另一個帳篷，繼續嚴刑拷打。

有一次，我們像這樣被叫出帳篷時，我跟一個從拉瑪拉附近小鎮來、名叫阿及爾·索洛爾（Akel Sorour）的朋友閒聊。

「裡面在幹嘛？」我問。

「這傢伙是個壞人。」他的回答很簡單。

「我知道他是個壞人，但是他們在對他做什麼？他又做了什麼事？」

「他沒有在監獄裡做什麼。」阿及爾解釋：「但是他們說，他曾在希伯倫向以色列人提供關於一名哈瑪斯成員的情報。看來他說了不少，所以他們不時凌虐他。」

「怎麼凌虐？」

「通常是把針刺到他指甲下面，或是把熔化的塑膠餐盤放到他裸露的皮膚上，有時候會燒他的毛髮，甚至在他膝蓋後面放一根大木棍，強迫他用膝蓋跪坐在地上幾個小時，還不准他睡覺。」

現在，我終於明白為什麼在這裡每個人都很小心翼翼不敢出錯，也終於明白我剛到這裡時看到的那個禿頭傢伙是怎麼回事了。「馬及得」痛恨通敵者，除非我們能證明自己的清白，不然我們個個都會被懷疑是通敵者，都是以色列的間諜。

由於以色列很擅長發現哈瑪斯的巢穴，或是逮捕哈瑪斯成員入獄，這讓「馬及得」認定組織已經被間諜滲透，而他們決意要讓這些通敵者統統見光死。靠著監督我們的一舉一動、觀察我們的行為舉止，或是竊聽我們的談話，他們抽絲剝繭、一一過濾，依照我們的行為記錄每個人的點數。我們都知道哪些人是「馬及得」，卻不知道誰是他們的眼線。這讓我們戰戰兢兢，因為你的朋友有可能就是眼線，他可以讓你第二天馬上被抓去訊問。

在這種情況下，我決定守口如瓶以為上策，更不輕易信任任何人。當我意識到監獄中懷疑與背叛的氛圍，我整個人生便不再一樣了。突然之間，我發現自己在一個不能隨意移動、隨意談話、信任、建立關係或結交朋友的監獄裡。我害怕自己會出錯、遲到、睡過頭，或是在組織集會時打瞌睡。

若是你被「馬及得」盯上、被認定是通敵者，你的小命就沒了，家庭生活也將告終。你將被妻兒、家族裡每一個成員棄絕。「通敵」之名是我們一生中最慘的事，一九九三年到一九九六年間，超過一百五十名疑似通敵者在以色列監獄中被哈瑪斯訊問，其中約有十六人被謀殺。

因為我字寫得又快又好，「馬及得」找上我當他們的書記員。他們告訴我，我將經手的資訊都是最高機密，要我務必守口如瓶。

從此，白天我花很多時間抄寫囚犯們的檔案。我們小心翼翼，不讓獄卒取得這些資訊，抄寫時也不用真名，而是用代號，還得想辦法寫在最薄的紙上。這些檔案讀起來彷彿最不入流的情色小說：有的人承認與自己的母親發生關係，有的跟母牛發生關係，有的說與女兒發生關係。還有人供稱自己與鄰居女孩發生關係，並用間諜相機拍攝，再把相片交給以色列人，以色列人就拿著這些照片找上這個女孩威脅她，除非她乖乖跟以色列合作，否則要把這些照片送交她的家人。根據這些「供詞」記載，他們不斷地跟彼此發生關係、蒐集資訊，也跟其他人發生關係、拍攝，直到幾乎全村都跟以色列合作。這只是我抄寫的第一份檔案。

對我而言，這實在太瘋狂了！當我繼續抄寫後，便漸漸明白，這些被凌虐的嫌疑犯被拷問出他們根本不知道的事，被迫給出對方要的答案。我相信，為了不受這種凌虐，什麼話都說得出口。我也不禁懷疑，這種詭異的訊問有時其實是漫無目標，只為了滿足這些也被監禁獄中的「馬及得」的性幻想。

有一天，我朋友阿及爾．索洛爾也落在他們手上，成為受害者。他是哈瑪斯某一小組的成員，多次被捕，不知什麼緣故，從都市來的哈瑪斯囚犯總是排擠他。他是單純的鄉下農夫，吃飯、說話的樣子很滑稽，所以常被他們占便宜。阿及爾盡心幫大家煮飯、打掃，期望能贏取信任跟尊敬，但是他們視他如敝屣，因為他們看透他，知道他做的一切都是出於恐懼。

阿及爾當然有害怕的理由。他的雙親都過世了，妹妹是家裡唯一的親人，她勢單力薄，若是阿及爾受害，將無人為他的受虐復仇，所以這些人肆無忌憚。另外一個原因是，有一個與他同組的哈瑪斯成員被「馬及得」拷問時，曾提到阿及爾的名字。以上種種因素加起來，情況對他實在不利。我真為他難過。但我要怎麼幫他呢？我只是一個既困惑又手無大權的年輕孩子。我也明白，是父親讓我對這一切凌虐有豁免權。若不是父親，我恐怕也難逃厄運。

每個月一次，家人可以來探望我們。以色列監獄的伙食乏善可陳，家人通常會帶家常菜給我們打打牙祭，補給一些個人用品。阿及爾跟我來自同一地區，所以我們的家人常常一起來。

每次探望都要經過冗長的申請手續。當紅十字會終於把某一地區的家屬聚集起來，坐上巴士，漫長的路程才要開始。其實，原本只需兩小時車程即可到達米吉多，但是巴士行經每一個檢查哨，都必須停下來，讓所有乘客一一接受檢查，因此我們的家人早上四點就要出發，一路折騰，才能在中午前抵達監獄。

一天，阿及爾．索洛爾跟妹妹愉快地會面之後，他拿著妹妹帶來的一袋食物回到第五營區，他滿心歡喜，絲毫沒察覺眼前即將發生的事。舅舅易伯拉欣也在這天來給大家上課，這通常不是好兆頭。我發現舅舅常常聚集大家聽他演說，好在「馬及得」訊問時提供掩護。這一次，輪到阿及爾．索洛爾了。「馬及得」拿走他的禮物，把他帶到一個帳篷裡。我看見他的身影消失在一道簾幕後面，從此他的夢魘便開始了。

我看著舅舅，心想他為什麼不阻止他們？他在獄中曾與阿及爾多次互動，大家也一起面對監獄中的困難生活，阿及爾為他煮飯、照應他，舅舅應該知道阿及爾的為人。阿及爾受到這種藐視、欺凌，難道只因為他是個安靜、貧窮的鄉下農夫，而舅舅是個都市人嗎？

無論原因為何，此刻，易伯拉欣．阿布．撒林姆跟「馬及得」坐在一起談笑，吃著阿及爾的妹妹為獄中哥哥帶來的食物，而不遠處，哈瑪斯同胞——也是我們的阿拉伯同胞、巴勒斯坦同胞、穆斯林同胞——正用針穿刺進阿及爾的指甲縫隙。

接下來數週，我只見到阿及爾幾次。他的頭髮及鬍子都被剃光，雙眼低垂看著地上，像個將死的消瘦老人。

不久，他們送來阿及爾的檔案，叫我抄寫。他承認自己跟村裡每一個女人發生性關係，還有驢子及其他動物。我知道這一切都是謊言，但我還是寫了，當「馬及得」把檔案送到他村子裡，他妹妹因此棄絕他，與他斷絕關係，鄰居也都遠離躲避他。他成了咒詛。

在我眼中，「馬及得」比任何一個告密、通敵者還惡劣，但是他們在監獄體制運作中有權有勢，我思忖著，也許我可以利用他們達到一些自身的目的。

阿納斯．羅司羅司（Anas Rasras）是「馬及得」的領袖，他父親是西岸的大學教授，也是舅舅易伯拉欣的摯友。我到米吉多後，舅舅曾經請阿納斯協助我適應牢獄生活，並且瞭解狀況。阿納斯是希伯倫人，年約四十，非常神祕、聰明而危險。每次他被釋放出獄，以色列國家安全局都緊盯著他。他沒什麼朋友，卻也不曾參與這些訊問，因此我對他的尊敬之情油然而生，甚至漸漸信任他。

我告訴他，我已經同意跟以色列人合作，希望藉著成為雙面間諜得到更精良的武器，等待時機從以色列內部顛覆他們。我問他是否可以幫忙。

「讓我想一想，」他說：「我不會跟其他人提起這事，但是，我要想想。」

「你要想想？什麼意思？你到底能不能幫我？」

在信任這個人之前，我真該弄清楚狀況，他不但沒幫我，還馬上把我的計畫通報給舅舅易伯拉欣和其他幾個「馬及得」成員。

隔天，舅舅跑來找我。

「你在做什麼？」

「不要激動，什麼事都沒發生。我只是有個想法，你不需要加入，沒關係。」

「這非常危險，摩薩，會危及你的聲譽、你父親的聲譽，還有你們家族的聲譽！也許其他人會這樣做，但是你不可以！」

他開始連珠砲似地問我一連串問題，國安局有沒有給我監獄裡的聯絡人？我有沒有跟這個或那個安全人員碰面？他們說了什麼？我是否還跟別人說了什麼？他愈質問我，我愈火大，終於我忍不住大發雷霆。

「你就好好鑽研你的宗教吧，不要過問安全的事！這些人毫無理由地凌虐別人，根本不知道自己在做什麼！你聽著，我不想再多說什麼，我做我的事，你也請自便。」

看起來情況對我很不利，我知道因為父親的緣故，他們不能訊問我或凌虐我，但我看得出來，舅舅對我說的話滿心疑慮。他不確定我是否說了實話。

那一刻，我也困惑了。

我承認自己蠢到不行，竟然會去信任那個「馬及得」。那麼，我相信以色列人是不是也很蠢呢？他們至今什麼也沒說，也沒有任何聯繫。難道他們是在耍我嗎？

我蹽步回到自己的帳篷，感覺自己的感官和情緒漸漸流逝、消失。我再也不相信任何人了。其他囚犯看我不對勁，卻也不知道發生了什麼事。雖然「馬及得」沒把我的事情告訴任何人，但卻從此緊盯不放。每個人都懷疑我，同樣地，我也懷疑每個人。我們同住在一個敞開的牢籠中，哪裡都去不了。既走不了，也無處可躲。

時間緩慢地爬行，懷疑的氣氛日漸增長。每日每夜都有哀號跟私刑。哈瑪斯凌虐自己人。我吃力地思考著，卻絲毫找不出理由解釋這一切。

不久，情況更糟了。不再是一個人被訊問，而是一次三人。一天凌晨四點，有個傢伙狂奔穿過營區，快速爬上營區圍欄，不到二十秒便跨出營區，此時，他的衣服和身體上布滿雷射光束，守衛塔上的以色列士兵舉槍瞄準他。

「不要開槍！」他大叫：「不要開槍！我沒有要逃跑，我只是要逃離他們！」他指著後面氣喘噓噓追趕上來、怒目瞪著他的「馬及得」。幾名士兵衝到柵門外，把他抓下來，搜身後帶走。

這是哈瑪斯？這是伊斯蘭？

# 14 暴亂

一九九六—一九九七

在我眼中，父親就是伊斯蘭的化身。

若我能把父親放在阿拉的天平上，我相信他比任何人都有分量。他不曾錯失任何一次祈禱，即使時間晚了，拖著疲憊的身軀回到家，我仍能在深夜聽見他的祈禱聲，聽見他向古蘭經的神呼求。他謙卑、慈愛，總是饒恕他人——不只對我母親如此，對孩子如此，甚至是他不認識的人。

父親不只是一位伊斯蘭護教者，他更讓自己的生活成為好穆斯林的典範，反映出伊斯蘭中美麗的一面，而不是醜陋的那一面——要求信徒征服、掌管全世界。

然而，我入獄後的十年時間，我看見他內心為了那些理智無法解釋的衝突感掙扎。在他眼中，穆斯林濫殺以色列屯墾區的居民、士兵和無辜婦孺並非錯事，他認為阿拉授權他們，但是他靈魂深處有什麼阻止他做出這樣的事來，因為他無法親自下手，只好為他人合理化。

我就像大部分的孩子，只看見父親的善，也相信這是他信仰結出的果實，因為我實在希望像他一樣，便毫不懷疑地相信他所相信的。然而，那時我不知道的是，無論我們在阿拉的天平上多有分量，所有我們的良善和義舉，在真神上帝的眼中仍然如同污穢的碎布。

我在米吉多遇見的那些穆斯林一點都比不上父親。他們批判他人的口氣好像自己比阿拉還偉大，他們刻薄，在小事上頭大做文章。擋住電視螢幕，只為了阻止我們看到電視上沒戴頭巾的女演員，偏執固執、心胸狹窄而偽善，理直氣壯地凌虐那些拿到太多紅點的人。好像總是只有那些最弱小、最無助的人才會得到紅點，至於那些彼此勾結、互相掩護的囚犯則一向有豁免權——如果他是謝赫哈珊．約瑟夫的兒子，即使他是一個自首的以色列通敵者，他仍有豁免權。

這是我第一次開始懷疑過去深信不疑的事。

「八二三！」

出庭受審的時候到了。此時，我在獄中已待了六個月，以色列國防軍開車載我到耶路撒冷，在那裡，庭上檢察官要求法官判我十六個月徒刑。

十六個月！國家安全局的上尉承諾我只需要再待一陣子，他說不會太久的！我做了什麼招來這樣的重刑？是啦，我曾經有個愚蠢的想法，想弄幾把槍，但是我弄到手的只是不能用的廢物！

「十六個月。」

判決後，法官同意抵消部分刑期，我又被送回米吉多完成剩下的十個月刑期。

「好，」我告訴阿拉：「我接受再坐十個月的牢，但是拜託不要在這裡！不要在米吉多這個地獄！」我實在不知道可以向誰抱怨，更不可能向那些以色列國安局的人員，他們先是招募我，然後又遺棄我。

唯一的安慰是，至少我一個月還可以見到家人一次。每隔四週，母親會舟車勞頓來看我一次。她每次只能帶三個孩子同行，所以弟弟妹妹輪流來。母親每次都帶著新鮮美味的菠菜餡餅跟果仁酥餅來，不曾錯過一次探訪的機會。

雖然我不能告訴家人柵欄以及帳篷簾幕後發生的事，但每次見到他們，我心裡仍覺得很舒暢。看到我，他們似乎也寬心不少。對弟弟妹妹而言，我曾經像個父親一樣——為他們煮飯、跟在他們後面收拾、幫他們洗澡更衣、接送他們上下學；在獄中，我則因為抵抗以色列成為他們心目中的英雄。他們很為我感到驕傲。

在一次探訪中，母親告訴我巴勒斯坦自治政府釋放了父親，她說父親回家後不久，就會準備前往沙烏地阿拉伯，我知道他一直想到麥加朝聖。朝聖是伊斯蘭教「五功」（譯註：五功為每一位穆斯林最基本必須實踐的五項功課）的第五功：穆斯林信徒無論男女，只要身體及經濟狀況允許，一生至少要到麥加朝聖一次。每年有超過兩百萬個穆斯林湧進麥加朝聖。

父親從未朝聖過，不幸的是，在前往麥加的路上，在以色列－約旦邊境的艾倫比（Allenby）關口，父親又被逮捕了，這次是被以色列人抓走。

一天下午，米吉多哈瑪斯派系的人交給監獄官一張清單，上面盡是一些雞毛蒜皮的小事。他們要脅典獄長，若是二十四小時內沒有滿足這些要求，他們就要發起監獄暴動。

當然，監獄官不想有任何騷亂。一旦有暴動，勢必會有犯人被射殺，耶路撒冷的政府官僚可不想因此被紅十字會或其他人道機構大聲抗議。事實上，對任一方而言，暴動都是個雙輸的局面。因此，以色列人找來我們這一區的人犯代表。

「我們做不到。」監獄官告訴他：「再給我們一些時間，我們會想辦法。」

「不，」他斬釘截鐵地說：「你只有二十四小時。」

以色列監獄官當然不會妥協示弱。其實我不知道清單上都是些什麼要求。雖然我在這裡很慘，我卻知道，跟其他聽過的營區比起來，米吉多其實是個五星級監獄。他們提出的要求在我聽來既愚蠢又沒重點——無非是要求更多的電話時間、延長探訪時間這一類無關緊要的小事。

談判之後，大家一整天都在等待，等著看太陽劃過天際。期限到了，哈瑪斯領頭者要我們開始準備暴動。

「我們要做什麼？怎麼做？」大家問。

「就是破壞，用暴力！破壞柏油路，拿瀝青碎片丟士兵，丟肥皂，灑熱水，隨便什麼舉得起來的東西，都可以拿起來丟！盡情地破壞！」

有經驗的人用容器裝滿一桶桶的水，以色列士兵丟催淚瓦斯罐時，我們還可以把它們撿起來丟到水桶裡。我們開始把運動場劃分成幾個區塊，但突然之間，警報大響，一切在瞬間變得很危險。幾百名穿著鎮暴裝備的士兵布滿營區，手上端著武器透過圍欄瞄準我們。

我腦海中唯一不斷思考的是，這一切實在太蠢了。**我們在幹嘛**？我不懂。**這實在太瘋狂了！只因為那個神經錯亂的人犯代表嗎**？我不是懦夫，也不害怕，但是這毫無意義。以色列士兵有重裝備保護，還有武器，而我們只能丟瀝青塊。

哈瑪斯一聲令下，所有犯人，無論哪一區，從四面八方猛擲木塊、瀝青，還有肥皂。以色列士兵也不客氣地回敬我們，不到幾秒鐘，大約有一百個瓦斯罐飛進營區爆炸開來，整個營區布滿厚重白霧。我什麼也看不見，我無法描述這種臭味，周圍的傢伙全都被迫趴在地上，大口喘氣，尋找地面僅存的新鮮空氣。

這一切在短短三分鐘內發生，而以色列士兵才剛開始呢。

士兵們用大管子對著我們，噴出巨浪般的黃色瓦斯。但是這東西不像催淚瓦斯會朝天空飛散，因為比空氣重，所以會往地面沉，把貼近地面僅存的氧氣都推擠開，人犯因此一個接著一個昏厥過去。

我努力地試圖保持呼吸，混亂中看到了大火。

第三小區伊斯蘭聖戰組織的帳篷燒起來了。才幾秒鐘，無情的火焰向空中竄起，足足有二十呎高。這些帳篷表面塗滿有石油成分的防水塗料，若是加上汽油，勢必馬上燃燒。帳篷的木頭支架、床墊、置物櫃，一切都被熊熊大火吞噬！強風也助長火勢。很快地，火焰蔓延到「巴勒斯坦人民解放陣線」、「巴勒斯坦民族解放陣線」和法塔赫的帳篷，短短十秒鐘，全被地獄之火吞噬。

接著，狂暴的火焰不滿足似地快速向我們衝來。一大片破裂的帳篷帆布料被風捲到空中，最後落在刺網上。士兵布滿四周，除了穿過火焰，我們無路可逃。

所以我們拔腿就跑。

我用毛巾摀住臉，朝廚房方向狂奔。燃燒的帳篷跟牆壁之間只有十呎寬，當士兵繼續用黃色瓦斯滲透營區每個角落時，我們大約有兩百人試圖同時通過這個狹窄的區域。

幾分鐘後，第五區有一半毀了。我們曾經擁有的那麼一點點也毀了。什麼都沒了，只留下灰燼。

許多囚犯受了傷。救護車載走受傷的人，神奇的是，沒人死亡。暴動之後，帳篷遭到燒毀的囚犯被重新安置，我也被送到第二小區中間的哈瑪斯帳篷。

米吉多暴動帶來的唯一好處，是哈瑪斯領袖對他人的凌辱行動停止了。緊密的監視如常，我們卻覺得輕鬆一點，也讓自己稍微放鬆些。我有機會結交一些朋友，一些可能值得信任的人。但是多數時間，我仍是獨自閒晃，日復一日。

「八二三！」

一九九七年九月一日，一名獄警把我的私人物品，還有我被捕時身上那一點小錢還給我。

銬上手銬後，我被塞進一輛貨車，士兵們把車駛向巴勒斯坦第一個檢查哨——西岸的傑尼（Jenin）。他們打開車門，鬆開手銬。

「你可以走了，」其中一人說。接著，他們就掉頭，朝著我們來的方向駛去，留下我一個人站在路邊。

我真不敢相信這一切。能在外面走走真是太好了，我迫不及待想見到母親和弟弟妹妹們。我離家還有兩小時車程，但我不想快步疾行，我想先細細品嘗自由。

我漫步了幾哩路，讓自己的肺被自由的空氣充滿，耳朵盡情享受周圍的寂靜。我感覺自己又像一個人了！我攔了一輛計程車到某個城鎮的郊外，再換另一輛計程車到納布盧斯，然後回到拉瑪拉的家中。

當車子在拉瑪拉街上行駛，再次看到熟悉的商店及人群，我激動地幾乎要跳下車，讓自己融入在這一切當中！抵家下車前，我瞥見母親站在門前。當她也看到我、喊出我的名字時，眼淚流下她的雙頰。她跑向計程車，用雙臂擁抱我，緊抱不放，親拍我的背、肩膀、臉頰和頭。過去將近一年半來，她強忍在心裡的憂傷，此刻傾瀉而出。

「我們每天都在倒數你回來的日子。」她說：「我們好擔心，害怕再也見不到你。不過我們實在以你為榮，你是個真正的英雄。」

跟父親相同的心情，我知道我不能告訴母親和弟弟妹妹自己在監獄裡經歷的一切，這對他們而言太痛苦了。在他們眼中，我是和其他英雄一起關過以色列監獄的硬漢，而我現在回家了。

他們甚至認為在獄中的經歷是好的，就像成年禮一樣。母親是否知道槍的事？肯定是。她會不會覺得我很無知？也許。但只要打著反抗的名號，一切行為就可以被合理化。

我們整天都在慶祝我返家，大快朵頤，彼此笑鬧，捉弄玩耍，如同過往，彷彿我不曾離開似的。接下來幾天，我的朋友，還有父親的朋友都來慶賀我返家。

我在家裡待了好幾週，沉浸在家人的關愛中，也大饗母親的拿手家常菜。有時我出門走走看看，讓自己享受各種聲響和氣味，我實在很懷念這一切。晚上我到鎮上，跟朋友在梅依斯餐廳（Mays Al-Reem）大啖「法拉費」（falafel，編註：一種夾了鷹嘴豆泥球的袋餅），或是在Kit Kat跟老闆巴珊．胡瑞（Basam Huri）慢慢品嘗咖啡。每當我跟朋友步行在忙碌的大街上，我總是貪婪地享受此刻的平靜和自由中的單純。

在父親被巴勒斯坦自治政府釋放後、在約旦邊境再度被以色列人逮捕前的短暫期間，母親又懷孕了。其實在小妹愛哈兒（Anhar）七年前出生後，父母就不打算再有孩子，所以對父母而言，母親再次懷孕是個大驚喜。當我從監獄返家，母親已有六個月的身孕，腹中的嬰孩漸漸長大。母親後來傷了腳踝，腹中男嬰因為成長所需，不斷吸收她的鈣質，讓她的腳傷復元得很慢。我們沒有輪椅，無論母親要去哪裡，我都得背她。她很痛苦，我看她這麼辛苦也很難過。後來我考上汽車駕照，可以開車出門辦事或採買，一切就方便許多。直到小弟納瑟（Naser）出生，我肩負起幫小嬰孩餵奶、洗澡、換尿布的責任。我猜，在幼兒時期，納瑟可能以為我是他的父親。

毋庸置疑，因為被捕入獄，我錯過了考試，高中也沒畢業。其實我們在獄中也能考試，但我是唯一一個沒過的人。我怎麼也想不通為什麼我沒過，因為教育部人員在考前來獄中發給我們每人一張答案卷。這實在很瘋狂，連一個需要別人幫他寫答案的六十歲文盲老伯都通過了考試！我事先也拿到答案卷，還扎扎實實念過十二年的書，我很清楚這些教材。但是當成績公布下來，大家都過了，只有我沒過。我唯一能想出的理由是，也許阿拉不要我靠作弊通過考試。

因此返家後，我開始在拉瑪拉的一間天主教學校阿哈利亞（Al-Ahlia）念夜間部。這裡大多數的學生都是傳統的穆斯林，來這裡上課單純只是因為這是鎮上最好的學校。念夜校讓我白天在愜客（Checkers）漢堡打工之餘，還可以幫忙照顧家人。

我的考試成績只有六十四分，但這已經足夠讓我過關。我並不用功，因為我對這些科目不感興趣，也不在乎。只要能擺脫這些，我就很開心了。

15

# 大馬士革路

一九九七－一九九九

出獄後兩個月，有一天我手機響了。

「恭喜。」對方用阿拉伯文說。

我認得這口音，是我「守信用」的以色列國安局上校——羅艾。

「我們想要見你。」羅艾說：「但不方便在電話裡談，可以見個面嗎？」

「當然可以。」

他給了我一個電話號碼、一組密碼和其他一些指示。這一切讓我覺得自己像個真正的間諜。他要我先去某個指定的地方，然後到另一處，再從那裡打電話給他。

我照他的指示而行，打電話給他，得到更多指示。我大約步行了二十分鐘，直到一輛車在我身旁停下來，車裡的人叫我上車，我照辦。他們搜我的身，叫我趴下，還用毯子蓋住我。

車子大約開了一個小時，一路上沒人說話。當我們終於停下來，我發現我們在一戶人家的車庫裡。我很高興自己不是被帶到另一個軍營或訊問中心，後來我才知道那是以色列政府在屯墾區的房子。抵達後，我再次被搜身，這一次搜得更徹底，然後我被帶進一間有漂亮家具的客廳。坐了一會兒後，羅艾進來，開心地跟我握手，還擁抱我。
「都還好嗎？監獄裡的生活如何？」
我告訴他一切都好，監獄生活卻不怎麼樣，特別是他曾經承諾我不需要在裡面待太久。
「很抱歉，我們這麼做是為了保護你。」
我想到自己對「馬及得」提過雙面間諜的事，不確定羅艾是否知道他們。我覺得我最好還是保護自己一下。
「你知道嗎？」我說：「他們在監獄裡對人動私刑。我沒得選擇，因為害怕，只好主動告訴他們我曾答應跟你們合作。你事先沒有警告我裡面是什麼狀況，也沒警告我要提防自己人。你不曾給我任何訓練，害我嚇死了，所以我跟他們說我答應合作，是為了當一個雙面間諜，好殺死你們。」
羅艾對我說的話很驚訝，但是他好像不生氣。雖然按規定，國安局不可以在獄中凌虐任何人，但我相信他們對暗中進行的一切心知肚明，也能體會我為何害怕。
他致電上級，報告我所說的一切。也許是因為要收買一名哈瑪斯成員並不容易，或是因為我身為謝赫哈珊．約瑟夫的兒子，實在是個大獎，他們在這件事情上也就算了。
不知怎麼，我覺得這些以色列人跟我想的一點都不一樣。
羅艾給我幾百塊，叫我去買些新衣，好好照顧自己，享受生活。
「我們很快會跟你聯繫。」他說。

什麼？沒有祕密任務？沒有密碼冊？沒有槍？只有一疊鈔票和一個擁抱？太沒道理了！

幾週後我們又碰面了。這一次在國安局位於耶路撒冷市中心的房子裡，每間房子都有完善的設施，還有警衛戒備，十分低調，連鄰居都不知道裡面的狀況。大部分的房間是開會用的，在沒有監護的情況下，我不能任意從一個房間走到另一個，並非他們不信任我，而是不希望我被其他安全局人員看到。這是另一層的保護。

第二次會面中，國安局人員對我十分友善。他們個個會說流利的阿拉伯文，很顯然，他們知道我、我的家人和我們的文化。我沒什麼資訊可透露，他們也沒問，我們只是聊一些生活上的瑣事。

這跟我期待的太不一樣了！我一方面很想知道他們希望我做什麼，另一方面，因為我在獄中抄寫的那些檔案，我也怕他們要求我跟鄰居或妹妹發生關係，然後拍攝影片威脅他們。但是，這種事未曾發生。

第二次會面後，羅艾給了我比第一次多一倍的現金。短短一個月內，他給了我八百美金。當時，對一個只有二十歲的年輕小孩而言，八百美金是巨款。但是我仍無法給國安局任何回饋。事實上，在我做國安局間諜的前幾個月，我學到的東西比我回饋的還多。

我的訓練從一些基本規定開始。他們要求我不能隨便和人發生性關係，那很容易使我的身分曝光，或者會讓我玩火自焚。確切來說，他們要求我在為國安局工作期間，不可以與任何巴勒斯坦或以色列女人發生婚姻以外的關係，若我違反這個規定，我就玩完了。他們也要求我不能再跟任何人提起自己雙面間諜的身分。

每一次跟國安局人員會面都讓我更瞭解生命、公平及安全的議題。國安局並沒有試圖打壓我，或是強迫我犯下惡行，讓我就範，相反地，他們幾乎是盡一切心力來栽培我，讓我更強壯、更有智慧。

隨著時間流逝，我不禁開始懷疑自己渴望殺害以色列人的想法。這些人很仁慈，很顯然，他們在乎我，**為什麼我要殺他們**？我很訝異自己的心境已慢慢轉變。

占領仍然持續著。比瑞的墓園仍然被那些遭到以色列士兵殺害的巴勒斯坦男女及孩童屍體填滿，我也沒有遺忘被捕時他們如何毆打我，還有被銬在那小小塑膠椅上的日子。

然而，米吉多營中帳篷裡傳來受凌虐的哀號，或是那個為了逃脫哈瑪斯刑求、幾乎被刺穿在鐵絲網上的傢伙身影也歷歷在目。如今，我長了見識，也比以前聰明一點。誰是我的導師？是我的敵人！但是他們真是敵人嗎？還是這一切只因他們想收買我，好讓我為他們效力？我愈來愈困惑了。

某次會面時，羅艾說：「既然你已經開始為我們工作，我們考慮釋放你父親，好讓你有機會近身觀察，看看這一區有什麼動靜。」我從沒奢望這能成真，但是能讓父親出獄，實在太讓人高興了。

接下來幾年，我跟父親常常談到我們在獄中的日子，比對各自的經驗。關於他在獄中受的苦，他不喜歡談論太多細節，但是他希望我明白，在米吉多的日子，他做了幾件正確的事。他說到有一次當他在米法中心看電視，有個傢伙唰地一聲放下板子，遮住螢幕。

父親因此去跟埃米爾說：「你再這樣用板子遮住螢幕，我就拒看電視！」他們從此掛起板子，再也沒有這樣做了。當父親被移送到監獄營區，他甚至有辦法止息那些凌虐，他要求「馬及得」把檔案統統交出來。仔細研讀後，他發現六成以上的疑似通敵者都是無辜的。接下來，他確保每個受冤屈、被詆毀的囚犯的家人及所屬社群都被告知，他們的親友其實是受到誣控，藉此還他們清白。阿及爾．索洛爾也在被誣陷者之列。也許，父親親手所寫、送到他村裡的擔保，並不能消除阿及爾曾經承受的苦痛，卻能讓他日後重新做人，生活在平靜及尊嚴中。

父親被釋出獄後，舅舅易伯拉欣來訪。父親告訴舅舅，他已經終結米吉多內的凌虐行為，還有，他發現許多人的人生及家庭被「馬及得」毀了，但是他們實在是無辜的。易伯拉欣卻假裝很驚訝，好像什都不知道。當父親提到阿及爾，舅舅說他曾試圖為他辯護，告訴「馬及得」阿及爾不可能通敵。

「阿拉是值得讚美的。」舅舅說：「你讓他脫離了折磨！」

我因為無法忍受他的虛偽，只得安靜地離開房間。

父親還跟我說，他在米吉多期間聽說過我跟「馬及得」提的雙面間諜一事。他並不生我的氣，只說我很愚昧，竟然在第一時間就跟「馬及得」提這事。

「爸爸，我知道了。」我說：「不要擔心，我答應您，我會好好照顧自己。」

「這樣很好。」他說：「從現在起，你要更小心，你是我最信任的人。」

同月月底，當我再次跟羅艾碰面，他說：「你應該可以開始了，我告訴你我們要你做什麼。」

終於。我心裡想。

「你的第一項任務是回到學校，取得你的學士文憑。」

他將一個裝滿鈔票的信封袋遞給我。

「這些錢應該夠付學費還有其他支出了。如果不夠，你再跟我說。」他說。

我真不敢相信自己的耳朵。但是對這些以色列人來說，這再合理不過了。無論是教室內、外，他們為我的教育花費的每一分錢都是聰明的投資。對國家安全人員而言，跟沒有良好教育又沒見識的人合作實在是不智之舉。另外，這裡街上人人普遍認為，只有窮途末路的人才會願意跟以色列人合作，走上通敵之路。所以，若被認為是個失敗者，那我就危險了。街上這種說法顯然沒經過縝密的思考，因為對以色列而言，窮途末路的失敗者沒有太大價值。

我決定去上大學。但是我送進伯才特大學的申請被拒絕，因為我的高中成績太差。我向他們費力解釋，告訴他們我的情況特殊，因為我曾被捕入獄，我是個聰明的年輕人，會是個好學生等等。但是他們不願意破例。我唯一的機會是進入聖城空中大學（Al-Quds Open University），在家上課。

當我有機會再次重拾學業，我變聰明了，也比較有動力，我學得還不錯。這次我該謝謝誰呢？我的敵人。

每一次跟國安局的教官碰面，他們都告訴我：「有什麼需要，儘管開口。你可以自由祈禱也可以行淨禮，不用擔心。」他們給我吃喝的飲食也都符合伊斯蘭法規，我的教官都很謹慎，避免任何讓我不自在的言行。他們不穿嚴肅的襯衫，不把腿高高翹在桌上，用鞋底對著我。總是彬彬有禮。正因如此，我希望自己能像他們一樣。他們的舉止不像軍用機關槍，他們是人，他們對我也像人。幾乎每次碰面，都使原本在我心裡奠基的世界觀有一塊石頭脫落瓦解。

我的文化——不是我的父親——一直灌輸我以色列和以色列國防軍是敵人的觀念。父親眼中沒有軍人，只有基於信念，透過軍人身分執行任務的個人。父親其實不是針對個人，而是針對驅使個人行動的那些信念系統。

羅艾比我遇過的任何巴勒斯坦人還像我父親，他不相信阿拉，但他尊重我的信仰。

那麼，現在我的敵人是誰？

我告訴國安局人員米吉多內的凌虐行為。他們說他們都知道，所有囚犯的一舉一動還有說的每一字句，都被記錄下來。他們知道麵團球裡的祕密，知道帳篷裡的暴行，也知道圍欄上被挖開的小洞。

「那你為什麼不阻止他們？」

「首先，我們無法改變這種思維，教導哈瑪斯愛人如己不是我們的工作。我們不可能進來說：『喂，不要虐待別人，不要互相殘殺！』然後糾舉一切。再說，哈瑪斯自己內部的傷害比任何以色列從外部的顛覆都大。」

此刻，我認識的世界正無情地瓦解，另一個我不認識的世界正漸漸露臉。每次跟國安局碰面，我都學到關於我自己的人生及其他人的新視野。這個轉變不是經由洗腦、重複性的催眠、飢餓酷刑，或是不准睡眠的折磨。這些以色列人教導我的更有邏輯性，比我從自己人那裡聽聞的更真實。

因為父親長年在獄中，他無法教我這些事。老實說，我想父親也無法教我這些觀念，因為他自己在這方面也所知不多。

二

耶路撒冷舊城城牆上供人通行的七個古城門中，有一個比其他城門裝飾得更華麗。大馬士革門乃由蘇萊曼（Suleiman）大帝於大約五百年前興建，位於北城牆靠近中間的位置。值得一提的是，人們由此城門進入舊城中古老穆斯林區及基督徒區的接壤處。

第一世紀，有位稱作「大數的掃羅」（Saul of Tarsus）的人在前往大馬士革途中，通過此門早期的版本，計畫對一個被他視為異端的新猶太教派執行殘酷鎮壓。被他施以酷刑的人後來被稱為基督徒。然而，一個令人驚異的際遇不但改變他的目的地，也永遠改變了他的人生。

我自己也在此經歷改變一生的事件。在這個彌漫著歷史氛圍的古老地方，這樣的經歷也不足為奇。有一天，我跟好友迦瑪爾（Jamal）走過大馬士革門，突然聽見一個聲音朝我而來。

「你叫什麼名字？」一個三十來歲的傢伙用阿拉伯文問我，看得出來他不是阿拉伯人。

「我叫摩薩。」

「摩薩，你要去哪？」

「我要回家，我們從拉瑪拉來。」

「我從英國來。」他轉用英文說明，他的英國口音實在太重了，我幾乎聽不懂。我們雞同鴨講好一會兒之後，才隱約弄懂一點。好像是跟基督教有關，還有一個固定在西耶路撒冷大衛王旅館（King David Hotel）旁邊ＹＭＣＡ大樓聚會的讀書團體。

我知道那地方。當時我成天無所事事，閒得發慌。我心想，瞭解一下基督教也許挺有趣的。如果我能從以色列人身上學到這麼多新鮮事，也許那些「異教徒」也能教我一些有價值的東西。更何況，在跟有名無實的穆斯林、狂熱分子、國家主義者、高級知識分子、文盲、右翼分子、左翼分子、猶太人及異教徒等各種人打過交道後，對於交友對象，我也不挑剔了。而眼前這個人看起來很單純，他應該只是邀請我去看看、聊聊，又不會要我在下一次選舉中把票投給耶穌。

「你覺得如何？我們要去嗎？」我問迦瑪爾。

迦瑪爾是我的兒時玩伴。我們一起進學校讀書，一起丟石頭，也一起去清真寺禮拜。迦瑪爾身高約六呎三吋，相當英俊，寡言，幾乎不曾主動打開話匣子，卻是個極佳的傾聽者。我們不曾爭吵，一次都沒有。

除了一起度過成長歲月，我們也一起在米吉多監獄待過。在那次暴動中，第五小區被燒毀，迦瑪爾跟堂兄約瑟夫一起被移到第六小區，後來從那裡被釋放。

牢獄生活改變了迦瑪爾。他不再祈禱或是去清真寺禮拜，還染上菸癮。他陷入憂鬱，大部分時間都坐在家裡看電視，而我，我至少牢牢抓住信仰，藉以度過煎熬的牢獄生活。迦瑪爾來自一個世俗家庭，他們不屢行伊斯蘭教義，他的信仰根基太淺薄，沒有辦法保全他。

迦瑪爾看著我，我知道他想去那個讀經班。他跟我一樣好奇而無聊，但是他心裡有什東西反抗這個念頭。

「你自己去吧。」他說：「回家時打電話給我。」

當天晚上，大約有五十個人在一個老舊商店裡聚集，大都是跟我年紀相仿的學生，來自不同種族，擁有不同信仰背景。幾個人幫忙把英文講解翻譯成阿拉伯文跟希伯來文，好讓大家明白。

我回家時打電話給迦瑪爾。

「怎麼樣？」他問。

「很棒！」我說，「他們給我一本英阿對照的新約，新朋友，新文化，很有意思。」

「我不知道，摩薩。」迦瑪爾說：「如果被人發現你跟基督徒混在一起，這對你很危險。」

我知道迦瑪爾是認真的，我卻不太擔心。父親一直教導我們要敞開心胸，即使跟我們的信仰不同的人，我們也要學習去愛。我低頭看著放在大腿上的聖經。父親有間大圖書館，藏書約五千本，其中包含一本聖經。小時候，我讀過〈雅歌〉裡的浪漫篇章，卻沒有繼續讀下去。這本新約聖經就像一件禮物，在阿拉伯文化中，禮物意味著尊榮，因此我想，我至少可以試著讀一下。

我從頭開始讀。當我讀到登山寶訓時，我不由得想，**哇，這個叫耶穌的人好棒，他說的每一句話都好美**。我一讀就停不下來，這裡面的每句話似乎都觸碰到我心深處的創傷。訊息很簡單，卻充滿能量，醫治了我的靈魂，也帶給我希望。

然後我讀到：「你們聽見有話說：『當愛你的鄰舍，恨你的仇敵。』只是我告訴你們，要愛你們的仇敵，為那逼迫你們的禱告。這樣就可以做你們天父的兒子；因為他叫日頭照好人，也照歹人；降雨給義人，也給不義的人。」（馬太福音五章四十三—四十五節）

就是這個！這些字句教我大吃一驚，我從來沒聽過這樣的話，但是我知道這是我一生在尋找的訊息。

這麼多年來，我掙扎著要弄清楚我的敵人到底是誰，我一直在伊斯蘭教和巴勒斯坦之外尋索敵人。突然之間，我明白以色列人不是我的敵人，我的敵人也不是哈瑪斯，不是舅舅易伯拉欣，不是那些拿M16機關槍槍托重擊我的人，更不是那些訊問中心醜陋的警衛。我突然明白敵人不是以國籍、宗教或是膚色定義的，原來我們擁有相同的敵人：貪婪、驕傲，還有一切住在我們裡面的壞念頭和魔鬼的黑暗。

這麼說來，我可以自由地愛任何人了，因為唯一一個真正的敵人是住在我裡面的敵人。

若是五年前讀到耶穌說的話，我只會想，**真是個笨蛋**！然後把它丟到一邊。但是碰過瘋狂的屠夫鄰居、趁父親入獄時毆打我的親戚及宗教領袖，加上我自己在米吉多的體驗，這一切都是為了讓我能夠接受這個真理中的力量和美好。此刻，我唯一能想的是，**哇！他好有智慧！**

耶穌說：「你們不要論斷人，免得你們被論斷。」（馬太福音七章一節）他跟阿拉真是太不一樣了。伊斯蘭的神滿是批判，而整個阿拉伯世界都跟隨阿拉的腳步。

耶穌斥責偽善的文士和法利賽人。這讓我想到舅舅。我記得有一次他受邀參加一場特殊活動，他因為自己沒被安排坐最上座而大發雷霆。我感覺這段話好像是耶穌在對舅舅易伯拉欣和伊斯蘭的每一位長老、教長所說的。

對我而言，耶穌在這本書裡每一頁所說的話都蠻有道理的，我終於按捺不住地哭了。

上帝先用國安局人員讓我明白以色列不是我的敵人，現在祂藉著我手中這本小小的新約聖經，把我一生的困惑都解開了。但我若是想要明白聖經，還有很長一段路要走。穆斯林被教導要相信所有上帝的書卷，包含摩西五經和聖經。但是我們也被教導聖經已被人竄改，可信度不高。而穆罕默德說，古蘭經才是神給人類的終極話語，完全無誤。基於這些教導，看來我得先順從我的伊斯蘭信仰，視聖經為一本被竄改過的經書，然後再看看如何把兩本書整合在生活中，讓伊斯蘭跟基督教信仰並行。但是要將這兩個差異極大的信仰並行不悖，可不是小挑戰。

那時，雖然我認同並相信耶穌的一切教導，我卻沒有把祂跟神連在一起。即便如此，我的價值標準突然戲劇性地改變，開始被聖經影響，而不是古蘭經。

我持續研讀新約聖經，也繼續參加讀經班。我週日參加主日聚會，心想，**這不是我在拉瑪拉看到的那個宗教性的基督教，這裡是真的**。我以前認識的那些基督徒其實跟傳統的穆斯林大同小異，他們持守一個宗教，卻沒有活出真義來！

我花更多時間跟讀經班的人在一起，也愈來愈享受他們的友誼。我們一起開心談論自己的生活、背景及信仰。他們總是尊重我的文化和穆斯林傳統，我發現跟他們在一起可以很自然，完全不需要偽裝。

我繼續掙扎，試圖把在讀經班學到的東西塞到自己原本的文化中。漸漸地我發現，其實我們巴勒斯坦人的苦難不是來自被占領，我們的問題遠比軍事和政治議題更大。

我捫心自問，若是以色列從這裡消失——若是一切不只回到一九四八年以色列建國前的光景，而且猶太人再次離開聖地，離散到世界各地，巴勒斯坦人的處境將會如何？第一次，我心裡有了清楚的答案。

我們仍會處在無盡的戰爭中，沒有目標地戰鬥；為了一個沒戴頭罩的女性而戰；為了證明誰最強、誰最重要而戰；為了由誰訂定遊戲規則、誰擁有高位而戰。

一九九九年底，我只有二十一歲。我的人生開始翻轉，我愈讀聖經，愈感困惑。

「神啊，創造天地的神，請告訴我真相是什麼。」我夜以繼日地禱告：「我心裡好亂，我已經失去方向，不知道該走哪條路。」

# 16 第二次反抗運動

二〇〇〇夏—秋

突然之間，曾在巴勒斯坦人民心中得勢又站在權力制高點的哈瑪斯陣營跛腳了。長年的鬥爭使得哈瑪斯早已脆弱不堪，組織內部各派系為贏得人心而進行的苦澀競爭，此刻竟被完全壓下。

藉著各種陰謀與暗盤，巴勒斯坦自治政府雖然能力微薄，卻完成了以色列政府一直做不到的事。他們大大損傷哈瑪斯的軍事陣營，還把哈瑪斯的領袖及戰士一批批送入大牢。這些哈瑪斯成員甚至在被釋放出獄後，選擇放棄任何與巴勒斯坦自治政府為敵或抵抗以色列占領的事。這些年輕的哈瑪斯自由鬥士意志消沉。他們疲乏了，領袖也四分五裂，深陷在彼此懷疑的泥淖中。

如此一來，父親又恢復他的個人生活，重拾清真寺和難民營的工作。現在他的所言所行乃是以阿拉之名，而不是以哈瑪斯領袖的身分。這麼多年以來，因為我跟父親相繼入獄，總是分隔兩地，我很想再次跟他一起旅行、花時間親密相處。我很懷念過去促膝長談，談論人生、談論伊斯蘭信仰的時光。

而我也繼續閱讀聖經，專注學習認識基督教。這使我愈發沉醉在耶穌所說的恩典、愛及謙卑之中。令我訝異的是，父親也正因為具備這些特質而吸引眾人靠近他——他是我所認識最委身奉獻的穆斯林。

因為哈瑪斯漸漸失去舞台，沒戲可唱，而巴勒斯坦自治政府也竭力自制不輕易惹事，所以我跟以色列國安局之間似乎沒什麼案子可以合作，我們的關係變得像朋友。工作上，他們隨時可以叫我走，我也可以隨時收手不幹。

由美國總統柯林頓、巴勒斯坦自治政府主席阿拉法特，以及以色列總理巴拉克（Ehud Barak）三方參與、眾所矚目的大衛營高峰會議，於二〇〇〇年七月二十五日正式宣告破裂。會議中，巴拉克同意讓出西岸九成的土地，加上迦薩走廊全境，並且同意東耶路撒冷成為即將建立的新巴勒斯坦國的首都。此外，還將設置一個新的基金，以補償巴勒斯坦人失去的土地和財產。這項「以土地換取和平」的提議意味著，長久在痛苦中的巴勒斯坦人將有一個歷史性的機會建立自己的國家，這是他們過去幾乎不敢奢求的。但是即便如此，對阿拉法特而言，仍然不夠。

阿拉法特已經藉由國際知名受難者的身分累積了大量財富，他並不想脫離這個處境，也不想真正負起責任，好好地為巴勒斯坦百姓建設一個有實質功能的社會。因此會議中，他堅持每一位難民都要回到一九六七年阿拉伯聯軍進攻以色列時，在「六日戰爭」中失去的每一吋土地。阿拉法特算準了以色列不會接受這樣的要求。

儘管阿拉法特拒絕巴拉克的提議，為巴勒斯坦人民帶來歷史上重大的災難，這位巴勒斯坦領袖卻英雄般地回到他的強硬派擁護者那裡。他對美國總統輕蔑的態度，讓他看起來像一個不為次好而妥協退讓的硬漢，又像一個為人民堅強抵擋全世界的偉大領袖。

阿拉法特上電視，全世界都在觀看他大談自己對巴勒斯坦人民的愛，以及他如何為數以百萬計住在骯髒難民營的同胞感到哀傷。這段時間，我時常跟父親東奔西走，與阿拉法特會面。我開始親眼看見，這個人是如何沉迷於媒體的目光。他似乎很享受成為巴勒斯坦的切．格瓦拉（Che Guevara），與國王、總統、總理們同進同出。

顯而易見，阿拉法特希望成為一個被歷史記載的英雄人物，但每當我看著他，便不禁想道，**是啊，讓他被記述下來，不是成為英雄，而是一個出賣自己人民、踩在他們肩頭的背叛者。跟羅賓漢正好相反，他搶奪貧窮，肥了自己！就像個廉價的二流演員，用巴勒斯坦人民的鮮血購得他在舞台上的鎂光焦點。**

透過我在以色列情治單位聯絡人的眼睛看阿拉法特，也是件有意思的事。「這傢伙到底在想什麼？」有一天我的國安局聯絡人問我：「我們從沒想過以色列政府竟會願意退讓這麼多，根本不可能的！而他卻說不？」

是的，阿拉法特曾經被交付開啟中東和平的鑰匙，曾經可以為巴勒斯坦人民建立一個真正的國家——而他卻丟棄這個機會。因此，腐敗的現況沉默地持續著，但事情不會安靜太久。對阿拉法特而言，只要巴勒斯坦人民繼續流血，他就可以為自己獵取更多。另一個反抗運動必能再次血染大地，讓西方新聞媒體重新聚焦於此。

當時，以色列利庫黨（Likud）黨魁夏隆（Ariel Sharon）造訪猶太人所稱的聖殿山，各國政府及新聞組織大都認為，此舉將挑起巴勒斯坦憤怒的敏感神經，可能引起所謂的「第二次反抗運動」流血衝突。一如往昔，傳統智慧又錯了。

九月二十七日傍晚，父親來敲我的房門，問我隔天「晨禮」後，可否開車載他去馬爾望．巴格逖（Marwan Barghouti）家。

馬爾望．巴格逖是法塔赫（即巴解最大政治派系）的祕書長，是一位有非凡影響力的年輕巴勒斯坦領袖。他積極地倡議、鼓吹巴勒斯坦建國，也敵視巴勒斯坦自治政府，以及阿拉法特安全警察的腐敗和他們對人權的侵犯。簡單說，他是一個大多數時候都身穿牛仔褲、裝扮輕便的年輕人，也被屬意成為下一任巴勒斯坦總統。

「怎麼了？」我問父親。

「夏隆預計明天要參訪阿克薩清真寺。巴勒斯坦自治政府覺得這是發動另一起動亂的好時機。」

艾瑞爾．夏隆是保守的利庫黨黨魁，也是總理埃胡德．巴拉克所領導、左傾的勞工黨面對的最大反對勢力。當時，夏隆與巴拉克在選舉中激戰，不分軒輊，夏隆緊咬著巴拉克，強烈抨擊巴拉克的政治領導力。

動亂？他們是說真的嗎？曾將父親關入大牢的巴勒斯坦自治政府領袖們，現在要求父親協助發起另一次反抗運動？這實在令人不快，卻也不難推測他們找上父親的動機。他們知道巴勒斯坦人民有多麼信任、敬愛我的父親。同樣地，人民對巴勒斯坦自治政府也多所忿恨、充滿不信任。他們會追隨我父親，而這些領導人心知肚明。

他們也知道，哈瑪斯此時像個氣數盡失的拳擊手，已然倒下，正在倒數聲中掙扎地站起來。他們要父親抓它起來，對它的臉潑水，然後送上擂台再戰一回，好讓巴勒斯坦自治政府在觀眾的歡呼聲中狠狠地再揮它一拳。對長年衝突已感厭煩的哈瑪斯領袖們莫不警告父親，要他小心回應。

「阿拉法特只是要利用我們作為他政治火爐的燃料。」他們說：「關於這次反抗運動，還是保守一點。」

面對當時的局勢，父親知道此時表態的重要性。若是他連假裝與自治政府合作都不做的話，他們會毫不留情地把矛頭指向哈瑪斯，指控我們破壞和平進程。

看得出來，無論做或不做，我們都處於輸家的位置，我對這次的反抗計畫深感不安，但是我知道父親必須這麼做。第二天，我開車載父親到馬爾望．巴格逖家。我們敲門，卻沒人及時應門，後來才知道馬爾望那時還在床上睡大覺。

**真了不起**，我心想，**法塔赫把我父親扯進這愚蠢的計畫裡，自己卻賴在床上，不起來想法**

子完成此事。

「算了，」我跟父親說：「不要白費工夫了，上車吧，我帶您回耶路撒冷。」

開車帶著父親往夏隆將參訪的地點，其實是一件高風險的事，因為幾乎所有巴勒斯坦車輛都不准進入耶路撒冷。在這種禁令下，巴勒斯坦司機被以色列警察抓到，一般來說是罰款了事，但是我跟父親卻可能在檢查哨被逮捕。我必須很謹慎，盡量走便道，避開大馬路，努力安慰自己，在必要時，以色列國安局的人會保護我。

阿克薩清真寺和金頂清真寺乃是建立在兩個古老的猶太聖殿遺跡之上：西元前一千年所羅門王蓋的聖殿，以及大希律王於耶穌基督時代蓋的聖殿。這就不難想像為何有人稱這裡為「地球上最反覆無常的三十五英畝地」，世上三大一神教都視此處為聖地。若是從科學與歷史的角度來看，即使對最麻木冷酷的無神論者而言，這裡也是一個充滿無盡考古價值之地！

夏隆參訪聖殿山的前幾週，負責管理該地區的伊斯蘭教產局——瓦格夫（Waqf）完全關閉聖殿山，把所有以色列文物考古局（Israel Antiquities Authority）考古專家的監督關在門外。為了在這裡興建新的地下清真寺，他們把重型挖土設備運送進去。推土機、鋤耕機和搬運廢棄物的卡車在聖殿山工地來回工作的畫面，透過以色列晚間新聞傳出。幾週以來，卡車從聖殿山區運出超過一萬三千噸的碎石到耶路撒冷市的垃圾廢棄場。新聞天天播出那些站在垃圾場裡、搖著頭不敢相信自己眼睛的考古專家們。他們手裡舉著從廢棄石堆中找出的古老手工藝品碎片，有的甚至是第一及第二聖殿時期的古物。

對許多以色列人而言，這些人的意圖很明顯。他們冀望鏟除這裡每一吋猶太人的歷史遺跡、殘骸與記憶，把這三十五英畝地變成一個徹頭徹尾的穆斯林區，再無猶太人的歷史遺跡。他們毀掉一切能夠代表過去猶太歷史的考古發現。

夏隆計畫透過這次參訪，向以色列選民安靜卻清楚地傳達一個訊息：「我會終止這種無意義的破壞行為。」規畫行程時，夏隆的幕僚得到巴勒斯坦最高安全官吉伯里·拉裘布（Jibril Rajoub）的保證，他擔保只要夏隆不踏進任何一間清真寺，單純來訪絕不是問題。

我跟父親搶在夏隆抵達前幾分鐘來到聖殿山。那是個寧靜的早晨，大約有一百名巴勒斯坦人前來祈禱。夏隆在一般開放觀光的時間抵達，身邊有一群利庫黨代表和上千名鎮暴警察跟隨。他來此四處看看後就離開了，並沒有進入清真寺。

對我而言，這一切像極了小題大作的虛晃一招。返回拉瑪拉的路上，我問父親這一切到底有什麼了不起？

「發生什麼事了？」我問：「你並沒有發動任何反抗運動啊。」

「還沒有。」他回答：「我叫了一些伊斯蘭學生運動活躍分子到這裡來見我，我們要發起抗議。」

「可是剛剛在耶路撒冷什麼事也沒發生啊，而您卻要在拉瑪拉採取抗議行動？這實在太瘋狂了！」我跟他說。

「我們必須做我們該做的事，阿克薩清真寺是我們的清真寺。夏隆與它無關，我們不允許他去那裡！」

我實在不知道他是在說服我或是在說服他自己。

在拉瑪拉發動抗爭，充其量只是戲劇化地展示自發性的怒火。那時還是清早，鎮上居民如常地在街市上活動，心裡莫不納悶這一群學生還有哈瑪斯分子到底在幹什麼？其中有些人甚至連自己在遊行抗爭什麼都不知道呢。

有人用擴音器高聲發表談話，周圍一小群巴勒斯坦人則間歇性地高聲吶喊，以為回應。但多數時候，大家實在不關心這些人在幹嘛。巴勒斯坦地區的情況已漸趨平緩，我們每一天都面對同樣的占領，以色列軍人成了街頭固定的裝飾品，巴勒斯坦人也被允許進到以色列境內工作和上學，拉瑪拉的夜生活正漸漸活躍起來。所以對多數人而言，實在很難瞭解這一群人的訴求。

至於我，這次示威抗爭只是另一次的小題大作，虛張聲勢。所以我打電話給幾個讀經班的朋友，相約去加利利海湖邊露營。

露營期間，因為與新聞隔絕，我不知道隔天竟有一大群丟石塊的巴勒斯坦示威者在靠近夏隆參訪的地點，與以色列鎮暴警察發生激烈衝突。衝突對峙從丟石塊升高為投擲自製的汽油彈，然後是卡拉斯尼科夫式衝鋒槍；以色列警方則使用外面包覆橡膠的金屬子彈回應，根據一些報導，這是為了驅離示威者。在衝突混亂中，有四名示威者死亡，超過兩百人受傷，十四名以色列警察掛彩。這正是巴勒斯坦自治政府算準要發生的。

第二天，我接到以色列國安局的電話。

「你在哪裡？」

「我在加利利海附近跟朋友露營。」

「什麼？加利利！你瘋了嗎？」羅艾笑了出來。「你真是奇葩。」他說：「整個西岸都已經天翻地覆了，而你卻在加利利跟你的基督徒朋友玩樂。」

接著他告訴我發生了什麼事。我立刻跳上車回家。

此時，阿拉法特跟其他巴勒斯坦自治政府的領袖心意已決，要點燃另一次反抗運動。當阿拉法特、巴拉克及柯林頓總統在大衛營會談時，他們已開始計畫下一次行動。他們其實已為此規畫了數月之久，只是在等待合適的引爆點；夏隆參訪聖殿山正提供了合理的藉口。經過幾次失敗的嘗試之後，阿克薩清真寺反抗運動正式展開，西岸及迦薩地區的熱火再次被點燃。特別是迦薩地區。

在那裡，法塔赫發動數次抗爭，造成一個名叫穆罕默德．亞度拉（Mohammed al-Dura）的十二歲男孩喪生，他的死引起全球媒體的關注。這名男孩和他父親迦瑪爾（Jamal）當時被困在暴動烽火中，被人拉到一個水泥圓柱後面躲藏，小男孩不幸被流彈波及，在父親雙臂中斷氣。這一幕被一個為法國公共電視台工作的巴勒斯坦攝影師捕捉到，幾小時內，新聞畫面便傳遍了全世界，激起數百萬觀眾對以色列占領的強烈不滿。

接下來數月，針對此事件的激辯在國際上加溫。有人說證據顯示，巴勒斯坦槍手應該為少年的死負責，有些人則是繼續指責以色列。甚至有人說，這段影片是有心人士的造假操弄，因為新聞影片並未顯示少年中槍的剎那，甚至沒拍到他的遺體。許多人因此漸漸懷疑，這是巴勒斯坦解放組織的政治宣傳手段。如果後者成立，那果真是聰明又有效的宣傳。

無論真相如何，我突然發現自己正難堪地涉入一場由父親主導的戰爭中——即使他不清楚自己在領導什麼或是將被帶到哪裡去。他只是被阿拉法特和法塔赫操弄、利用，同意協助引發衝突或製造麻煩，好讓巴勒斯坦自治政府取得新的談判籌碼，創造更多吸取國際金援的機會。

人們再度在檢查哨喪命。雙邊都不分青紅皂白地開槍，就連兒童也無法幸免。在每一個流血的日子，雙眼含淚的阿拉法特站在西方媒體攝影機前面，激昂地緊握雙手，一概否認他與暴力事件有關。相反地，他將雙手指向我父親、馬爾望·巴格逖，以及難民營裡的可憐百姓，反咬大家一口。他向世界保證他已經盡力遏止暴動。事實上，他的手指從不曾離開過扳機。

不久，阿拉法特明白自己從阿拉丁神燈裡釋放了一個可怕的怪物。他搖醒了巴勒斯坦人民，攪動他們的內心，因為這樣可以滿足他的私欲。很快地，人民便完全失控了。當他們看見以色列國防軍射傷自己的父母跟孩子，這些人的心被憤怒攫住，不願聽從巴勒斯坦自治政府或任何人的話。

阿拉法特也發現被他壓制在地的拳擊手比自己想像的還強悍。街頭是哈瑪斯的大本營、發源地，拳擊手再次站上對自己最有利的位置。

與以色列談和？大衛營？奧斯陸？一半的耶路撒冷？算了吧！此時，所有的妥協立場都在白熱化的衝突火爐中融化蒸發了。巴勒斯坦人民如今退回以往那種「全或零」的偏激思維中。現在，不是阿拉法特，而是哈瑪斯在搧風點火。

雙方針鋒相對，衝突日漸升高。日復一日，以巴各自的傷慟滿溢，不滿的情緒也日日增長。

- 二〇〇〇年十月八日，猶太暴民在拿撒勒攻擊巴勒斯坦人民，兩個阿拉伯人喪命，數十人受傷。在提比利亞（Tiberias），猶太人破壞一個有兩百年歷史的清真寺。
- 十月十二日，一個巴勒斯坦暴民在拉瑪拉殺害兩名以色列士兵，以色列則以空襲迦薩、拉瑪拉、耶利哥及納布盧斯作為報復。
- 十一月二日，一個汽車炸彈在耶路撒冷市中心熱鬧的瑪海恩·耶胡德（Mahane Yehuda）市場附近引爆，造成兩名以色列人死亡，另有十人受傷。
- 十一月五日，阿克薩清真寺反抗運動的第三十八天，超過一百五十名巴勒斯坦人死亡。
- 十一月十一日，以色列直升機引爆一個放置在哈瑪斯活躍分子車內的炸彈。
- 十一月二十日，一個放置在路邊的炸彈在一輛滿載學童的巴士旁爆炸，兩名以色列人喪生，九人受傷，其中包含五名學童。[5]

我無法相信自己的眼睛，必須有人起來做些什麼，以阻止這些像雪球一樣愈滾愈大的瘋狂行為。我知道該是跟國安局合作的時候了，我開始全心投入這項工作。

# 17 地下工作

二〇〇〇—二〇〇一

以下我將揭露的資訊，到目前為止，仍只有極少數的以色列情報人員知道。我希望透過揭發這些訊息，能為一些長久埋藏在天日下的重要事件帶來一線曙光。

我下決心的那一天，也就是我決定盡一己之力去終止這瘋狂循環的那一天——我開始打探關於馬爾望．巴格遜以及哈瑪斯領袖的行動和計畫，並且把得到的資訊向國安局和盤托出。他們則使用這些情資，在人海中找出這些哈瑪斯首腦。

在國安局體系內，我的代號是「綠王子」。**綠色**反映哈瑪斯旗幟的顏色，**王子**則直接表達出父親在哈瑪斯裡有如國王般的身分地位。二十二歲那一年，我成了以色列國安局在哈瑪斯內部唯一可以滲透哈瑪斯的軍事及政治羽翼或其他巴勒斯坦派系的臥底。

我並不是獨挑大梁。然而此時，我已清楚知道上帝特別把我放在一個巧妙的位置——哈瑪斯和巴勒斯坦領導階層的核心。我參與阿拉法特的會議，因為某些因素，也加入了以色列安全機構。我的位置獨特，可以勝任這個工作。我也常常感受到上帝與我同在。

我希望更深入地挖掘消息，我想知道每一個正在進行的計畫。第一次反抗運動期間，我身在其中，四周被暴力環繞，死亡人數之高，足以填滿我兒時踢足球玩樂的墓園。我投擲石塊，還惡意違反宵禁。但是我並不明白為什麼自己的同胞追求暴力。現在，我想知道為什麼我們一再重複這個循環。我需要知道。

對阿拉法特而言，這些暴動只關乎政治、金錢和權力。他是個高明的操弄者，是耍弄巴勒斯坦玩偶的那隻手。鏡頭前，他譴責哈瑪斯攻擊以色列平民百姓，並一再強調哈瑪斯不能代表巴勒斯坦自治政府或是巴勒斯坦人民。但是他幾乎從不介入阻止，反而樂見哈瑪斯從事它齷齪的勾當，然後再虛偽地承受國際社會的抨擊。他已成了一個狡猾的老政客，他知道以色列政府得跟巴勒斯坦自治政府合作，才能遏阻這些攻擊事件。而攻擊事件愈多，以色列會愈快乖乖地坐上談判桌。

這段時間，有個新的團體出現。他們自稱為「阿克薩烈士旅」（Al-Aqsa Martyrs Brigades），以色列國防軍士兵和屯墾區居民是他們攻擊的首選目標，但是沒人知道這些人是誰、從哪裡冒出來。他們看起來很虔誠，哈瑪斯或伊斯蘭聖戰組織裡卻沒人知道他們。他們也不像是巴勒斯坦自治政府或法塔赫國家主義路線的分支。

以色列國安局跟大家一樣一頭霧水，每週總有一、兩次屯墾區居民的車子或巴士被攻擊。每次突擊都出人意外地精準，甚至連重裝備的以色列士兵都不是這些人的對手。

一天，羅艾來電。

「我們得到消息，有一些身分不明的人去找馬赫·歐德赫（Maher Odeh），我們需要你去弄清楚這些人是誰，以及他們跟馬赫·歐德赫的關係。你是我們唯一能信任的人，不要搞砸了。」

馬赫·歐德赫是哈瑪斯的高層領袖，也是國安局頭號通緝對象。他是哈瑪斯在監獄內安全翼的首腦，我知道他主導許多監獄裡的凌虐行為，我也懷疑他煽動了許多自殺攻擊事件。歐德赫是個非常神祕的人，國安局無法蒐集到足夠的證據，將他定罪並逮捕入獄。

那晚，我開車通過拉瑪拉市中心。當時是齋戒月，街上空無一人，太陽西下，大家都已結束一天的齋戒回家了。我把車子停進馬赫·歐德赫住所前的馬路停車格。儘管沒受過這類行動的專業訓練，我還是有一些基本概念。我看過電影裡都是這麼演的，幾個傢伙在嫌犯住所的對街，坐在車子裡，手持先進的攝影器材或情報錄影設備。雖然國安局有最頂尖的器材設備可用，這次任務我卻只有我的車子以及雙眼。我只需緊緊盯住眼前這棟建築，仔細記錄進出的人員就可以了。

約莫半小時內，幾個帶槍的傢伙離開這棟兩層樓的建築，上了一輛掛有以色列車牌、嶄新的綠色雪佛蘭。但是，眼前這一幕實在說不過去。首先，哈瑪斯成員，特別是軍事旅成員，不曾公開將武器外露，再者，馬赫·歐德赫這樣的人不會跟武裝人員攪和在一起。

我慢慢發動車子，等幾輛車過去才離開停車格。在往我父母的家鄉貝圖尼亞的主要道路上，我尾隨綠色雪佛蘭一小段距離後就跟丟了。

我很氣自己，也很氣國安局，這跟電影劇情一點都不一樣。這是現實生活，在現實生活中，跟監是會惹來殺生之禍的。如果他們要我，特別是在晚上，跟蹤這樣一群帶傢伙的人，他們應該給我支援！這需要多人通力完成，而不是只有我一個人孤軍降敵。在我的認知裡，這樣的行動應該要有空中支援或衛星監控——就是那些厲害的高科技玩意。但這回卻只有我一個人，我要不是運氣好能全身而退，就是會被槍殺。總地來說，我一無所獲。我沮喪地開車回家，覺得自己像剛掉了一百萬元生意的傢伙。

第二天起床後，我一心想找到那輛汽車。但是開車在街上兜了幾小時後，我覺得無能為力，再次深感挫敗，我放棄了，決定去洗車。突然，我看到它在那裡——就在洗車房裡！同一輛綠色雪佛蘭，同一群人，同樣的槍。

這是運氣？還是上帝的介入？或是什麼？

現在藉著日光，我把他們看得更清楚，也更靠近。根據他們講究的穿著、AK47和M16步槍，我馬上就認出他們是「第十七軍」（Force 17）。他們是一九七〇年代早期就出現的菁英突擊隊，負責阿拉法特的維安。當愈來愈多的冒牌貨或是蓄意奪權者出現，「第十七軍」就得保護阿拉法特的安危。

但是還是有什麼不對勁。他們應該不是我在馬赫．歐德赫住所看到的那群人，他們是嗎？馬赫．歐德赫為什麼要跟槍手扯在一起？他跟阿拉法特應該沒有牽連，難道他有？這一切都太不合理了。

他們離開後，我問洗車場主人那些人是誰。他知道我是哈珊．約瑟夫的兒子，所以我的問題一點也不令他驚訝。他肯定了我的推測，那些人確實是「第十七軍」，他還告訴我他們住在貝圖尼亞。這讓我更不懂了，為什麼這些人住在離我父母家幾分鐘車程的地方，而不是阿拉法特的官邸附近？

我開車到洗車場主人給我的地址，看到綠色雪佛蘭停在外面。確認之後，我趕回國安局總部，告訴羅艾我發現的一切，他很仔細聆聽，但是羅艾的上司一直反駁我。

「這太不合理了。」他說：「為什麼阿拉法特的保鏢沒住在官邸內？你是不是哪裡弄錯了？」

「絕沒弄錯！」我反駁。我知道這不合理，我也很清楚自己看到什麼。對於這一切無法解釋的現象我也感到挫敗，可是他不應該否定我親眼看到的。

「我知道這整個狀況都不對勁。」我告訴他：「我不在乎這對你而言是否合理，但是我確實看到這些。」

他很不滿我這樣對他說話，於是氣沖沖地離開會議。羅艾勸我冷靜下來，把整個過程再仔細回想一遍。很顯然，那輛雪佛蘭不符合他們手上關於「阿克薩烈士旅」的情報，那只是一輛失竊的以色列車。問題是，我們搞不懂它跟新派系這群人有什麼關聯。

「你確定那是一輛綠色雪佛蘭？」他問：「不是一輛ＢＭＷ？」

我確定是一輛綠色雪佛蘭。但我還是再次回到那棟建築，雪佛蘭就在那裡，停在同樣的位置。公寓旁邊，有另一輛被白布覆蓋的汽車，我躡手躡腳地靠近這輛車，小心地掀起白布的一角，下面是一輛一九八二年的銀色ＢＭＷ。

「哇！終於逮到他們了！」我打電話給羅艾，告訴他我的新發現，他興奮地在電話裡大喊。

「你說什麼？」我問。

「阿拉法特的護衛！」

「什麼意思？我還以為我提供的資訊全錯了呢。」我挖苦地說。

「不，你完全正確。過去幾個月以來，這輛ＢＭＷ在西岸每次槍擊中都出現。」

接著，他告訴我這些情報將帶來重大突破，以色列終於可以證實「阿克薩烈士旅」不效忠任何人，單單效忠阿拉法特。他們是阿拉法特僱用的私人警衛——用國際捐款和美國納稅人的錢直接僱用的私人警衛。這條線索幫助我們向終止一連串殺害無辜百姓的可怕爆炸攻擊事件，邁出了一大步。我提供給國安局的情資，後來在聯合國安全理事會上被用來反駁阿拉法特。[6]現在，眼前的當務之急是逮捕這個新派系成員，就像以色列人的說法：斬掉蛇頭。

我們後來得知阿赫馬德·甘道爾（Ahmad Ghandour）是其中頭號危險人物。他是「阿克薩烈士旅」的領導人之一，另一個是默罕耐德·阿布·哈拉瓦（Muhaned Abu Halawa），是阿赫馬德手下的上尉之一。他們已經殺害十幾人，現在我們知道他們是誰，住在哪裡，他們卻對我們一無所知。這樣看來，要解決他們似乎易如反掌。

以色列國防軍先是派出無人偵察機在建築四周偵察，蒐集情報。兩天後，「阿克薩烈士旅」在以色列境內發動另一次攻擊，以色列決定起而反擊。帶著一百二十毫米加農砲的六十五噸以色列馬卡瓦戰車，對著「阿克薩烈士旅」的建築毫不留情地發射了二十枚砲彈。問題是，竟然沒有人事先查看無人偵察機蒐集的監控畫面，以確認這些「阿克薩烈士旅」分子是否在裡面。很不幸地，他們當時並不在裡頭。

更糟的是，他們現在已經知道自己被以色列盯上了，所以，毫不令人意外，他們全躲到阿拉法特的官邸內。以色列知道他們在官邸裡面，但是就當時的政治局勢而言，我們不可能進去逮人。如今，「阿克薩烈士旅」對以色列的攻擊變得更頻繁而激進。

阿赫馬德．甘道爾是組織內重要的領導人，也是以色列通緝名單上的頭號人物。他搬進阿拉法特官邸之後，我們覺得再也不可能抓到他了，之後也一直沒有機會撂倒他。但是，他卻自己絆倒了自己。

一天，當我走在街上，行近比瑞的老舊墓園，正好遇上一場軍事喪禮。

「誰死了？」我詢問旁人。

「一個北方來的人。」有人回答：「你應該不認識他。」

「叫什麼名字？」

「阿赫馬德．甘道爾。」

我試著控制住興奮之情，假裝不在意地繼續問：「我以前應該聽過這個名字，他怎麼了？」

「他不知道自己的槍已經上膛，無意間把自己的腦袋給轟了。他們說他的腦漿還黏在天花板上呢。」

我打電話給羅艾。

「跟阿赫馬德·甘道爾說再見吧，他已經死了。」

「你殺了他？」

「你有給我槍嗎？沒有，我沒有殺他。是他殺了自己，這傢伙已經掛了。」

羅艾不相信。

「他真的已經死了，我還參加了他的喪禮。」

阿克薩反抗運動之後的那一年，無論父親去哪裡，我都緊隨不捨。身為長子，我是父親的徒弟、他的保鏢、他的知己、他的學生，也是他的朋友。他則是我的一切，更是我成為一個男人的典範。儘管我們的理念不再一樣，我仍然知道他的心是正直的，他的動機也很單純。他對穆斯林百姓的愛以及對阿拉的奉獻不曾消逝。他的心常常因著為自己的百姓追求和平而傷痛，他也願意奉獻自己的一生來達到這個目標。

這個第二次反抗運動可說是一起「西岸事件」。迦薩地區只有一些零星的示威抗爭。然而年輕的穆罕默德·亞度拉的死成了點燃烈焰的火種。是哈瑪斯不斷搧風點火，在西岸地區將這把火引進了地獄。

在每個村落和城鎮，憤怒的群眾跟以色列士兵不斷爆發激烈衝突。每個檢查哨都是流血衝突的戰場，那段時間，幾乎每個家庭都有親友喪命，家家都在守喪，天天都有喪禮。

巴勒斯坦所有派系的高階領袖，那些檯面上的要角，則日日跟阿拉法特會面，商討他們的策略。我父親代表哈瑪斯參與會議。這時候，哈瑪斯已再度成為巴勒斯坦境內最大、最有影響力的組織。除了每日的例行會議，父親跟馬爾望・巴格逖和阿拉法特每週還另外會面一次。有幾次，我得以跟父親一起參加這個私人會議。

我鄙視阿拉法特，以及他對我所愛的人民所做的一切。但是身為以色列國安局的臥底，流露自己的感受並不明智。然而有一次，當阿拉法特親吻我臉頰，我下意識地把臉轉開，他因為我這個舉動深深受辱，父親也感到很難堪。此後，父親再也沒有帶我參加這一類的會議。

那些號召反抗運動的各派系領袖，每天固定搭乘他們價值七萬美金的進口車來參加會議，還有好幾輛車隨行，裡面坐滿了私人安全保鏢。而父親開的是他一九八七年份的深藍色奧迪與會，沒有保鏢，只有我。

這些會議是引發暴動的引擎。雖然現在我只能坐在會議室外面等候，但透過父親的會議筆記，我仍然知道所有的對話細節。父親同意我閱讀他的筆記，甚至可以影印備份。筆記裡從沒有高度敏感的資訊，像是什麼時候誰會在哪裡展開行動等。從這些筆記看來，領袖們只是討論一些關於攻擊模式和突擊方向的一般性原則，例如，是要在以色列境內，或是鎖定屯墾區居民，還是在檢查哨發動攻擊。

當然，筆記裡還是提及發動示威抗爭的日期。若是父親宣布哈瑪斯將於明日下午一點在拉瑪拉市中心發動抗爭，他們就馬上派出信差到各清真寺、難民營和學校，通知所有哈瑪斯成員準時於一點集合。以色列士兵也會出現，因此穆斯林、難民，常常也包含學生，總會有人傷亡。

事實上，第二次反抗運動之前，當哈瑪斯氣數已盡，父親當時就應該撒手不管。如今，阿拉伯世界的人民天天在「半島電台」看到他的臉，聽見他的聲音，儼然成為反抗運動檯面上的領袖，使得他在穆斯林世界中具有不可思議的高知名度及重要性。當然，對以色列而言，父親也成了他們深惡痛絕的頑劣分子了。

在一天結束時，哈珊．約瑟夫卻沒有展露出趾高氣揚的態勢。他的內心因為自己行使了阿拉的旨意而感到謙卑的滿足。

一天早上，我從父親的會議筆記得知隔天將有一起暴動。第二天，我緊跟在父親身後，走在一群極喧鬧的暴民前頭，向一個以色列檢查哨走去。距離檢查哨還有兩百碼之遠，領導人很有默契地向兩側分散，退到山丘上的安全位置。突然之間，其他所有人——年輕人和學童——開始向重裝備的以色列士兵投擲石塊，而以色列士兵則開槍還擊。

在這種情況下，即使是塑膠包覆的子彈都會致命，孩童在混亂中特別容易受傷。當暴民逼近以色列軍方定義的四十公尺最低距離時，火藥極有可能造成死亡。

我們站在小山丘的制高處觀看，遍地都是傷亡的人。士兵甚至對著抵達動亂現場的救護車開槍，連救護車司機或試圖靠近傷者的救護人員都受了傷。這真是太殘忍了。

很快地，每個人都開始開槍。石塊如冰雹般落在檢查哨，數千人衝向路障，試圖突破士兵的圍堵。所有人都瘋狂地被一個目標、一個信念緊緊抓住：突破重圍進入貝艾爾（Beit El）屯墾區，一路上盡情破壞所有東西，傷害所有人。他們的憤怒已經被自己摯愛的親友流血倒下的畫面及鮮血的味道給驅動。

當情況似乎已經不能再糟時，馬卡瓦戰車一千兩百馬力的柴油引擎轟隆隆劃破天際。突然間，加農砲巨大的砲聲像音爆一樣震破空氣。

坦克與巴勒斯坦自治政府的武力對峙，自治政府的軍事武裝人員已經開始朝以色列士兵開槍射擊。當以色列坦克逐漸逼近，巴勒斯坦安全警衛紛紛護衛自己的長官，趕緊將他們護送到安全的地方。我也拉著父親快步回到車上。一路上，我們得跨過雜亂堆放在我們立足的小山丘上成堆的屍體。當我們好不容易上車，我飛快地將車子駛向拉瑪拉，趕往醫院去。醫院裡塞滿受傷、瀕臨死亡，或是已死的人。空間實在不夠用，紅十字會在戶外搭建了臨時急救中心，試著先幫傷者止血，以免他們在有機會進入醫院前，即因流血過多而失去生命。但是這根本不足以應付眼前的需要。

醫院的牆壁和地板都被血跡覆蓋，地上的血跡讓進出醫院的人幾乎滑倒，丈夫、父親、妻子、母親及孩子們傷慟地啜泣，也有人因為憤怒而大聲哭號。

奇妙的是，在傷痛和憤怒之中，這些人對於父親這樣的巴勒斯坦領袖來到他們中間分擔憂傷，似乎心懷感激。然而正是這些領袖帶領他們或他們的孩子如羔羊般進入屠宰場的人，自己卻退開到安全之地，遠遠地觀看一場屠殺。這比醫院裡充斥的血腥味更令我作嘔。

而這只是其中一場示威抗爭。每天晚上，我們坐在電視機前聽著永無止境地為死人發出的祝禱文，這城市十個，那裡五個，這裡還有二十個。

我還看到一個名叫夏達（Shada）的人的新聞。據報導，衝突展開時，他正在示威人群對面的一棟大樓工作，給大樓牆壁鑽洞。當以色列坦克砲手看到他時，以為他手上拿的電鑽是槍枝，情急之下發射了一枚加農砲，砲彈擊中夏達的頭。

我跟著父親一起到這個被害者的家裡。他有個美麗的新婚妻子，但這還不是最糟糕的，那些來安慰寡婦的巴勒斯坦領袖竟然開始爭論，誰將在夏達的喪禮上發表演說，誰負責在守喪的三天內接待前來致哀的親友？誰負責為喪家預備食物？他們每個人都口口聲聲稱夏達為「我的孩子」，試圖證明夏達是自己派系的成員，還極力陳述自己的派系比其他派系參與更多的反抗行動。

這些彼此競爭的派系，讓事情的焦點縮小在關於死人愚蠢而無謂的爭論上。大多數時候，混亂中喪生的人與這些反對運動完全無關，他們只是那些被激昂情緒浪潮揚起的人。其他人，如夏達，只是在不對的時間去了不對的地方。

不久，世界各地的阿拉伯人在各處焚燒美國和以色列國旗，示威抗議，大筆金錢也被送進巴勒斯坦地區，為的是瓦解占領勢力。第二次反抗運動之後的兩年半，薩達姆．海珊總共支付巴勒斯坦陣亡烈士的家人三千五百萬美元——每個因為與以色列衝突而喪命之人的家庭可以領到一萬美元，而自殺炸彈客的家庭則能領取兩萬五千美元。當然，若說人們為了土地而進行這種失心瘋似的戰役，你可能有各種不同的解讀或是想法。但是，誰可以說生命竟是如此廉價？

# 18 頭號通緝犯

二〇〇一

時至今日，巴勒斯坦人不再因為生活上的貧苦困境怪罪阿拉法特或哈瑪斯，他們開始為自己的孩童被槍殺而怪罪以色列。但是我仍然不明白的是：為什麼這些孩子第一時間會出現在那裡？他們的父母呢？為什麼他們的父母不讓他們留在家裡？這些孩子應該坐在教室裡，而不是在街上亂竄，向武裝士兵投擲石塊。

「你為什麼要送孩童上街頭去尋死？」在一個情況特別糟的日子，我問父親。

「我們沒有送孩子去。」他說：「是他們自己想去的，看看你的弟弟們就知道了。」

霎時一陣寒意直下我的背脊。

「若是讓我知道弟弟們要去那裡投擲石塊，我會扭斷他們的手。」我說：「我寧可他們斷手，也不要看見他們因此喪命。」

「是嗎？你可能有興趣知道他們昨天已經在投擲石塊了。」他如此輕描淡寫地說。我真不敢相信自己的耳朵，難道這已經成為我們正常的生活模式？

我的四個弟弟不再是小孩子了。司海二十一歲，賽義夫則是十八歲，他們的年紀已經大到足以被抓進監獄了。十六歲和十四歲的歐維司跟穆罕默德，也大到足以在街上被槍殺。他們應該都知道這些，但是當我質問他們時，他們卻矢口否認自己曾參與街頭行動。

「你們聽著，我是認真的。」我告訴他們：「我很久沒有責打你們了，因為我認為你們已經長大，但要是讓我發現你們參與這些行動，我就不客氣了。」

「可是你跟爸爸那時也在示威人群中啊。」穆罕默德反駁。

「是，我們是在那裡，可是我們並沒有丟擲石塊。」

在各種混亂中，特別是在伊拉克冷血獨裁者海珊開出的鉅額支票推波助瀾下，哈瑪斯漸漸失去了在自殺炸彈行動中唯一主角的身分。現在，伊斯蘭聖戰組織、阿克薩烈士旅、世俗分子、共產黨或無神論者等，都加入了自殺炸彈客的陣營。他們甚至暗中較勁，看看誰能殺害最多的以色列平民百姓。

血流成河。我無法入睡，無法進食，無法透過一個穆斯林或巴勒斯坦人的眼睛看待這些事，甚至無法以哈珊．約瑟夫之子的身分面對。現在，我也用以色列的眼光看待這些事，更重要的是，我開始以耶穌的眼光面對這些恣意的殺戮行為。我知道祂為那些失喪的人深深心痛。當我閱讀更多的聖經，我愈能明白這個簡單的真理：愛及饒恕才是終止血債的唯一途徑。

儘管我崇拜耶穌，我仍不相信我那些基督徒朋友說的——耶穌是真神，我仍認為阿拉才是我的神。無論如何，儘管無法完全理解，我已不自覺地漸漸採用耶穌的教導，放棄了一切阿拉的準則。我身邊的一切虛假偽善也加速我脫離伊斯蘭信仰。在伊斯蘭教導中，殉道者是為阿拉獻身的僕人，可以直接上天堂，無須經歷墳墓中詭異天使的盤問或拷打。但是突然之間，任何被以色列人殺害的人都被直接加冕成為聖戰士，可以上天堂——即使他只是有名無實的穆斯林、共產主義分子，甚至是無神論者。伊瑪目和謝赫總是告訴死者的親屬：「你親愛的家人已經在天堂了。」

當然，古蘭經並不會為這些人的雄辯背書，古蘭經清楚載述誰可以上天堂、誰不可以，但是這些領袖似乎並不在意。這甚至無關神學或真理，純粹是以欺哄人民來換取自己策略上的優勢或政治利益；這是伊斯蘭領袖以謊言麻醉百姓，好讓百姓忘卻、忽略這些領袖為自己生活帶來的痛苦。

每次以色列國安局向我透露更多資訊時，我總是對他們深入瞭解我的生活感到訝異。他們告訴我的資訊，常常是關於那些已變成極危險分子的老友，有些甚至成為哈瑪斯軍事旅的中堅分子。達亞．穆罕默德．胡笙．阿塔威（Daya Muhammad Hussein Al-Tawil）就是其中之一，他是個帥氣的年輕人，伯父則是哈瑪斯領袖之一。

在我認識達亞的那幾年，我不曾見過他受宗教鼓動或驅使。他的父親其實是一名共產主義分子。達亞跟伊斯蘭實在沒有什麼關聯，儘管他母親在文化上是穆斯林，卻不是激進分子。他姊姊在美國受教育，是具有美國公民身分的記者，打扮摩登，從不曾戴頭罩遮髮。他們全家住在一間體面的房子，個個受過良好教育。達亞在伯才特大學主攻工程學，是班上的高材生。據我所知，他不曾參加哈瑪斯發起的任何街頭示威活動。

因此，二〇〇一年三月二十七日，當我聽到達亞在耶路撒冷的法國丘（French Hill）公路匝道引爆身上的炸彈時，我很訝異。儘管這次攻擊無人死亡，卻有二十九個以色列人受傷。

我知道達亞並不傻，他不會輕易被說服去做這種事。他也不是在難民營中打滾、身無長物、一無所懼的那種人，他並不缺錢。那麼，到底是什麼驅使他這麼做呢？沒人想得通。他的父母親全愣住了，我也是，連以色列情報人員都不明白。

不久，以色列國安局來電要求緊急會面。他們給我看一個被斬下的首級的照片，要我指認死者。我告訴他們那是達亞。回家後，我一再地問自己，**為什麼**？我不認為有人可以釐清這個謎團，沒有人事前觀察到任何蛛絲馬跡，甚至他的哈瑪斯伯父也一無所知。

達亞是阿克薩反抗運動後的第一個自殺炸彈客。他的行動顯示以色列境內有一個獨立行動的武裝小組存在。國安局決定要在這個小組發動下一次行動前，將他們剷除。

羅艾給我看一張嫌疑犯清單，最上面是五個姓氏。這些人是巴勒斯坦自治政府在第二次反抗運動之前從監獄裡釋放的哈瑪斯成員。儘管阿拉法特心裡清楚這些人都是危險分子，但是因為當時哈瑪斯已經搖搖欲墜，因此他認為沒有理由再留住這些人。

然而他錯了。

頭號嫌疑犯是穆罕默德．迦瑪爾．阿耐特雪。當年，他跟我父親一起參與哈瑪斯的創立，後來成為西岸地區武裝派系的領袖。阿耐特雪出身當地最大家族，所以他有恃無恐，加上六呎身高，全身上下沒有一處不散發出戰士的氣息：強壯、難纏、聰明。儘管他恨透猶太人，矛盾的是，他在我眼中卻是個關懷旁人的人。

撒利赫．塔拉赫米（Saleh Talahme）是名單上的另一人。他是電機工程師，聰明又有教養。當時我還不認識他，但後來我們竟然成為親密的朋友。

第三個，易伯拉欣．哈米德（Ibrahim Hamed）領導西岸地區的安全翼。這三人都受薩易得．阿謝赫．加辛（Sayyed al-Sheikh Qassem）和哈桑尼．如馬納（Hasaneen Rummanah）的援助。

薩易得是個極佳的跟隨者，有運動員般健壯的體格，沒受過什麼教育，而且個性溫馴。相反地，哈桑尼則是英俊帥氣的年輕藝術家，過去在伊斯蘭學生運動中相當活躍——特別是第一次反抗運動期間，當哈瑪斯開始證明自己也是街頭上數一數二的角色時。身為哈瑪斯領袖，父親努力促成他們被釋放，回到自家中。因此，當他們被阿拉法特釋放的那一天，我跟父親去監獄迎接他們。大家一起擠進父親的小車，父親還將他們安頓在拉瑪拉的阿哈賈（Al Hajal）一處公寓裡。

看著羅艾手上的名單，我說：「你知道嗎？我認識上面的每一個人，我也知道他們住在哪裡，因為是我開車把他們安頓在安全的地方。」

「你不是開玩笑吧？」他開心地合不攏嘴。「既然這樣，那就開工吧！」

當父親跟我去接這些人出獄時，我對他們有多危險或是曾殺害多少以色列人毫無概念，而現在，我是哈瑪斯內部少數知道他們蹤跡的人。

按照計畫，我帶著國安局最先進的監視設備去拜訪他們，以便監控他們的一舉一動，監聽他們所有的對話。但是當我開始跟他們談話時，我感覺他們好像不會給我任何明確的訊息。

我思忖，也許他們不是我們要找的人。

「有件事怪怪的。」我回報羅艾：「這些人沒給我任何消息，有沒有可能是其他小組？」

「有可能，」他同意，「但是這些人知道過去發生的事。我們需要看著他們，直到我們得到必要的資訊。」

他們是知道許多過去的事，但是我們總不能因為歷史而逮捕人吧。我們只好耐住性子，一點一點蒐集情資。若是搞砸了，我們可付不起抓錯人的昂貴代價，這只會刺激真正的幕後分子發動下一次的炸彈攻擊。

---

可能我的人生還不夠複雜，或者這對當時的我是件好事。就在那個月，我開始在「美國國際開發署」（The United States Agency for International Development，簡稱ＵＳＡＩＤ）的「能力建設辦事處」（Capacity-Building Office）工作，參與「鄉村給水暨衛生計畫」（Village Water and Sanitation Program），他們的總部在比瑞。沒錯，這單位名稱很長，但是再一次，它成了我生命中重要的歷程。因為缺乏大專文憑，我只能先做總機的工作。

起因是幾個我在讀經班認識的基督徒朋友把我介紹給開發署的美國經理。經理一看到我，就對我很有好感，還主動提供一個工作機會。羅艾覺得這是很好的掩護，因為拿著美國大使館蓋章的新身分證，我可以在以色列和巴勒斯坦之間隨意遊走，也讓旁人比較不容易懷疑我，不會納悶為什麼我總有花不完的錢。

父親也覺得這是個大好機會。對美國提供巴勒斯坦百姓安全的飲水及衛生設備，他心存感激，然而，另一方面，他也無法忘懷美國人供應以色列武器，用以殺害巴勒斯坦人民。這反映出大多數阿拉伯人對美國所存的矛盾情懷。

我則把握機會，縱身投入這個美國金援此區的最大計畫。世界媒體一向將報導焦點鎖定在那些誘人的談判籌碼——土地、獨立、賠償金。然而在中東，水源卻是更重要的議題。回溯至先祖亞伯拉罕時代，他的牧人與姪子羅得的牧人就是為水源相爭。加利利海，或稱革尼撒勒湖或提比利亞湖，供應了以色列及被占領區的主要水源。它也是地球上海拔最低的淡水湖。

在聖經的土地上，水源一直是複雜難解的問題。對現代以色列而言，狀況也隨著國土邊境的改變而變化。舉例而言，一九六七年六日戰爭的結果之一，是以色列從敘利亞手中得到戈蘭高地的控制權。以色列因此控制了整個加利利海，進而控制了約旦河和所有流進、流出約旦河的大小支流。以色列用國家給水系統（National Water Carrier）將水由西岸和迦薩走廊引出來，將西岸遠超過四分之三的地下水層流出的水，供應給以色列和屯墾區居民使用，這已違反國際法。美國花費鉅額挖掘新水源，幫助我們的人民建立獨立的供水系統。

美國國際開發署的工作對我而言不只是掩護，在那裡一起工作的男男女女後來都成了我的朋友，我知道是上帝給了我這個工作。其實，開發署一直有個原則：不僱用任何政治活躍分子，更不用說一個父親是主要恐怖組織領袖的人。然而，不知為什麼，我的上司決定錄取我，而他的慷慨也很快以他意想不到的方式報答他。

因為阿拉伯反抗運動的影響，美國政府規定開發署員工只有工作時才能進入西岸地區。除了工作，也不得在此從事其他活動。為了進入西岸，員工必須通過危險的檢查哨。其實，比起冒著被攻擊的風險、天天通過檢查哨，或是在街上開著掛有黃色以色列車牌的美國四輪傳動吉普車，一直住在西岸反而比較安全。畢竟一般的巴勒斯坦人民根本無法分辨哪些人是來幫助我們、哪些人是來殺人的。

每當以色列國防軍要執行可能危及人員安全的任務時，他們會事先通知開發署員工撤離。然而，以色列國安局卻不會事先發出警告，因為我們是國家安全局，負責執行祕密行動。舉例來說，當我們接到線報有通緝犯從傑尼往拉瑪拉來，我們會毫無預警地採取行動。

拉瑪拉是一個小城市。每當以色列要執行任務，安全部隊便會從四面八方進入，居民就用汽車、卡車設置路障，並且在街上燃燒輪胎，設法阻止安全部隊進入。黑色煙霧籠罩天空，讓人窒息。蹲伏的槍手從一個掩體移動到另一個掩體，射擊路上遇到的一切。年輕人投擲石塊，孩子在街上哭泣，救護車的鳴笛聲響伴隨婦女的哭喊和零星的小型爆炸。

我開始為開發署工作後不久，有一天，羅艾告訴我安全部隊隔天將開進拉瑪拉。我打電話給我的美國經理，叫他隔天不要進城，也盡可能通知所有人都待在家裡。我告訴他，我不能透露我是如何得到這個消息，但是我力勸他相信我。還好他聽我的勸，也許他認為我是哈珊．約瑟夫的兒子，所以我有內線消息。

第二天，拉瑪拉全城燃起熊熊烈火，人們在街上亂竄，槍手見到人就開槍。汽車在路邊燃燒，商店的玻璃櫥窗都被打破了，暴露在強盜及土匪的無情掠奪下。我的美國老闆看到新聞後跟我說：「摩薩，拜託，以後若還有這樣的事要發生，你一定要通知我。」

「好，沒問題，」我說：「但是有個條件，如果我說不要來，就不要來，不要多問。」

19

# 鞋子裡的祕密

二〇〇一

第二次反抗運動一波一波掀起，幾乎不曾停下來喘一口氣。二〇〇一年三月二十八日，一名自殺炸彈客在加油站炸死了兩名青少年。四月二十二日，另一起在公車站的自殺炸彈攻擊造成一個以色列人和炸彈客死亡，另外有五十人受傷。五月十八日，內坦亞（Netanya）一間購物中心外面的自殺攻擊造成五個以色列人死亡，超過一百個人受傷。

緊接著，六月一日，晚間十一點二十六分，一群年輕人排隊等著進入台拉維夫一間名叫「海豚」的著名夜店。他們談笑嬉鬧，彼此捉弄，迫不及待地想要進入店裡狂歡。這些孩子大都是由前蘇聯回歸的以色列人，父母是近期的回歸移民。薩易得．哈塔瑞（Saeed Hotari）也在人群中，但他不是猶太人，他是巴勒斯坦人，年紀比周遭的孩子們稍長。沒有人知道他身上綁著爆炸物和金屬碎片。

媒體後來稱「海豚慘劇」為「屠殺」，而不稱它為自殺炸彈攻擊。許多孩子的身體被金屬碎片及爆裂物造成的氣爆當場撕裂，傷亡慘重：共有二十一人死亡，一百二十人受傷。

在此之前，不曾有哪一個自殺炸彈客可以一次傷害這麼多無辜百姓。薩易得在西岸老家的鄰居都來祝賀他的父親。「我希望其他三個兒子也能做出這樣的事，」哈塔瑞先生在一次訪談中說道：「我希望我家族中的所有成員及親戚都能為我的國家和鄉土而死。」[7]

因為這起攻擊，以色列前所未見地急欲剁掉蛇頭。以色列當時應該已經明白，若是監禁各派系領袖無法終止血債，那麼，刺殺行動應該也不會有效。

迦瑪爾．曼素爾是一位記者，他跟父親一樣，是哈瑪斯七位創始元老之一，也是父親的密友。他們曾經一起被流放到黎巴嫩南部，兩個好友幾乎天天在電話中談笑。他也是自殺炸彈攻擊的主要擁護者，在某年一月的《新聞週刊》（*Newsweek*）的訪談中，他為殺害手無寸鐵的以色列百姓的行為辯護，並且大大地推崇、表揚自殺炸彈客。

七月三十一日星期二，以色列收到線民的消息，即刻派出兩架阿帕契武裝直升機，接近曼素爾在納布盧斯的媒體大樓，透過窗戶向他位於二樓的辦公室發射三枚雷射導引飛彈。迦瑪爾．曼素爾、哈瑪斯領袖迦瑪爾．撒林姆（Jamal Salim）和其他六個巴勒斯坦人被爆炸產生的威力燒成灰燼。其中兩個是孩童，分別是十歲和八歲，他們當時正在樓下的診所等待看診，被樓房坍塌的瓦礫壓死。

這太瘋狂了！我打電話給羅艾。

「這世界是怎麼了？你確定這些人跟自殺炸彈攻擊有關嗎？我知道他們支持自殺攻擊，但是他們是跟父親一夥的，是政治派系的人，不是軍事派系！」

「沒錯，但是我們有情資證明曼素爾跟撒林姆兩人直接參與『海豚慘劇』的屠殺行動，他們的雙手確實沾滿鮮血。我們必須這麼做。」

我能怎麼辦？跟他爭辯？告訴他情資錯誤？突然，我清醒了，若是這樣，以色列政府想必也信誓旦旦地要除掉我父親。儘管他沒有組織任何一次自殺攻擊，但他與哈瑪斯有緊密關聯，也脫不了罪。再者，他手中握有的資訊可以避免許多無辜百姓喪失生命，然而他沉默、隱瞞。他有影響力，卻沒有善用它。他有機會嘗試阻止這些殺戮行為，卻沒有行動。他支持反抗運動，鼓吹哈瑪斯成員堅守反抗位置，直到迫使以色列撤退。所以在以色列政府眼中，他，我父親，也是一名恐怖分子。

當我繼續閱讀聖經，我開始把父親的行為與耶穌的教導互相對照，不再以古蘭經的內容為依據。漸漸地，我愈來愈覺得父親並不是英雄，這個體會讓我的心都碎了。我好希望能把我在讀經班學到的觀念跟父親分享，但是我知道他不會聽的。若是耶路撒冷當局為所欲為，我的父親可能永遠不會有機會知道，伊斯蘭已經把他帶到一條大錯特錯的路上。

我在心裡盤算，也許因為我跟國安局的關係，父親還可以有一段安全的日子。基於不同的因素，他們必然跟我一樣希望父親好好地活著，畢竟父親是他們獲得哈瑪斯內部行動資訊的主要來源。當然，我並沒有告訴父親這些。其實，在某些狀況下，連以色列國安局的保護都會成為風險。當哈瑪斯領袖一個一個被迫躲藏，父親卻大搖大擺地在街上行走，也太啟人疑竇了。我至少需要裝腔作勢地展開保護父親的行動。所以我即刻去父親的辦公室，警告他剛剛發生在曼素爾身上的刺殺事件極有可能發生在他身上。

「離開所有人，叫保鏢都離開，關閉辦公室，不要再回來這裡。」

他的反應果真如我預期。

「摩薩，沒事的，我們會在窗外安裝金屬片。」

「你瘋了嗎？現在就離開！飛彈能打穿坦克還有大樓，你卻相信一片金屬能保護你？就算是你把窗戶都密封起來，他們也能從天花板進來。走啦！快點，我們走！」

父親這樣反抗，我也不能怪他，畢竟他是一個宗教領袖，一個政治家，不是一個軍人。他對軍事及暗殺行動一無所知，也不知道我所知道的一切。所幸父親終於同意跟我離開辦公室，然而我知道他很不快。

按邏輯來說，曼素爾的老友哈珊．約瑟夫應該是下一個獵殺目標。當然我不是唯一這樣推論的人。當我們走在街上，身旁每個人看起來都憂心忡忡，男男女女都加快步伐，還不時緊張地望著天空，恨不得馬上逃離我們的周圍。我知道原因，就跟我一樣，每個人都豎起耳朵，聽著天上是否傳來直升機的螺旋槳聲。沒有人想在刺殺行動中被波及，成為無辜陪葬者。

我開車把父親送到都會飯店（City Inn Hotel），叫他待在那裡不要離開。

「好了，櫃台那傢伙每隔五小時會把您換到另一個房間，您要聽他的安排。也不准任何人到您的房間，除了我，不要打電話給任何人，待在這裡。這個電話很安全，留給您用。」

我一離開，馬上知會國安局父親的藏身處。

「好，很好，把他留在那裡，遠離麻煩。」

為了保護他，我需要隨時知道他的動向，甚至他的每個氣息我都要掌握。我支開父親所有的保鏢，因為我不信任他們，我希望父親能完全依靠我，否則，他極有可能因為一點小閃失喪命。我變成他的副手、貼身保鏢及守門員。我張羅打點他的一切需要，也密切關注旅館附近每個角落發生的事件。我是他對外唯一的聯絡窗口，也是外界聯絡他的唯一管道。這個新角色帶來的附加價值，就是讓他人不因我的間諜身分而起疑。

我也開始以哈瑪斯領袖的身分行動，常常隨身帶著M16衝鋒槍，顯然我是一個有門路、有關係並且有權力的人。那段時間，這種武器短缺，無法供應大量需求（我的武裝來福槍要價一萬美金），我卻可以好好地濫用我與謝赫哈珊·約瑟夫的關係。

哈瑪斯武裝分子開始在我身邊晃來晃去，引起我的注意。他們認為我知道組織內所有的祕密，也很放心地把自己的麻煩跟沮喪挫敗統統告訴我，認為我可以幫他們擺平這些麻煩事。

我總是小心聆聽。他們不知道每次透露的小小片段都能幫助我拼湊細節，畫出一個更清晰的圖像。這些快速拼湊的圖像幫助國安局成功地完成許多任務，數量之多，不是我用一本書可以敘述清楚的。我只能說，因為這些對話，我們有效地防範了許多炸彈攻擊，無辜生命得以留存，墳墓旁傷慟哭泣的寡婦和受傷的孤兒也減少了。

這段時間，我漸漸贏得軍事派系的信任及尊敬，也成了巴勒斯坦其他派系成員需要時求助的對象。他們期待我供應爆炸物，或是整合自己派系與哈瑪斯合作的行動任務。

一天，阿赫馬德·阿法拉西（Ahmad al-Faransi）找上我。他是馬爾望·巴格逖的副手之一，要我提供爆炸物給來自傑尼的幾個自殺炸彈客。一方面，我告訴他我會照辦，另一方面卻開始拖延，直到查出這些炸彈客在西岸的巢穴為止。儘管這種兩面手法非常危險，但是我知道自己受到各種保護，單單是謝赫哈珊·約瑟夫長子的身分，就使我免於獄中哈瑪斯對自家人的暴行，這個身分也讓我安全地在恐怖分子之間出沒。而安全署的工作也給我某些程度的自由與保護。當然，我知道以色列國安局總是小心地看著我。

在不同的角色轉換中，任何閃失都有可能使我喪命。巴勒斯坦自治政府就是一個常態的潛在威脅，他們有美國中情局提供的先進監聽設備，有時這些設備協助查獲恐怖分子，有時卻被用來根除背叛的通敵者。所以我一直很小心謹慎，尤其不要落入自治政府手中，畢竟我比其他的臥底還清楚以色列國安局的運作模式。

身為父親唯一的對外聯絡窗口，西岸、迦薩走廊和敘利亞的哈瑪斯領袖都直接與我聯繫。另外一個也有這種高層級聯繫管道的是大馬士革的哈立德·米夏爾（Khalid Meshaal）。米夏爾出生於西岸，但是他一生大多數時間都住在其他阿拉伯國家。他在科威特加入穆斯林兄弟會，在科威特大學主修物理。當哈瑪斯成立時，他是哈瑪斯科威特分部的要角。後來伊拉克入侵科威特，米夏爾搬到約旦，之後又去了卡達跟敘利亞。

因為住在大馬士革，米夏爾不像其他哈瑪斯領袖受到旅遊限制。漸漸地，他扮演了哈瑪斯在開羅、莫斯科和阿拉伯聯盟的外交特使角色。他一邊旅行，一邊籌募基金，單單二〇〇六年四月一個月內，他在卡達和伊朗就籌募到一億美元。

米夏爾不常公開露面，他的住所很隱祕，也不能回到占領區，以免被刺殺。以他的處境而言，他會害怕是正常的。

一九九七年，米夏爾仍在約旦，幾名以色列情報局特工侵入他的住所。熟睡中的米夏爾被他們從耳朵注射罕見的毒物，米夏爾的保鏢們看到以色列特工離開此棟建築，其中一人去察看米夏爾，但沒看見血跡，只看見老大躺在地板上無法言語。他們即刻轉身追逐以色列探員，其中一個特務失足跌落在敞開的排水溝，後來被約旦警方逮捕。

當時，以色列才與約旦簽訂和平協議，雙方互派使節。如今這個拙劣的攻擊行動動搖了雙方新建立的外交關係，哈瑪斯也因為自己高階領袖的防備鬆散感到難堪。這起事件中，無論哪一方都深受羞辱，因此各方有默契地一致決定封鎖消息，卻不知怎麼地，國際媒體竟然獲知此事。

在約旦，抗議示威遊行四起，胡笙（Hussein）國王要求以色列釋放哈瑪斯精神領袖謝赫阿赫米德．亞辛，以及其他巴勒斯坦人犯，以交換顏面盡失的摩薩德（Mossad）探員。另外，約旦要求以色列即刻派遣一個醫療團隊來約旦，為米夏爾注射解藥。以色列只能心不甘情不願地同意了。

米夏爾一週至少與我通一次電話，即使在重要會議中，他也會接聽我的來電。一天，摩薩德致電國安局。

「我們發現拉瑪拉有個極危險分子，他每週都跟米夏爾通電話，可是我們查不出這傢伙是誰。」

當然，他們說的是我。我們大笑一場，國安局決定讓摩薩德繼續猜疑。看來每個國家的情報單位之間都有競爭、角力，就像是美國的聯邦調查局（ＦＢＩ）、中央情報局（ＣＩＡ）和國家安全局（ＮＳＡ）。

一天，我決定要善用我跟米夏爾的關係。我告訴他，我有一件極重要的機密要傳遞，但是不能在電話裡說。

「你有其他安全的消息管道嗎？」他問。

「當然有，我一週後打電話給你，再告訴你進一步的消息。」

一般而言，被占領區跟大馬士革之間的聯繫管道，是透過一個沒有案底或是檯面上與哈瑪斯沒有牽連的人傳送信件。信件內容會寫在一張極薄的紙張上，捲成一小卷，塞進一個藥用膠囊中，或是單純用尼龍線纏裹起來。在跨越以色列－敘利亞邊境之前，信差會吞下膠囊，一旦通過邊境，再去廁所催吐，把膠囊反嘔出來。有時候，一個信差會攜帶高達五十封信。而這些負載的「騾子」對於自己攜帶的信件內容通常一無所知。

我卻決定做一些不一樣的事，藉此向外界的領袖開闢一條新的祕密聯繫管道，讓我將觸角從個人層級擴展到任務執行及安全層級。

國安局愛死這個主意了。

我挑選一個當地的哈瑪斯成員，叫他午夜在舊墓園裡跟我碰面。為了讓他印象深刻，我還特地帶著我的M16步槍。

「我要你執行一個極重要的任務。」我說。

他又驚又喜，仔細聽著哈珊．約瑟夫的兒子說的一字一句。

「不要告訴任何人，包括你的家人，還有你的區域領導人。對了，誰是你的上級？」

我叫他寫下他在哈瑪斯的所有歷史。在我告訴他關於此任務的進一步資訊前，他必須告訴我他知道的每件事。他無法快速地在紙上寫下所有事情，其實我也不相信他所提供的資訊，包含他自己所屬地區每次行動的最新消息。

我們又見了一次面。這次，我告訴他，他會被送到巴勒斯坦以外的地區。

「要確實按照指令行動，」我警告他：「不准問問題。」

我告訴羅艾我選的這傢伙在哈瑪斯組織內部涉入很深。若是組織要調查他，他會被視為忠心的積極活躍分子。以色列國安局自己也做了調查，同意送他出去，還幫他打開邊境。

我寫信給哈立德．米夏爾，告訴他說我有管道可以去西岸，那些他不能託付給一般哈瑪斯管道的特別複雜任務都可以交給我。我還說我已經打點好一切，他只管吩咐，保證成功。

我抓準了大好時機，當時多數的哈瑪斯領袖或活躍分子已被以色列刺殺或逮捕，而卡桑旅成員則心力交瘁，米夏爾很缺人手。

我並沒有要信差按例吞下信件，我設計了一個更複雜的任務，只因為這樣比較有趣！我漸漸發現自己很喜歡這種偵探遊戲，特別是有以色列密探幫我鋪路。

我給信差一些高級服飾，一整套裝扮，所以旁人的目光不會落在他的鞋子上。我把信藏在鞋子裡，連他自己都不知道。

他穿戴齊全，除了必要的旅費，我還多給他一些錢，讓他在敘利亞找些樂子。我告訴他，當地的聯絡人會以鞋子辨識他。所以無論如何一定要穿著這雙鞋，否則要是他們懷疑他是冒牌的第三者，就會引來危險。

信差抵達敘利亞之後，我致電米夏爾，告訴他很快就會有人跟他聯絡。若是其他人跟他這樣說，米夏爾鐵定馬上起疑，拒絕一切會面要求。但這個人是他的年輕朋友——哈珊．約瑟夫的兒子派來的，所以一點戒心也沒有。

當他們碰面時，米夏爾要求信差交出信來。

「什麼信？」信差問。他不知道自己身上有一封信。

我之前有暗示米夏爾在哪裡找信，他們很快地在其中一隻鞋子上找到夾層。從此，一條與大馬士革之間嶄新的溝通管道被建立起來。當然，米夏爾一點都不知道，自己正與以色列國安局的方針共舞。

20

# 撕裂

二〇〇一夏

二〇〇一年八月九日，剛過下午二點，二十二歲的依茲．阿丁．蘇海爾．阿馬斯瑞（Izz al-Din Shuheil al-Masri）在耶路撒冷的喬治王街和雅法路路口的速巴洛（Sbarro）披薩店外把自己炸了。阿馬斯瑞來自西岸的富裕家庭。

五至十公斤左右的火藥把釘子及其他爆裂物炸開，無情地飛散到夏季人群中，造成十五人死亡、一百三十人受傷。在此次恐怖事件以及幾個月前的「海豚夜店」攻擊之間，以色列公民幾乎已被哀傷和憤怒蒙蔽了雙眼。無論這些攻擊背後的主腦組織是誰，都應該盡快被指認出來，以遏止更多無辜人民喪生，否則情況很可能失控，更多的攻擊將在這片土地上釋放出前所未有的死傷及心痛。

國安局一次又一次地鑽研、推敲這次自殺炸彈攻擊的細節，試圖將這次攻擊跟藏身在阿拉法特安全宅院的五人——穆罕默德．迦瑪爾．阿耐特雪、撒利赫．塔拉赫米、易伯拉欣．哈米德、薩易得．阿謝赫．加辛，以及哈桑尼．如馬納連貫起來，但是沒有一絲證據顯示他們與「海豚夜店」或「速巴洛」攻擊有關。

有誰可能製造這些炸彈？顯然不是化學系或工程系的學生。我們知道這些系所的每一個學生、他們的成績，甚至早餐的菜色。

無論是誰製造了這些炸彈，鐵定都是個行家。看來他並不隸屬於巴勒斯坦任何一個組織，這個人隱身在我們的雷達網絡之下。我們急切地希望在此人製造更多炸彈前把他揪出來。這是個極度危險的人物。

當時我們並不知道在速巴洛爆炸案之後，阿拉法特的人隨即接獲美國中情局的電話。「我們知道是誰製造了這些炸彈，」那些美國人說：「他叫阿布杜拉．巴格逖（Abdullah Barghouti）。他跟一個叫畢拉爾．巴格逖（Bilal Barghouti）的親戚住在一起。我告訴你地址，快去逮捕他。」

不出幾小時，阿布杜拉和畢拉爾．巴格逖都被巴勒斯坦自治政府拘禁，並不是因為自治政府想逮捕他們，而是為了確保華盛頓的金援及物資能繼續源源不絕地湧入。阿拉法特知道自治政府必須**表現**得好像有為和平盡一己之力。我相信阿拉法特比較想頒發一枚動章給阿布杜拉．巴格逖，而非將他送入大牢。

不久，阿布杜拉舒適、安穩地在「預防安全部隊」總部待著，另一位巴格逖——馬爾望．巴格逖現身，把他接了出去。巴勒斯坦自治政府不能釋放阿布杜拉，既然美國中情局讓他們不勞而獲，美國人自然期待自治政府要好好處理這件事。以色列也有相同的期待，若是自治政府不好好表現，以色列會採取更激進的手段。馬爾望供應阿布杜拉食物、衣服和金錢，他讓阿布杜拉居家監禁——在舒適的辦公室工作、抽菸、喝咖啡，還可以跟高層安全人員閒聊。

阿布杜拉跟馬爾望．巴格逖雖然沒有親戚關係，卻有相同的有趣背景。他們都跟不折不扣的狂人——默罕耐德．阿布．哈拉瓦有關聯，此人則是阿赫馬德．甘道爾旗下的上尉。

哈拉瓦是法塔赫的戰地司令，也是「第十七軍」成員。當我們提到像「第十七軍」或海珊的「共和國衛隊」（Republican Guards）這樣的菁英部隊時，首先浮出腦海的是紀律、作戰技巧及精嚴訓練等形象。然而，哈拉瓦一點都不符合這種形象，他是沒受過什麼教育的失控大砲，常常帶著那些通常固定在吉普車上的重型機關槍到處走。哈拉瓦定期供應槍枝給其他激進分子或是那些惡名昭彰的傢伙。他們在通過安檢哨時，用這些槍枝不分青紅皂白地向以色列士兵或平民掃射。

舉例來說，回溯到五月，他給某個傢伙幾把裝滿子彈的ＡＫ47步槍和一包子彈。不久，這傢伙埋伏在耶路撒冷一條聯外道路上，對著一個名叫緒包克查吉斯．傑摩納斯（Tsibouktsakis Germanus）的希臘東正教修士開了十三槍。哈拉瓦竟然給他更多槍枝以為獎勵，好讓他去執行蘇格普斯山（Mount Scopus）希伯來大學的攻擊計畫。

不難想像，不久以色列政府即要求國安局迅速解決哈拉瓦，一勞永逸地剷除這個人。因為我的哈瑪斯背景，我是國安局內唯一能認出哈拉瓦的人，這次卻是我生平第一次面對真正的道德衝突。不知怎麼，儘管哈拉瓦確實是個惡棍，我心中卻暗暗排斥暗殺他的想法。

我回家拿出聖經。因為頻繁的閱讀，此時聖經已經磨損。我一頁一頁地尋找，遍尋不到可以殺人的章節，但是我也無法接受自己手上沾染無辜者喪命所流的血，只因為我們放他一馬，讓他存活、繼續殺戮？我被困住了。

我不斷地反覆思想，同時向全能的上帝禱告，求祂赦免我將做的事。**主啊，赦免我的行為，我們真的不能讓這個人活著**。

「很好。」當我告訴羅艾我的決定時，他這麼說：「我們會逮到他，你只要負責確定馬爾望．巴格逖沒有跟哈拉瓦同車。」

馬爾望不但是個巴勒斯坦要角，也是獨立行動的恐怖分子，他的雙手已被無辜以色列人的血染紅。儘管國安局對他恨之入骨，卻不希望刺殺他，以免他在巴勒斯坦成為轟轟烈烈的殉道者。

二〇〇一年八月四日，我把車子停在巴格逖的辦公室外面。我看見哈拉瓦走進去，幾小時後他又走出來，開著他的金色福斯 Golf 離開。我聯絡國安局，告訴他們哈拉瓦現在獨自一人。

以色列國防軍士兵從一輛停在附近山坡上的坦克中看見哈拉瓦的車，等待時機將他一槍斃命，避免傷及附近的無辜百姓。第一枚穿甲導彈飛向汽車擋風玻璃。哈拉瓦很可能注意到它了，所以他打開車門，試圖跳車逃命。可惜他動作不夠迅速，飛彈爆炸時將他震出車外。而我的車就停在幾百碼之外，也因為爆炸強度而搖晃。第二發導彈沒有擊中，落在街上。福斯汽車燃起熊熊大火，哈拉瓦也是，但他卻存活了。當我看著他狂奔到對街，因為疼痛大聲嘶喊，火焰包裹吞滅他的身體，我的心臟幾乎要衝出胸膛。

我們做了什麼？

「你在做什麼？」當國安局的人看到我的車也在附近時，他們在電話裡大罵：「你想死嗎？快離開！」

我知道我不應該在攻擊現場附近的任何角落出現，但我還是忍不住開車前去查看。我覺得我有責任和義務去看看自己參與的事情，不過我承認這行為很蠢。要是我正好被人看到，應該沒有人會相信我只是碰巧在附近，而沒有參與射殺行動。如此一來，我的身分鐵定會曝光。

當天晚上，我跟父親及馬爾望．巴格逖一起去醫院探視哈拉瓦。他整張臉上的每吋肌膚都遭到火吻，我幾乎不敢直視他。我只能說，他太狂熱了，所以死不了。

出院後，他躲藏了幾個月。我聽說他後來誤傷自己，幾乎失血過多而死。但即便這樣，仍不能使他放慢腳步。他繼續殺害無辜之人，直到有一天，羅艾來電。

「你在哪？」

「在家。」

「好，待在家裡。」

我沒有多問，我已漸漸學會單純地信任羅艾的指示。幾小時後，羅艾再次來電。顯然，哈瓦拉正在我家附近、他朋友的炸雞店跟幾個友人一起用餐，一個以色列情報人員看到他，也確認他的身分。當哈拉瓦跟朋友一跨出餐廳，兩架直升機便在天空出現，發射飛彈，解決了他。

哈拉瓦被刺殺後，幾名阿克薩烈士旅的成員重返這家餐廳，他們找到一個十七歲的孩子，他是哈拉瓦回到車上前最後見到他的人之一。這孩子只是一個可憐的孤兒，沒有家人保護，所以這些阿克薩烈士旅成員虐待他，逼迫他承認自己私通以色列。烈士旅成員射殺這孩子後，把他的遺體綁在汽車後面，在拉瑪拉大街上拖行，再懸吊在市政廣場的高塔上。

就在此時，媒體大肆報導以色列試圖刺殺馬爾望．巴格逖，當然，事實並非如此。我知道組織小心翼翼地留他活命，避免他成為英雄，可是人人都相信媒體和半島電台，所以馬爾望．巴格逖決定利用這個謠傳累積自己的政治資產，開始到處吹噓：「沒錯，以色列要殺我，但是我太聰明了，他們逮不到我的！」

阿布杜拉．巴格逖在獄中聽到這個消息，他也深信不疑，所以他送了幾枚自己特製的炸彈給馬爾望的助手，助他一臂之力，好讓他對以色列發動一連串恐怖報復行動。馬爾望對阿布杜拉如此表態心存感激，覺得自己欠阿布杜拉一個大人情。

阿布杜拉的出現戲劇性地改變了以色列與巴勒斯坦之間的衝突。首先，他製造的炸彈遠比過去我們所見過的武器更精良又深具殺傷力。這讓以色列暴露在更大的危險之中，政府行政部門承受了巨大的壓力，必須盡快將炸彈客繩之以法。

其次，阿克薩反抗運動不再只是巴勒斯坦境內的事。阿布杜拉．巴格逖其實是個在科威特出生的局外人，誰知道現在以色列境外還有多少威脅，排隊等著攻擊以色列？

第三，要追蹤巴格遜並不容易，他不是哈瑪斯，也不是巴勒斯坦自治政府，他只是他自己，一個名不見經傳的獨立殺人機器。

阿布杜拉被捕後不久，巴勒斯坦自治政府要求馬爾望去跟他會面，看看他還有什麼計畫中的攻擊行動。

「好吧，」馬爾望說：「我找哈珊·約瑟夫跟他談。」

馬爾望知道我父親對政治腐化的強烈反感，也聽聞過他致力於促進哈瑪斯和巴勒斯坦自治政府間的和平，於是他致電父親，父親答應跟阿布杜拉碰面。

父親不曾聽過阿布杜拉·巴格遜這號人物，想必他不是哈瑪斯成員。然而，他警告阿布杜拉：「聽著，如果你正計畫什麼攻擊行動，最好一五一十地告訴自治政府，現在就可以中止計畫，讓接下來幾週以色列施加的壓力減少一點，大家日子才好過。如果像速巴洛或是『海豚』這樣的爆炸案再次發生，以色列鐵定會以軍力開進西岸。他們不會放過自治政府的領導群，你也鐵定會被抓。」

阿布杜拉承認他已經送了一些炸彈到納布盧斯，那裡的伊斯蘭戰士計畫把這些炸彈安裝在四輛車上，以車包圍以色列外交部長西蒙·裴瑞茲，在他經過時暗殺他。他還說，一些哈瑪斯槍手要在北方炸掉幾個以色列立法委員。但是很不幸地，除了一個電話號碼，他什麼都不知道，他不知道炸彈客是誰，目標是誰，或是誰計畫要刺殺裴瑞茲。

父親回家後告訴我他聽到的一切。現在我們成了少數知道這個刺殺以色列政府高層——

外交部長——的祕密計畫的人，其中的錯綜複雜令人不寒而慄。

看來，此刻除了致電阿布杜拉的聯繫人外，我們什麼也不能做。馬爾望．巴格遜不希望阿布杜拉用他的電話，而我父親也不想阿布杜拉用他的電話。我們都知道以色列會監聽，沒人想跟恐怖行動扯上邊。

父親要我去買一支可拋式電話，打完電話便即刻丟棄。我買到電話之後，寫下號碼，打給國安局，以利他們追蹤這個號碼。

阿布杜拉打給他在納布盧斯的聯絡人，叫他停下手邊一切計畫，直到接獲進一步通知。當以色列情報人員得知這一切計畫之後，便為每一位國會議員及閣員部署加倍的安全防護，好不容易，幾個月之後，事情才漸漸平靜下來。

這段期間，馬爾望仍然不遺餘力地為阿布杜拉的獲釋四處奔走，不單因為阿布杜拉曾提供他炸彈，更因為他希望阿布杜拉出獄後可以殺害更多以色列人。馬爾望．巴格遜不但是第二次反抗運動的領導人之一，也是獨立行動的恐怖分子，熱中於殺害以色列士兵或屯墾區的居民。

終於，巴勒斯坦自治政府釋放了阿布杜拉．巴格遜，這讓以色列國安局勃然大怒。

後來，事情變得極度瘋狂。

21

# 把戲

二〇〇一夏—二〇〇二春

二〇〇一年八月二十七日，一架以色列直升機向「巴勒斯坦人民解放陣線」祕書長阿布．阿里．穆斯塔法（Abu Ali Mustafa）的辦公室發射兩枚飛彈，其中一枚擊中當時正坐在桌子前面的穆斯塔法。

次日，穆斯塔法的家人和其他共約五萬名鼓譟失控的巴勒斯坦人參加他的喪禮。穆斯塔法一向反對和平進程和奧斯陸協議，然而，他跟我父親一樣是個溫和的人，我跟父親過去曾多次聽他的演說。

以色列把九次汽車炸彈攻擊算到他頭上，這卻不是事實。就像我父親，穆斯塔法只是個政治領導人，而不是軍事領導人，以色列絕對拿不出證據定他的罪。我知道事實如此，但這已經不重要了。無論如何，他們還是刺殺了穆斯塔法——也許和速巴洛餐廳屠殺或「海豚」恐怖攻擊有關，更有可能是因為他們想向阿拉法特釋放一個訊息，畢竟穆斯塔法不只是「巴勒斯坦人民解放陣線」的祕書長，也是巴解執行委員會的一員。

兩週後，九月十一日，十九名蓋達組織恐怖分子劫持美國四架飛機，兩架撞毀在紐約雙子星大廈，另一架撞上華盛頓五角大廈，第四架則墜毀在賓州。據估計，不包含恐怖分子本身，此次攻擊事件造成的死亡人數，高達兩千九百七十三人。

當這個令人難以置信的事件真相一一揭露，媒體在混亂的資訊中試圖跟上腳步，我也跟世界上所有人一樣，在電視機前面，一次又一次看著雙子星大廈坍塌的畫面，白色的灰燼如二月雪一樣覆蓋在教堂街上。當我看到新聞畫面傳出迦薩街上巴勒斯坦的孩童為這次攻擊大肆歡呼的畫面，我突然感到很可恥。

出乎意料之外，這次攻擊事件竟然削弱了巴勒斯坦的力道，世界開始同聲撻伐恐怖主義——任何恐怖主義，無論為了什麼目標。接下來幾週，以色列國安局開始尋索這後來被稱為「九一一」的事件中，是否有任何值得借鏡之處。

為什麼美國情報單位無法事先預防這個慘劇？一方面，這些情報單位獨立運作又彼此競爭；另一方面，他們過度依賴現代科技而鮮少買通恐怖分子，建立合作關係。這樣的戰術也許在冷戰時期很管用，現代科技卻很難戰勝狂熱思想。

相反地，以色列情報單位倚重人力資源，他們在清真寺、各個伊斯蘭組織內，甚至在領導群中布設大量間諜。以色列清楚知道自己必須有內線，再加上能解讀動機或理解情感層面因素的思維，幫助他們探索蛛絲馬跡，以便能較有效地預防。

美國既不瞭解伊斯蘭文化，也不懂它的意識形態，再加上開放的邊境、鬆散的安檢，使得美國比以色列好下手許多。儘管如此，雖然我臥底的角色已促使上百名恐怖分子離開街頭，但在以色列這樣迷你的國家，也無法完全滅絕恐怖主義。

大約一個月後，十月十七日，四個「巴勒斯坦人民解放陣線」槍手走進耶路撒冷的凱悅飯店，射殺了以色列觀光局局長雷哈維·契夫（Rehavam Ze'evi）。他們聲稱這是為穆斯塔法報血仇，姑且不論雷哈維·契夫非濃厚政治色彩的職位，他仍是一個顯著的目標，他公開倡導的政策讓迦薩及西岸三百萬巴勒斯坦難民悲慘度日，不得不往其他阿拉伯國家遷移。除了這項推論，據說，契夫還曾告訴美聯社記者，巴勒斯坦人就像身上的蝨子，應該像防堵「在我們之中擴散的癌細胞」一樣，除之而後快。[8]

一報還一報，一個復仇的殺戮循環開始了。以牙還牙，以眼還眼，永遠不乏有人輪番上陣、展開報復。

幾年下來，我盡心竭力蒐集情資，即使是小小的片段也不放過，希望能與國安局聯手阻止這些血浴。我們繼續緊盯著阿耐特雪、撒利赫·塔拉赫米，以及那三個從巴勒斯坦監獄釋放出來、被我藏匿的傢伙。他們換了幾次藏身處，只有撒利赫跟我保持聯繫。即便如此，我們還是能透過他們的家人或截聽公共電話來追蹤他們的動向。

撒利赫很信任我，每次換住處都會通知我，甚至三不五時邀請我到家裡坐坐，當我愈來愈認識撒利赫，我愈喜歡他。他真是個了不起的人，他是電子電機工程學院的頂尖學生、傑出的學者，也是伯才特大學有史以來最好的學生之一。對他而言，我是哈珊·約瑟夫的兒子、一個善於傾聽的好友。

我花很多時間跟撒利赫在一起，還有他的妻子瑪吉達、兩個兒子和三個女兒。他的大兒子與我同名，也叫摩薩。瑪吉達和孩子從希伯倫來拉瑪拉，只為了跟撒利赫在他的藏身處有一段家人相聚的時間。那時，我仍在學校攻讀學位，一天晚上，撒利赫問到我學校課業的狀況。

「有什麼困難嗎？」

「有，統計學好難。」

「好，明天把課本帶來，我們一起讀。這裡可以是我們的小學堂。」

我把這件事告訴羅艾及其他國安局人員，他們很高興，認為課後輔導可以為我的情報工作提供很好的掩護。

課後輔導不完全只是掩護。後來我跟撒利赫還變成朋友。當然，因為他的輔導，幾週後的考試我表現得非常好。我很愛他，也愛他的孩子，常跟他的家人一起吃飯，漸漸地，我們之間建立起堅固的情誼。這是一個奇特的關係，因為我知道撒利赫已經是個極危險的人物。當然，我自己也不一樣了。

---

二〇〇二年三月的一個晚上，有兩個人來敲我們家的門，當時我在家。

「誰？什麼事？」我問，心裡存疑。

「我們有重要的事要找謝赫哈珊·約瑟夫。」

「什麼重要的事？」

他們說他們是剛從約旦來的五名自殺炸彈客的其中兩人，他們的聯絡窗口被捕了，需要找個安全的地方待著。

「好，」我說：「那你們來對地方了。」

我問他們需要我幫什麼忙。

「我們有滿滿一車子的炸彈跟火藥，我們需要找一個安全的地方擺放這些東西。」

**太好了**，我暗自竊喜，**我該拿這裝滿炸彈的車子如何是好**？我腦袋快速地轉動，決定叫他們把這一車子炸彈停在我家附近的停車場。這當然並非上策，可是我別無良方。這是我一時間所能想到的最好辦法。

我把錢包裡的錢都掏出來給他們。「這些錢拿去，」我說：「去找個地方待著，晚一點再回來這裡找我。我們再想想辦法，看看應該怎麼辦。」

他們走了以後，我馬上打電話給羅艾。還好，國安局馬上來把車子拖走，我鬆了一口氣。不久，五名自殺炸彈客一起回來了。「好，」我告訴他們：「從現在開始，我就是你們對哈瑪斯的聯絡窗口，我會告訴你們攻擊目標、位置、交通，以及其他一切你們需要的東西。千萬別跟任何人說話，否則在你們有機會殺死任何一個以色列人之前，自己就會小命不保。」

這件事讓我們在情資蒐集上有了意外的收穫。截至當時，沒有人能在任何自殺炸彈客引爆炸彈之前，知道他們的身分，突然之間，五名炸彈客帶著一車子的火藥站在我家前面。在我向羅艾通報他們的藏身處三十分鐘後，以色列總理夏隆批准了他們的刺殺令。

「你們不可以這樣做。」我告訴羅艾。

「什麼！」

「我知道他們是恐怖分子，也知道他們要把自己給炸了，但是這五個人只是太無知，不知道自己在做什麼。你不能殺他們，否則，我也不幹了！」

「你這是在威脅我嗎？」

「不是，可是你知道我的原則。哈拉瓦的事上我沒有堅持，我相信你還記得後來事情是怎麼收場的，我再也不要參與殺人行動。」

「我們有其他選擇嗎？」

「逮捕他們。」我說。我的話一說出口，連我自己都覺得這個建議很瘋狂。雖然我們拿走了車子及車上炸彈，但這些人腰間還是掛著他們的炸彈腰帶，只要他們發現有一個士兵靠近他們小公寓方圓一百碼內，他們馬上會點燃腰間掛的炸彈，讓附近所有的人跟著陪葬。

就算我們能夠活逮他們，不傷及無辜，他們也一定會在偵訊時說出我的名字，那麼我一定會被波及。自我保護的直覺告訴我，應該讓以色列派一架直升機，向他們的公寓發射幾枚飛彈，了斷一切。這樣對大家都好。

但是良知讓我對這個想法惴惴不安。雖然那時我尚未受洗成為基督徒，我已經認真地遵循耶穌教導的道德標準。阿拉不介意謀殺，相反地，阿拉堅決主張謀殺，耶穌卻帶我走上更高的標準。如今，我對一個恐怖分子都下不了手。

因為我對國安局來說太有價值了，他們不想承擔任何失去我的風險。所以儘管很不情願，他們還是同意取消刺殺計畫。

「我們要知道房間裡的所有動靜。」他們跟我說。我們的計畫是，我先找個藉口送些簡單家具給這些炸彈客，到公寓找他們。他們渾然不知我們在家具中放置竊聽設備，監視他們的一舉一動。接下來，我跟國安局人員一起監聽他們討論誰要第一個發難，誰第二、誰第三等等。聆聽這些將死之人的談話實在是一件詭異的事。

三月十六日，安全部隊人員的部署到位。因為這幾個炸彈客住在拉瑪拉市中心，以色列國防軍不能將坦克車開進來，必須徒步進城，使得這次任務格外危險。我在家裡密切關注事情的發展，羅艾則在電話裡告訴我行動的每個細節。

「他們睡了。」

我們屏氣凝神地等待，直到監聽器傳來沉睡的打呼聲。

行動中最大的風險就是太快吵醒他們，讓他們有時間反應。所以安全部隊人員必須利落地破門而入，再快速移動到他們床邊，不給炸彈客絲毫移動身體的機會。

當我們雙耳緊貼竊聽裝置，留心聆聽房內最細微的聲音，注意打呼聲是否中斷時，一名士兵正快速將炸藥固定在房門上。然後，他們收到開始行動的指令。

房門瞬間被炸開，特種部隊成員迅速進入這間狹小的公寓，除了一人逃逸，其他人全被當場逮捕。安全部隊進去的時候，其中一人抓起一把槍往窗外跳去，但是落地前就被擊斃了。

所有人都鬆了一口氣——所有人，除了我以外。當安全部隊人員把炸彈客帶上吉普車，其中一人提到我的名字，說我是通敵者。

我最害怕的事情發生了，我被波及了，現在怎麼辦？

羅艾有個好辦法。國安局人員決定驅逐這名傢伙，讓他回約旦，再把其他人都送進大牢。所以當他安全返家，跟家人快樂地過日子時，其他三人會認為他才是叛徒，而不是我。這真是高招！

我再次驚險脫身，真是驚險。但是很顯然，我可能已經玩過頭了。

有一天，我收到國安局負責人亞維・迪奇特（Avi Dichter）的謝函，信中寫到他很感激我為國安局所做的一切，他還說他查看以色列對抗恐怖主義的每一次行動，發現「綠王子」的身影隨處都是。雖然這讓我很開心且沾沾自喜，卻也是個警訊。我知道，羅艾也知道。如果我繼續這樣行動，必定會喪命。要走的路還很長，遲早有一天會有人跌一跤。某種程度上，我需要被漂白。

我不得不承認，我堅持保留那五名炸彈客的生命，在很大程度上連累了自己。雖然大家相信被送回約旦的那名炸彈客要為其他人被捕負責，但是大家也知道，以色列絕不會輕易放過疑似幫助炸彈客的人。我幫了他們很多忙，為什麼我沒被抓？

炸彈客被捕後一週，以色列安全人員提出兩個避免我被「燙傷」的想法。第一，他們可以逮捕我，把我關起來。但是我擔心，一旦入獄，我就無法繼續保護父親不被以色列刺殺，這等於是宣判父親死刑。

「第二個想法就是我們要耍一些手段。」

「手段？什麼手段？」

羅艾解釋，我們要轟轟烈烈地搞一場，高調而架式十足，讓所有巴勒斯坦人相信，以色列要逮捕我或是要取我性命。為了看起來更有說服力，這次行動不能用演的，而是要來真的。我們必須讓以色列國防軍真的來抓我，也就是說，國安局要設計、布局，讓自己人——以色列國防軍跳進去。

國安局只給以色列國防軍幾小時的時間預備這次行動。他們警告說，身為哈珊·約瑟夫的兒子，我是十足的危險人物，因為我跟自殺炸彈客關係緊密，可能隨身攜帶火藥、炸彈。他們還說有可靠情資顯示，我晚上會回父親家探視母親，但是我待的時間不會太久，還會攜帶M16步槍。

我覺得他們實在太抬舉我了。不過，這真是一場精心安排的局。

以色列國防軍滿心相信我是個備受矚目的恐怖分子。他們認為，若是這次搞砸，就鐵定再也抓不到我，所以他們做了萬全的準備，以防我逃脫。特種部隊便衣人員裝扮成阿拉伯人，帶著訓練有素的狙擊手，開著巴勒斯坦車籍的車輛進入此區，停在離我家兩分鐘車程之處，等候進一步指令。重型坦克則停在距離邊境十五分鐘車程的地方，直升機在天上盤旋，空中槍手準備隨時為地面人員提供掩護，以免巴勒斯坦聖戰士出來攪局。

我則在父親的房子外面，坐在車上，等待國安局打電話來。一旦電話響起，在特種部隊包圍房子之前，我只有區區六十秒鐘可以脫身，絕不容許有任何閃失。

當我坐在車上，想到在接下來的行動中，母親跟弟弟、妹妹會有多害怕，我突然感到懊悔而心中隱隱作痛。他們老是得承擔我跟父親一切行為的後果。

我看著母親漂亮的小花園，她收集許多花種，每次去拜訪朋友，只要可以，她總會剪一些枝芽帶回家栽種。她對待這些花朵就像自己的孩子一樣。

「媽媽，我們到底需要多少花？」有的時候我會逗她。

「再一點點就好了。」她總是這樣回答。

我記得有一次，她指著其中一朵說：「這棵植物年紀比你還大。你小時候打破它的花盆，我救了它。看，如今它還活得好好的。」

等一下，當安全部隊蜂擁而上，輾過它們，這些小花還能活命嗎？

我的手機響了。

全身血液瞬間直衝腦門，我的心狂跳不已。我趕緊發動引擎，用力踩下油門，快速朝我事先在市中心準備的祕密藏身處開去。這次，我不再假裝成逃犯，那些巴不得殺了我的士兵正真真實實地在尋索我的蹤跡。我離開後不到一分鐘，十輛掛著巴勒斯坦車牌、看似一般民眾的自小客車緊急煞車，以色列特種部隊把父親的房子團團圍住，自動武器對著每一扇門窗。鄰近地區都是孩童，我的小弟納瑟也在其中，他們停下腳下的足球，全都嚇傻了。

當部隊就位，超過二十輛坦克車轟隆隆地駛近。現在，全城都知道發生了大事，連我從藏身處都可以聽見坦克車柴油引擎巨大的響聲。幾百名巴勒斯坦武裝部隊人員也趕到父親家，包圍以色列國防軍。但是沒人可以開槍，因為孩子們還在四竄尋找掩護，我的家人也還在屋內。

當這些聖戰士現身，以色列直升機也相繼出場。

我突然不確定自己堅持保留那五名炸彈客的生命是否有意義？我當時若同意讓以色列國防軍朝他們丟一顆炸彈，我的家人和鄰居現在就不需要暴露在這麼大的危險之中。如果我的任何一個弟弟、妹妹因此死了，我一輩子都不會原諒自己。

為了讓我們精心策畫的演出能成為國際新聞，我事先向半島電台透露消息，告訴他們謝赫哈珊．約瑟夫的家將被攻擊。他們都以為以色列這次終於要逮捕我父親了，所以希望能現場實況報導這件大事。我則暗暗想像，當他們看到士兵用擴音器大聲吶喊，命令他的長子摩薩雙手高舉走出來時，會有什麼反應。當我回到自己的公寓，便迫不及待地打開電視，跟阿拉伯世界的觀眾一起收看這場世紀大戲。

士兵們要求我的家人都撤離房子，質問他們我在哪裡，母親告訴他們，我在他們到達前一分鐘就走了。他們當然不相信她，只相信國安局——策畫這一場戲的國安局。除了我以外，他們是唯一知道這場戲的一群人。因為我一直沒有從屋裡走出來投降，士兵們開始威脅要開槍。

經過緊張的十分鐘，大家都等著看我有沒有走出來。若是我走出來，我會馬上開槍反擊，還是高舉雙手？時間到了。他們開槍射擊，將近兩百發子彈把我在二樓的房間打得滿是彈孔（如今這些彈孔還在）。除了槍聲，再也沒有人說話，我知道他們執意要殺死我。

突然，士兵們停止射擊。沒多久，一顆炸彈從空中呼呼而來，炸毀了半棟房子。士兵們迅速湧入，我想他們會搜索每一個房間，卻不會找到屍體或藏匿的逃犯。

這次以色列國防軍真的被激怒了，因為我從他們眼前逃脫，讓他們臉上無光。羅艾在電話中警告，若是有機會逮到我，國防軍一定會當場殺了我。對我們而言，這卻是一次成功的出擊，沒有人受傷，我也榮登以色列頭號要犯的名單。城裡的人都在談論我，一夜之間，我成了危險的恐怖分子。

接下來幾週，我有三項要務：最重要的是離軍隊愈遠愈好，其次保護父親，然後是繼續蒐集情資。

# 22 「防衛盾牌」行動

二〇〇二春

節節升高的暴力衝突讓人眼花撩亂。以色列人被槍擊、刺殺或炸死，巴勒斯坦人則被暗殺。這樣的事件一再上演，也愈來愈密集，即使國際社會對以色列施壓也無效。

「終止非法占領……停止轟炸平民區、暗殺，或是非必要的使用致命武器，停止破壞，停止日常生活中對巴勒斯坦平民百姓的羞辱。」二〇〇二年三月，聯合國祕書長安南提出這一連串要求。[9]

就在我們逮捕被我藏匿的四名自殺炸彈客當天，歐盟領袖一致要求以巴雙方自制，不要濫用武力。「武力無法解決衝突。」他們說。[10]

二〇〇二年的逾越節（譯註：逾越節為猶太人三大節期之一，紀念上帝將猶太人從埃及為奴之地拯救出來）是三月二十七日，內坦亞的派克飯店（Park Hotel）一樓餐廳聚集了兩百五十位賓客，正要享用傳統的逾越節晚餐。

名叫阿得貝爾－巴瑟．歐迪赫（Adbel-Basset Odeh）的二十五歲哈瑪斯行動分子，穿過飯店前門的安全警衛，經過大廳的服務台，走進擁擠的餐廳。然後，他將手伸進夾克裡面。

這次爆炸造成三十人死亡，一百四十人受傷，其中有一些是猶太人大屠殺的倖存者。哈瑪斯站出來聲稱這是他們所為，目的是破壞即將在貝魯特舉行的「阿拉伯高峰會議」（Arab Summit）。隔天，由沙烏地阿拉伯主導的「阿拉伯聯盟」發表聲明，一致投票通過，只要以色列同意退到一九六七年時的邊界、解決難民問題，並且建立一個以東耶路撒冷為首都的獨立巴勒斯坦國，他們將承認以色列國權，也會促使雙方關係正常化。若不是當時哈瑪斯一味堅持「全或零」路線，以色列這個讓步對我們同胞而言，會是莫大的勝利。

當以色列瞭解哈瑪斯的強硬立場，也祭出自己的終極方案。

稍早，約莫兩週前，政府官員曾決定侵入巴勒斯坦領土的雙子城——拉瑪拉和比瑞，以測試流入此區的主要水源。軍事分析專家警告此舉將造成國防軍的高傷亡率，但是他們顯然多慮了。

以色列國防軍殺了五個巴勒斯坦人，強制宵禁，還占領幾棟建築。在阿馬里難民營，巨大的D9裝甲推土機剷平幾棟民宅，包括瓦法．伊迪瑞絲（Wafa Idris）的家。她是第一個女性自殺炸彈客。那年年初，一月二十七日，在耶路撒冷的一家鞋店外面，伊迪瑞絲殺了一位八十一歲以色列長者，還造成上百人受傷。

然而在派克飯店攻擊事件之後，水源測試計畫完全走了調。以色列內閣同意發動一個前所未有的行動，代號為「防衛盾牌」。

我的電話響了，是羅艾。

「怎麼了？」我問。

「整個以色列國防軍部隊都在集結。」羅艾說：「今天晚上我們要逮捕撒利赫還有其他通緝犯。」

「什麼意思？」

「今天，無論花多少時間，我們會搜索每一棟建築物和房子，我們要重新占領整個西岸地區。不要亂跑，我會跟你聯絡。」

**哇！我想，這太好了，也許這次可以結束這裡瘋狂的戰爭。**

整個西岸地區充斥著瘋狂的謠言，巴勒斯坦領導階層知道有些不對勁，人們紛紛離開診所或學校，回家坐在電視機前等著看新聞。我趕緊把父親帶到一個美國人的房子裡，以色列國安局向我保證，他在那裡很安全。

三月二十九日，我住進比瑞納布盧斯路上的都會飯店，世界各大媒體，包含ＢＢＣ、ＣＮＮ等都已進駐。我跟父親則用雙向通話的無線電對講機保持聯繫。

以色列國安局以為我會在飯店房間裡吃洋芋片、看電視，但我可不想錯過這起重要事件，我希望能掌握狀況。所以我把M16步槍掛在肩上走了出去，看起來像個十足的通緝犯。我爬上拉瑪拉圖書館旁邊的小山丘，從那裡我看得到父親故鄉的落日。我在心裡盤算，那裡很安全，聽到坦克聲後，我應該有足夠的時間馬上跑回旅館裡。

大約午夜，我聽見幾百輛馬卡瓦坦克車轟隆隆地開進城。我從沒想到他們是一次從四面八方入侵，也沒想到它們竟然移動得這麼快。在一些很狹窄的街道上，坦克車無法通過，坦克車駕駛只好讓這些龐然大物從停在路邊的汽車車頂上壓過去。即使在夠寬敞的街道上，士兵還是很享受坦克車壓過汽車所發出的喀吱尖銳聲響。難民營區的街道只比那些被坦克車壓碎的煤磚房屋之間的道路寬一點。

「關掉收音機，」我提醒父親：「趴下，頭壓低一點！」

父親的奧迪被我停在路邊。當我目睹一輛坦克車把它輾過壓得稀爛時，我嚇得目瞪口呆。這輛坦克車不該在這裡出現，我不知道該怎麼辦，但我總不能因為想扮演英雄，就打電話叫羅艾停止行動吧？

我拔腿向市中心跑去，隱身在一個地下停車場。數碼之外有一輛坦克車開來，這時候還沒有地面部隊，他們在等馬卡瓦坦克車先來掃蕩街頭。突然，一個嚇人的念頭在我腦海裡出現。有幾個巴勒斯坦反抗派系的辦公室就在這棟大樓，在我的頭上，我竟然躲在以色列的主要攻擊目標裡面！

坦克車沒長眼睛，不會分辨誰是以色列國安局的眼線、誰是恐怖分子，也沒有辦法分辨基督徒和穆斯林，或是武裝鬥士和手無寸鐵的平民百姓。在這些大機器裡面的孩子其實跟我一樣害怕，而我身邊這些一起躲在地下室、看起來和我一樣的傢伙們，則用AK47步槍朝坦克車猛射，砰，砰，砰，砰，子彈像玩具一樣彈跳開。「轟！」一聲坦克車回擊，幾乎震破了我的耳膜。

我們四周建築物的巨大碎片紛紛落下成為灰燼，每一發加農砲都在測試你的膽量。自動步槍不停地發射，槍聲在建築物的牆與牆之間回響。又是一起爆炸，遮人眼目的塵霧四起，周圍都是四處飛散的碎片、屍塊及金屬殘骸。

我必須離開這裡。可是要怎麼離開？

突然，有一群法塔赫自由鬥士衝進停車場，蹲在我的周圍。糟糕，不妙！如果以色列士兵現在進來怎麼辦？這群自由鬥士一定會跟他們展開一場浴血戰，我也要開槍嗎？如果開槍，我應該射誰？如果我不開槍，他們無論如何都會殺了我，可是我不能殺人。我曾經願意殺人，但是現在我再也不要殺人了。

又有更多的自由鬥士進來躲避砲火。他們邊跑邊用電話對外聯繫，突然，不知何故，一切靜止下來，所有人都屏氣凝神。

以色列國防軍突然對這個停車場起了疑心，他們小心翼翼地步行進來搜索，愈來愈近。無論接下來發生什麼事，都會使激戰一觸即發。他們用手電筒在黑暗中搜尋白眼球或者是武器的反射光線。他們側耳傾聽，我們仔細察看，雙方都用汗濕的食指緊緊扣住扳機。

然後，奇蹟發生了。紅海在我們眼前分開！

或許他們也不敢更深入這個潮濕黑暗的停車場，要不便是他們希望有熟悉的坦克車陪伴，無論原因何在，這些士兵止住了腳步，轉身離開。

一旦確定他們都走了，我趕緊在混亂中摸索到樓上，找個房間打電話給羅艾。

「你可以叫國防軍後撤一點，好讓我回飯店嗎？」
「什麼！你在哪裡？為什麼你沒有在飯店？」
「我在做我的工作啊。」
「你實在很蠢！」
經過幾秒鐘令人尷尬的沉默。
「好吧，我來想想辦法。」
後來坦克車和部隊花了好幾個小時移動，這些士兵一定很納悶為什麼突然之間被召回。他們走了以後，我從一個屋頂跳到另外一個屋頂，幾乎跌斷腿，才回到了飯店。我關上門，脫下衣服，把我的恐怖分子裝扮和武器塞到冷氣空調配管裡面。
此時，父親藏身的那棟房子正位在暴風雨的中心。以色列國防軍士兵搜索它周圍的每一棟房子，裡裡外外，前前後後，幾乎把石頭都翻過來查看，但是他們接到命令，不可以進入父親待的那一戶人家。
在房內，父親一邊讀古蘭經，一邊切切地祈禱，屋主也是一邊讀古蘭經，一邊祈禱，他的妻子也是。然後，不知什麼緣故，部隊突然撤離，轉去搜索另一區。
「摩薩，你絕對不會相信這個奇蹟。」父親在對講機裡說：「太不可思議了，他們來搜索我們周遭的每一棟房子，除了我們這棟，他們每個地方都搜索了。讚美阿拉！」
**老爸，不客氣**，我心想。

自從六日戰爭後，不曾有像「防衛盾牌」這樣的大規模行動。但這還只是個開端，拉瑪拉只是整個行動的矛頭，接下來是伯利恆、傑尼，還有納布盧斯。當我到處閃躲以色列部隊時，國防軍包圍了阿拉法特的營區。所有活動都被禁止，全區強制進入嚴格的宵禁。

四月二日，坦克車及武裝運兵車包圍貝圖尼亞我們家附近的「預防安全部隊」營區，直升機在頭頂轟轟作響。我們知道巴勒斯坦自治政府至少在營區藏匿了五十名通緝犯，所以，當以色列國安局發現自己雙手空空、一無所獲時，感到很挫敗。

這個營區包含四棟建築，外加一棟四層樓的辦公大樓，吉伯里．拉裘布上校[11]和其他幾位安全官員都在這裡。所有設施從設計、搭建到裝置完成都由美國中情局包辦，警察也是由他們訓練並提供武器，甚至在這裡設有辦公室。現在裡面除了幾百名配備重裝備的警察，還有眾多人犯，包括畢拉爾．巴格逖和其他以色列暗殺名單上的人。以色列國安局和國防軍擺出一副無需廢話的姿態，他們用擴音器大喊，警告裡面的人，部隊會在五分鐘之後炸掉第一棟建築，命令所有人現在就出來。

五分鐘整，轟！第二棟建築。「所有的人出來。」轟！第三棟建築，轟！第四棟建築，轟！以色列要確認沒人帶著武器或爆炸物。「把身上的衣服都脫掉。」他們透過擴音器下達指令，幾百個男人脫光衣服一字排開。所有人在領到連身衣褲後被送上巴士，被集體帶到附近的軍事基地——在這點上，以色列國安局犯了大錯。

要監禁的人太多了，以色列只想留下那些被通緝或有嫌疑的人，其他人則可以回家，所以他們需要過濾這一大群被拘留的人。但是問題來了，所有人的身分證都放在衣服口袋裡，而衣服脫下來後都留在營區內。這樣一來，安全人員要如何知道誰是通緝犯，誰是巴勒斯坦警察呢？

羅艾上司的上司奧佛．達卡（Ofer Dekel）是當時坐鎮的指揮官。他致電吉伯里．拉裘布，以色列攻堅時，拉裘布並不在營區內，達卡給拉裘布一個特殊許可，讓他順利穿過幾百輛坦克和幾千名以色列士兵。當拉裘布抵達時，達卡問他是否願意協助指認誰是他部隊裡的人，誰又是通緝犯。拉裘布說他很樂意幫忙。接下來，拉裘布把警察指認為通緝犯，然後把通緝犯說成是警察。因此，以色列國安局釋放了所有的通緝犯。

「你為什麼要這樣做？」當達卡知道發生了什麼事，他質問拉裘布。

「你剛剛才炸了我的辦公室和營區。」拉裘布平靜地解釋。意思是說，你是個笨蛋。達卡似乎也忘了一年前，以色列國防軍的坦克及直升機不但轟平了拉裘布的家，還害他受傷。這個巴勒斯坦自治政府的好友實在沒有什麼理由幫助以色列。

國安局這次可糗大了。他們能想到報復拉裘布最好方法，就是發布正式消息，讓拉裘布成為背叛者，昭告大眾拉裘布已透過美國中情局的仲介，交出以色列的通緝對象。這步棋讓拉裘布從權力高位上跌落，後來變成區區的巴勒斯坦足球公會理事長。

這真是一個大災難。

接下來的幾週，以色列有時候會暫停宵禁。四月十五日，我趁著暫停宵禁的空檔，帶一些食物和日用品給父親。他告訴我，他覺得自己待在那裡不安全，想換個地方住。我致電給一位哈瑪斯領袖，問他是否知道有什麼地方能夠保護哈珊·約瑟夫？他跟我說，可以把父親帶到另一個被通緝的哈瑪斯要角——謝赫迦瑪爾·阿塔維爾（Jamal al-Tawwel）藏身的地方。

哇！我心裡想，若能抓到迦瑪爾·阿塔維爾，國安局一定能一掃在「防衛盾牌」行動中受的氣。我向他致謝，告訴他，「若是把他們兩個放在一起可能太危險了，我決定把父親安置在別處。」我們討論了其他選擇。我快速地安置父親後，急忙打電話給羅艾。

「我知道迦瑪爾·阿塔維爾躲在哪裡了。」

羅艾不敢相信這個消息。阿塔維爾當夜就被逮捕了。

同一天，我們還逮捕了另一個國防軍的心頭大患——馬爾望·巴格逖。雖然馬爾望是哈瑪斯裡面最難捉摸的領導人之一，我們卻用一個很簡單的方法逮到他：我先打電話給他的一位保鏢，用手機跟他簡短談話，好讓國安局追蹤電話位置。就這樣，馬爾望被送上法庭受審，被判了五個終身監禁。

其實，不到一天的時間，「防衛盾牌」行動就登上了國際頭條，大都不是令人開心的報導。謠傳在傑尼有大規模的屠殺，但因國防軍封鎖整個城市，所以無從查證。巴勒斯坦內閣總理撒伊伯·伊拉卡特（Saeb Erekat）起先說有五百人死亡，後來又修正為五十人。

在伯利恆，超過兩百個巴勒斯坦人被困在主誕堂（Church of the Nativity）內長達五週。當局勢暫緩、塵埃落定時，大部分百姓都被釋放。有八個巴勒斯坦人被殺，二十六人被送到迦薩走廊，八十五人被國防軍搜身後釋放，至於那十三名通緝要犯則流亡到歐洲。

根據一般說法，「防衛盾牌」行動中，有將近五百個巴勒斯坦人死亡，一千五百人受傷，四千三百人被以色列國防軍扣留；以色列方面則有二十九人死亡，一百二十七人受傷。世界銀行估計財務損失超過三億六千萬美元。

23

# 超自然保護

二〇〇二夏

二〇〇二年七月三十一日，星期三，酷暑。那天氣溫高達攝氏三十九度。蘇格普斯山上的希伯來大學已經停課，但是有部分學生來校考試，另外一些人則在大熱天裡大排長龍註冊秋季課程。下午一點半，學校的法蘭克．辛納屈（Frank Sinatra）自助餐廳擠滿進來消暑的學生。他們暢飲冰涼飲料，開心閒聊，沒人注意到有個油漆工人留了一個背包在角落。

這次爆炸把餐廳完全炸毀，九人死亡，包括五個美國人，另有八十五人受傷，其中十四人傷勢嚴重。

當天，我的好友撒利赫失聯。當我們追查其他四個在通緝要犯清單上的人，發現他們也都不見了，行蹤成謎，甚至切斷與家人的聯繫。我們追查出放置炸彈的哈瑪斯派系，發現其成員來自以色列內部，而非占領區。他們因為持有藍色的以色列身分證，可以在境內通行無阻，其中五人來自東耶路撒冷，已婚，擁有家庭及正當職業。

當我們抽絲剝繭地查詢，有個名字漸漸浮現：穆罕默德．阿爾門（Mohammed Arman）。此人住在拉瑪拉的一個村落。經過刑求，他被要求指認希伯來大學爆炸案的主謀，他說他只知道此人叫「謝赫」。

訊問人員帶來一些有嫌疑的恐怖分子的照片，就像美國警局裡的嫌犯照片，叫他指認「謝赫」。阿爾門指出易伯拉欣．哈米德。這是我們第一次有明確的證據顯示，哈米德參與了自殺炸彈攻擊。

我們後來得知，哈米德被指認後，他利用自己的曝光保護撒利赫和組織小組的其他成員。受他指揮的所有小組成員都被告知，若是被捕，就把所有事情都推到他身上，因為他已經是孑然一身的亡命之徒。所以此時，所有的追查都指向易伯拉欣．哈米德，但是我們怎麼也找不到他。

「防衛盾牌」行動之後接下來幾個月，拉瑪拉仍然執行宵禁，阿拉法特的一切活動也幾乎停頓。因為宵禁，美國國際開發署不許員工進入西岸，所有專案都暫停，以色列檢查哨幾乎使這個城市停擺，除了救護車，各種人員或車輛都不得進出。我在以色列官方紀錄上是一名通緝犯，更無法自由行動。儘管如此，我每隔半個月左右還是得跟國安局人員碰面一次，好討論進行中的行動計畫。這些事情不能在電話中討論。

另外，我也需要情緒支持，這很重要。孤單感令人害怕，因為我的祕密身分，我在自己住的地方成了陌生人，我不能跟旁人分享生活中的大小事，連對自己的家人都要守口如瓶。同時，我再也無法信任任何人。以往我都跟羅艾在耶路撒冷市區國安局的一個安全處所碰面，但是現在我無法離開拉瑪拉，甚至連白天在街上露臉都很危險，所有一般性的日常活動都成了奢望。

就算是特別部隊人員開著巴勒斯坦車籍的車子進來接我，也得冒著被阿拉伯突擊隊員攔下來、因為口音而暴露身分的風險。若是探員穿著以色列國防軍的制服進來，佯裝綁架我，也可能因為有人看見我跳上他們的吉普車而露餡。即使這招行得通，我們又能玩幾次這種綁架的把戲？

後來，國安局終於想出比較有創意的法子，以便讓我們會面。

奧佛軍事基地距拉瑪拉南部只有幾哩遠，是以色列境內警戒度最高的軍事基地。這兒裡裡外外都是祕密，國安局這個地區的辦公室也在裡面。

「這樣吧，」羅艾告訴我：「從現在開始，我們在奧佛碰面，你只要偷偷潛入就行了。」

他一說完，我們都笑了。後來，我才知道他是認真的。

「你如果被逮到，」他解釋：「大家會認為，你是為了進行一項攻擊計畫而潛入重要軍事基地。」

「如果我被逮到？」

這個計畫讓我心煩意亂。一天深夜，採取行動的時間到了。我覺得自己像個演員，在首演當天，登上一個自己不熟悉的舞台，穿上不曾穿過的戲服，既無腳本，也沒有排練。

當時我並不知道國安局已經在我將潛入的外圍兩側的瞭望塔上安排了自己的人，我也不知道有許多戴著夜視鏡的武裝安全人員在我來的一路上部署，以防出現程咬金，在路上尾隨我。

我忍不住反覆思索，**如果我失誤了，怎麼辦**？

我把車停在視線之外，羅艾叫我穿深色衣服，帶一把鋼剪，但不要帶手電筒。下車後，我深吸了一口氣。

我向著山丘走去，隱約可見遠處基地散發的燈光。當我沿著山丘高低地勢前進時，一群野狗緊跟著我好一會兒，在我腳邊狂吠。這沒關係，只要牠們沒有引起不必要的注意就行了。

當我好不容易到了圍欄外面，我馬上打電話給羅艾。

「從角落開始數七根立柱，」他說：「等我指令再開始剪。」

我拿出鋼剪剪開舊的圍欄。第二次反抗運動開始後，以色列在原有的圍欄內二十呎處立起新的圍欄。

他們事先警告我要小心警豬（是的，我是說警豬），但是我沒有遇上牠們，所以沒關係。內外兩層圍籬中間自然形成一個跑道，在其他國家的軍事基地，跑道是由德國牧羊犬或其他訓練精良的軍犬巡守，然而，諷刺的是，奉行「潔食」（kosher，譯註：潔食為符合猶太教規的食物）的以色列人在此處用豬隻巡守。是真的。

伊斯蘭教對豬隻的忌諱與正統猶太教比起來，有過之而無不及，甚至更強烈。一般認為，豬隻的存在，或是可能接觸到豬隻的風險，會對敬虔的穆斯林恐怖分子造成心理上的嚇阻作用。

我不曾見過豬隻看守屯墾區，但是羅艾告訴我，在奧佛軍事基地，牠們確實在此服勤。

我發現內圈圍欄上有個小門沒有上鎖，我穿過小門。瞭望塔像魔鬼的尖角一樣矗立在兩側，高高聳立在以色列境內最高度警戒的軍事基地內。

「壓低身子，」羅艾在耳機裡說：「等候指令。」

我周圍滿是樹叢，不一會兒，其中幾個竟然開始移動。原來這些樹叢都是我們會議中熟面孔的情報人員，現在，他們穿著以色列國防軍的偽裝制服，全身插滿樹枝。我看得出來他們樂在其中，樂於扮演游擊隊員。他們習於扮演各種角色，從恐怖分子、伊斯蘭聖戰士到老人或是民婦，今天只不過是另一個角色罷了。

「還好嗎？」他們問，一派輕鬆，好像我們剛在咖啡店坐下一樣。「一切都好嗎？」

「還可以。」

「有帶什麼來嗎？」

有時我會帶來錄音設備或證據、情資，但是這一次，我空手而來。

話還沒說完，突然下起大雨。我們向山丘上跑去，爬過小丘，到了一處空地，有兩輛吉普車已經在那裡待命。其中三人跳上第一輛車，我上了後座，其他人待在第二輛車旁等候，負責保護我回程的安全。雨愈下愈大，我對那些沒上車的人感到抱歉，但是他們似乎玩得很開心。

經過與羅艾、他的上司和幾位安全人員幾小時的會面後，我循原路返回。雖然回程路途很長，又濕又冷，我卻覺得很滿足。

「潛入」成了我們標準的會面模式，每次都完美編排，順利演出。我不再需要剪圍籬，但是為了以防萬一，我每次還是帶著鋼剪。

從眾所矚目的以色列國防軍突擊中「逃脫」之後，我繼續監看父親，確保他一切無恙、衣食無缺。每隔一段時間，我都會去美國國際開發署辦公室晃晃，但是因為大多數專案都中止，我沒有太多事情好做，在家裡用自己的電腦就可以完成工作。晚間，我跟那些被以色列通緝的人出去，藉機蒐集情資。每月一、兩次，深夜時分，我為固定的會議潛入一個高度機密的以色列軍事基地。

閒暇時，我還是常跟我的基督徒朋友碰面，談論耶穌的愛。事實上，那不只是一般的談話。雖然那時我仍然只是受教的跟隨者，我卻覺得自己天天經歷上帝的愛及保護，這些愛及保護似乎也擴及我的家人。

一天下午，特種部隊人員在都會飯店內搜索通緝犯，忙了好一會兒，卻無功而返，他們決定在附近一間民房內休息片刻。這只是一般性的行動，以色列國防軍不需要接到指令或是授權。當情勢相對平靜時，特種部隊士兵會直接要求民眾開門，讓他們進去休息幾小時或是吃點東西。但是戰況激烈時，他們會闖入民房，以居民圍成人肉盾牌——很像巴勒斯坦突擊隊員對自己同胞做的事。

這一天，他們挑中我父親藏身的房子，國安局當時並不知道狀況，我們也不知道。沒人可以預料或預防以色列士兵在這一天挑中這間房子。當他們到那裡時，父親「正好」在地下室。

「請你們不要帶狗進來，可以嗎？」住在屋裡的婦人對士兵說：「我家裡有兒童。」

她丈夫嚇壞了，他很擔心士兵會發現哈珊·約瑟夫，導致他們因為藏匿通緝犯的罪名而被捕。他試圖表現得很鎮定、正常，他叫七歲的小女兒去跟指揮官握手，指揮官很喜歡這個小女孩，也相信她跟父母是一個與恐怖分子無涉的老實家庭。指揮官很有禮貌地問婦人，他的人是否可以在樓上休息一會兒？她說沒問題。大約二十五個以色列士兵在屋內待了超過八個小時，卻渾然不知父親正在他們樓下。

我無法解釋這些在生活中真實經歷的超自然保護或介入。一天，阿赫馬德·阿法拉西（他曾經向我要炸藥給他的自殺炸彈客）從拉瑪拉市中心打電話給我，問我是否可以去接他，開車送他回家。我告訴他我正在附近，幾分鐘內就會到。我一抵達，他便跳上車，我們就上路了。

車子開了沒多久，阿赫馬德·阿法拉西的手機響了，阿拉法特總部的人致電給他，警告他以色列的直升機在跟蹤他，他正名列耶路撒冷的暗殺名單中。我搖下車窗，聽見兩架阿帕契直升機靠近。我知道對那些不曾感受到上帝在內心說話的人而言，這是件奇怪的事，但是這一天，我聽見上帝對我的心說話，要我左轉進入兩棟大樓中間。我後來才知道，當時我若是繼續直行，以色列直升機可以毫無差池地擊中我的車子，我左轉後，馬上聽見那個天上來的聲音說：**現在馬上下車！**我們跳下車拔腿狂奔。當直升機再次找到目標時，飛行員只看到一輛停止的車輛和兩扇打開的車門。它在車子上空盤旋了大概六十秒鐘就飛走了。

我後來得知情報單位收到消息，有人看見阿赫馬德・阿法拉西上了一輛深藍色的奧迪A4。當時羅艾不在行動指揮中心，所以沒有人確認我的地點，也沒有人問這輛奧迪是不是「綠王子」的車。其實也沒幾個國安局人員知道我的存在。

我好像總是能得到神的保護。當時我甚至還不是一個基督徒，而阿赫馬德・阿法拉西鐵定不認識耶穌，但是我知道我的基督徒朋友天天為我禱告。耶穌在馬太福音五章四十五節說：「祂叫日頭照好人，也照歹人，降雨給義人也給不義的人。」這跟古蘭經裡殘忍又報復心重的阿拉實在不一樣。

24

# 保護性監禁

二〇〇二秋—二〇〇三春

我累了。一次要扮演這麼多不同的危險角色，讓我感到疲憊，總需要依場景不同，轉換角色或外貌，也讓我心力交瘁。當我跟父親或是其他哈瑪斯領袖在一起時，我需要展現忠心哈瑪斯成員的形象；跟以色列國安局在一起時，我是以色列的臥底；在家裡，我必須擔起責任保護父親及弟弟妹妹；還有，工作時，我則是一般的上班族。當時，學校還有一學期的課程，我還要準備考試，但我實在無法專心在課業上。

那是二〇〇二年九月底，我覺得是展開第二幕的時候了——以色列國安局假裝逮捕我的行動劇第二幕。

「我無法再繼續這樣生活了。」我告訴羅艾：「事情會怎麼樣？關在監獄幾個月，依照流程接受審問？然後你釋放我，我就可以回家，完成學校課業，在美國國際開發署專心工作，過一個正常人的生活。」

「那你父親怎麼辦？」

「我不會留下父親，眼睜睜看著他被暗殺，一起逮捕他吧。」

「好吧，如果這是你要的，政府官員也會很開心看到我們終於抓到哈珊．約瑟夫了。」我告訴母親父親的藏身處，讓母親去探望他。母親才踏進父親住處五分鐘，大批特種部隊人員立即進入那一區，士兵在鄰近區域跑步穿梭，向附近居民大喊，要大家回家。

其中一個坐在自家門前抽著土耳其水煙的「居民」不是別人，正是頭號炸彈客阿布杜拉．巴格逖。他絲毫不知自己一直住在哈珊．約瑟夫的對街，而那個對他咆哮、叫他回家待著的以色列士兵，也完全不知道自己正面對被以色列通緝的頭號自殺炸彈客。

沒有人知道發生了什麼事，所有人都被蒙在鼓裡。我父親不知道自己的兒子已經放手讓以色列逮捕他，只為了避免他被暗殺，以色列國防軍也不知道國家安全局人員自始至終都知道哈珊．約瑟夫的藏身處，而國防軍還有些士兵曾跟哈珊．約瑟夫在同一棟房子裡休息、進食呢！

一如往常，父親平靜地投降。他跟其他哈瑪斯領袖都相信是國安局人員跟蹤母親，才找到他的。當然，母親很傷心，但也鬆了一口氣，至少她的丈夫還在某處平安地活著，也不再名列以色列的刺殺名單了。

「我們今晚見。」塵埃落定後，羅艾說。

當夕陽在地平線上隱沒，我坐在屋內，望著窗外，眼看大約二十名特種部隊人員快速移動，就定位。我知道自己將遭遇一些粗暴的對待，要有所準備。幾分鐘後，吉普車開進來，接著是坦克車，以色列國防軍士兵封鎖整個鄰近區域。有人跳進我的陽台，有些人則在門外砰砰砰大聲敲門。

「什麼人？」我假裝不知道發生了什麼事。

「以色列國防軍！開門！」

我把門打開，他們一擁而進把我壓倒在地，快速搜身，確定我身上沒有武器。

「這裡還有其他人嗎？」

「沒有。」

我不知道他們為什麼要多此一問，因為他們踢開每個房門，一個一個房間搜尋，整個房子都被翻過來了。當我被帶出屋外，我的朋友羅艾就在那裡，跟我面對面站著。

「你躲到哪裡去了？」他用粗暴的語氣問我，好像情況真的如眼前一般。「我們在追捕你，你知道嗎？你找死嗎？你去年竟然敢從你父親家裡逃跑，一定是瘋了！」

周圍一群凶狠的士兵看著、聽著這整個過程。

「你父親已經落在我們手裡了。」他說：「現在我們終於抓到你了！等著瞧吧，看你在訊問室有什麼好說的！」

幾名士兵用力把我甩上吉普車。羅艾走過來，靠近我，不讓任何人聽見他的聲音，「兄弟，還好嗎？都還好嗎？手銬會不會太緊？」

「還可以。」我說：「把我弄出去，不要讓他們在車程中毆打我。」

「不要擔心，我們的人會跟著你。」

他們把我帶到軍事基地，來到我之前潛入、花幾小時跟大夥坐在一起喝咖啡，談論各種行動、情勢的那個房間。

「我們會把你送到『馬司卡比葉』，」羅艾告訴我：「時間不會太久，我們會假裝你受到嚴酷的拷問，你父親已經在那裡了，你很快就會見到他，我們沒有訊問或拷問他。然後我們必須把你送去行政拘留，你得先在那裡待上幾個月。之後，我們會要求延長你的刑期三個月，根據一般認知，像你這樣的人刑期不應該太短。」

當我再次見到這些訊問員，甚至是我上次被捕、拷問過我的訊問員，我很訝異，自己心中對他們完全沒有仇恨或憤怒之情。唯一能解釋這個狀況的，就是我讀過的一段聖經經文——希伯來書四章十二節說：「上帝的話活潑有效，比雙刃的劍還要鋒利，連靈和魂，關節和骨髓，都能刺透。它能判斷人心中的欲望和意念。」耶穌吩咐我們要原諒自己的敵人，愛一切傷害、錯待自己的人，我曾反覆閱讀並咀嚼這些文字。因此，雖然當時我心裡仍不相信耶穌基督是真神，祂說的話已經深深地活在我心裡，從我的內心改變我，帶來影響。我不認為還有什麼其他方法可以讓我如此單純地把人當人看待，而不是區分成猶太人或阿拉伯人，訊問員或是囚犯。甚至起初讓我去購買槍枝、預謀殺害以色列人的那股古老憤怒，也被難以理解的愛所取代了。

接下來幾週，我被單獨監禁。當我的國安局朋友沒有忙著訊問其他囚犯時，他們一天會來探望我一、兩次，聊聊天，看看我狀況如何。他們讓我吃得很好，而我是監獄裡的大祕密。這一次入獄，沒有發臭的頭套或讓人抓狂的反綁，甚至連李歐納·科恩的歌曲都沒了（後來他竟然成為我最喜歡的歌手，很怪吧？）。在西岸地區，人人競相傳說我是一個多令人尊敬的硬漢，即使受到凌虐，也沒向以色列透露一點訊息。

被移送前的幾天，我被送到父親的牢獄。他一看到我，臉上立即露出一抹欣喜，伸出雙臂擁抱我，然後輕輕推開我，微笑著盯著我看。

「我跟隨您一起進來了。」我笑著說：「我沒辦法沒有您。」

牢房中還有另外兩人。我們說笑著，度過一段美好的時光。老實說，我很開心父親安全地入監服刑。在這裡，不用擔心出錯，也沒有飛彈會從天而降。

有時，父親會為大家讀古蘭經。我只是很享受地看著他，一面聽他美妙的聲音，一面在心裡回想從小成長的過程。父親一直是個溫柔的父親，不曾為了趕上晨禮而強迫我們早上離開溫暖的被窩。只是我們都自動自發地起床參加晨禮，因為我們希望父親以我們為榮。父親很早就將自己委身給阿拉，一生以自己為模範，期望將伊斯蘭信仰傳承給我們。

如今，我不禁在心裡想，**我親愛的父親，我很高興現在能跟您一起坐在這裡，我知道監獄是您最不想待的地方，但是，若不是待在這裡，您很可能只剩下一小包遺骸，裝在塑膠袋裡。**他幾次不經意地抬頭看我，不知道我為什麼用如此充滿愛和感激的眼神望著他，我不能透露任何訊息。

當警衛來移監，父親跟我緊緊地抱在一起。在我雙臂中，他似乎很虛弱，但是我知道他有多堅強。過去幾天，我們親密地相處，現在，我覺得心裡有什麼被撕裂了。甚至跟國安局人員的情誼也是如此，離開他們讓我心痛。過去幾年，我們建立了親密的夥伴關係，我看著他們的臉，希望他們知道我心中有多感激、欽佩他們。他們也對我投以抱歉的眼神，他們知道我接下來的人生旅程並不容易。

前來執行移監、把我雙手銬上手銬的士兵看起來就完全不是這麼回事了。對他們而言，我只是一個逃離以色列國防軍的恐怖分子，讓他們蒙羞，逃避他們的追捕。這一次我被帶到奧佛監獄，就在我和國安局定期開會的基地裡面。

跟其他人一樣，我的鬍子愈來愈長、愈來愈濃密。我也慢慢融入監獄的日常生活。在每個祈禱時間，我依舊彎腰，跪下祈禱，但不再向阿拉祈禱了。如今，我向創造天地萬物的造物主禱告。我愈來愈靠近了。有一天，我甚至在圖書館的宗教區找到一本阿拉伯文聖經，是包含舊約的完整聖經，不是只有新約。它看起來很新，似乎沒有人讀過，我想根本沒人知道它在那裡。這真是上帝給我的禮物，我捧著它，飢渴地一讀再讀。

三不五時，總有人靠近探詢，想知道我到底在做什麼。我告訴大家我在研讀歷史，因為聖經是一本古老的書，裡面有許多早期的資訊，我還告訴他們，不只是歷史知識，也有許多很棒的教導，我覺得每一位穆斯林都應該讀聖經。大家通常對這種說法沒什麼意見，只有在齋戒月，他們心裡會有點不舒服，因為我讀聖經讀得比古蘭經還多。

我在西耶路撒冷參加的讀經班打開門歡迎所有人，真的是所有人——基督徒、穆斯林、猶太人、無神論者，誰都可以參加。我因為這個團體才有機會跟猶太人一起坐下來，他們也跟我一樣是來瞭解基督教和認識耶穌的。身為一個巴勒斯坦穆斯林，能跟以色列猶太人一起尋求認識耶穌，實在是美妙的經驗。

在這個團體中，我跟一個叫阿蒙的猶太男性成為好友。他已婚，有兩個漂亮的孩子，他很聰明，會說多國語言，阿蒙的妻子是基督徒，一直鼓勵他受洗。終於，阿蒙同意了。一天傍晚，我們聚集到牧師的家見證阿蒙的洗禮，牧師在家裡的浴缸中為他施洗。我到的時候，阿蒙剛念完幾節聖經，開始嚎啕大哭。

他知道一旦自己浸入水中，不但是透過承認耶穌基督的受死及復活而與耶穌連結，也宣告脫離自己的文化。他幾乎背離了自己的父親，一位希伯來大學教授的信仰，放棄以色列的社會和宗教傳統，破壞了自己的名聲，甚至可能危及自己的將來。

不久，阿蒙收到入伍通知。在以色列，每個年滿十八歲的非阿拉伯裔國民，不分男女，都要入伍服役，男生服役三年，女生兩年。阿蒙已經看過許多在檢查哨發生的槍擊事件，如今身為基督徒，他無法接受自己站在一個可能需要槍殺平民百姓的位置上，因此，他拒絕穿上軍裝到西岸去。

「我可以只射擊那些向我們投石塊的孩子的雙腳而不是頭，這樣照樣能完成任務，但是即便如此，我也不願意。」他陳明：「我被教導要愛我的敵人。」

第二張入伍通知來了，接著是第三張。

當阿蒙一再拒絕入伍，便會被捕入獄。讓我想不通的是，當我在監獄時，阿蒙也在該監獄的猶太囚犯區。他被捕是因為他拒絕跟以色列合作，而我被捕則是因為我與以色列合作。我試著保護以色列人，而他試著保護巴勒斯坦人。

我並不認為以色列和占領區內的每個人變成基督徒，才能終止這些血債暴行。我只是想，若是一邊有一千個阿蒙，另一邊有一千個摩薩就好了。這樣一定能帶來改變，或是更多阿蒙及摩薩……誰知道呢？

被關進監獄之後幾個月，我被帶上法庭，沒人知道我的真實身分——法官不知道，檢察官也不知道，甚至連我自己的辯護律師都不知道。

開庭當天，國安局人員在庭上極力陳述我對以色列國家安全帶來高度的威脅，是個危險人物，他們要求加長刑期。法官同意了，判我六個月的行政拘留。我再一次被移監。

我被送到內蓋夫沙漠（Negev Desert）監獄中，很靠近狄莫納（Dimona）核電廠，無論從哪裡開車，都要五個小時才到得了。任何人站在眼前這個凱資阿特（Ktzi'ot）的帳篷監獄中，不是在夏天熱得融化，就是在冬天冰凍致死。

「你隸屬哪個組織？」

「哈瑪斯。」

是的，我仍然承認自己的家族身分，承認自己的歷史背景。但我已經跟其他囚犯不一樣了。儘管哈瑪斯仍占多數，但自從第二次反抗運動展開之後，法塔赫成員的人數快速成長，所以現在監獄裡，每個組織所占的帳篷數量差不多。我厭倦了偽裝，我新學習的道德準則也讓我不想說謊，我決定在監獄中保持沉默。

凱資阿特是個不折不扣的曠野。夜裡，空氣中迴盪著野狼、土狼及豹的叫聲。我聽說有人曾經成功從凱資阿特監獄脫逃，卻沒聽說有人能在外圍的曠野中存活。冬天比夏天更糟，錐心刺骨的冷空氣伴隨著雪花，除了帆布，沒有什麼可以幫你抵擋低溫。每個帳篷頂部都有一個防潮層，有的囚犯扯下這些防潮布，作為自己臥床周圍的私人帷幕。我們呼吸釋出的潮濕霧氣原本應該留在防潮層內側，如今，隨著我們的呼吸，這些濕氣上浮，附著在裸露的帆布上，愈來愈多，直到凝成水珠。這些口水在入夜後大家沉睡時就滴在我們身上。

以色列獄卒用黏鼠板遏止監獄裡為患的老鼠生長。一個寒冷的清晨，當大夥都還在沉睡中，我早早起床讀著我的聖經，突然聽見好像生鏽彈簧床發出的嘎吱聲。我低頭查看床下，看到一隻老鼠困在黏鼠板上。然而，令人訝異的是，有另一隻老鼠在牠旁邊，一面試著解救同伴，一面小心不讓自己被困住。牠們是朋友，還是同伴？我不知道。一隻動物干冒生命危險，試圖解救自己的同伴，我就這樣看了將近半小時。這個景象觸動了我的心，後來我把牠們兩個都放了。

在監獄裡，沒有太多東西可以閱讀，可取得的讀物侷限在古蘭經和古蘭經相關研究。我的朋友曾透過律師偷渡兩本英文書給我。能有這兩本英文書，我心存感激，不但滋潤我的心，也讓我有機會增進英語能力。因為我不斷反覆閱讀，很快地，兩本書的封面就變得破損不堪。有一天，當我自己一個人閒晃時，我看到兩名獄友坐著泡茶，身旁的大木箱裡裝著紅十字會送來的小說，這兩人竟然把書本撕毀當煮茶的燃料。我一時激動，忍不住衝上前去，搶過木箱子，開始使力把裡面的書本都拿出來。他們還以為我也想用這些書本燒水泡茶。

「你們瘋了嗎?」我大聲說:「我花了一輩子的時間,好不容易才弄進兩本英文書,你們現在卻拿這些書來煮茶!」

「可是這些是基督教的書。」他們反駁。

「這不是基督教的書。」我說:「這些都是《紐約時報》的暢銷書,我保證裡面沒有任何違反伊斯蘭教義的內容,只是一些人們的生活經驗。」

他們可能納悶,哈珊.約瑟夫的兒子今天是怎麼了?他不是一向安靜,遠離人群,不跟人打交道嗎?他不是一向安靜地啃書嗎?今天為什麼沒來由地為了一箱書咆哮?他怎麼了?換成別人,他們大概已經為這一箱「燃料」大打出手,但是他們沒有跟我爭,任由我抱走這一大箱書。我捧著這一箱新得的寶物,開心地回到床邊,一本一本地排開,環繞著我,沉浸在這些珍寶當中。我不在意別人怎麼想,我的心對上帝充滿讚美,不斷向上帝歌唱。如今,我可以藉著閱讀這些書來打發監獄裡的漫漫長日。

我一天花十六個小時閱讀,但燈光微弱,我的視力也漸漸受損。在凱資阿特服刑的四個月期間,我大約背了四千個英文單字。

這段時間,我還經歷了兩次監獄暴動,遠比米吉多的暴動還嚴重,但是上帝幫助我安然度過。事實上,在凱資阿特監獄期間,我前所未有地經歷上帝,知道祂就在我身邊。雖然那時我還未相信耶穌是宇宙間的造物主,我卻一點一點地學習認識上帝是我們在天上的父親。

二〇〇三年四月二日，當聯軍的地面部隊挺進巴格達，我被釋放了。此時，世人眼中的我是一個受尊敬的哈瑪斯領袖、訓練有素的恐怖分子，也是一個狡猾難纏的通緝犯。我通過了火的試煉！此時，我被波及的風險已經大大降低，父親也平安無事。

再一次，我又可以公開地在拉瑪拉街上隨意行走，再也不需要活得像通緝犯一樣，又可以做自己了。我打電話給母親，也打電話給羅艾。

「歡迎回家，綠王子。」他說：「我們真是懷念你啊。你不在時，發生好多事。沒有你，事情真是不好辦。」

回家幾天後，我跟羅艾及其他許多親愛的以色列朋友相聚。他們只對我說了一件事，卻是大事一件。

那年三月，阿布杜拉．巴格遜因形跡敗露而被捕。下半年，這名科威特出身的炸彈專家在以色列的軍事法庭受審，罪名是造成六十六人死亡，另有約五百人受傷。我知道他身上背負的無辜生命不只這些，但是這是我們當時能證明的人數。按理，阿布杜拉．巴格遜應該被判六十七個無期徒刑——為他殺害的每條無辜生命負責，再加上一個無期徒刑，為他傷害的所有人。聆聽判決時，巴格遜完全沒有悔意，指責以色列該為一切負責，也為自己沒有機會殺害更多猶太人而懊惱。

「被告引發的一連串謀殺性恐怖攻擊，是這個已被鮮血染紅的國家最殘暴的歷史事件。」法官於宣判時說。[12] 巴格逖在法庭上狂暴地威脅要殺光法官，揚言要在監獄中傳授每一個哈瑪斯成員製造炸彈的技術。他的憤怒言行為自己換得單獨監禁，獨自在牢獄中面對刑責。然而，易伯拉欣．哈米德、我好友撒利赫．塔拉赫米，以及其他人仍然在逃，沒有被捕。

十月，我在美國國際開發署的案子結束了，我與開發署的僱用合約也終止。此時，我全心投入與國安局的合作上，不遺餘力地蒐集情資。

幾個月後，一天上午，羅艾來電。

「我們找到撒利赫了。」

25

# 撒利赫

二〇〇三冬—二〇〇六春

要抓到撒利赫跟他黨羽的小辮子實在很容易，因為他們行動留下的血痕在在訴說著他們的罪行，但是截至目前為止，沒有人有辦法逮到他們。

國安局找到他這件事讓我心痛不已。撒利赫是我的朋友，他幫助我完成學校課業，我跟他的妻兒一同吃飯，分享同一塊麵包，我跟他的孩子們玩在一起。我知道儘管如此，也改變不了他是個恐怖分子的事實。當他被巴勒斯坦自治政府監禁在獄中時，他仍繼續聖城空中大學的課業，將自己一切所學用在製造炸彈上，致力成為一個傑出的炸彈專家。他的技術精湛，甚至可以用身邊隨手可得的垃圾製造出爆炸物。

巴勒斯坦自治政府釋放撒利赫之後，國安局拭目以待，等著看他及其黨羽多久可以重整卡桑旅。事實證明，沒多久卡桑旅就被重建了。新的組織並不龐大，卻深具致命性。

馬赫·歐德赫是新組織的首腦，撒利赫自然是工程技術人員，而畢拉爾·巴格逖則負責招募那些迫不及待想獻上生命的自殺炸彈客。其實，哈瑪斯軍事旅只由十人組成，他們能自掏腰包，獨立行動，在非必要時從不會面。撒利赫產能極高，一個晚上可以產出好幾條炸彈腰帶，而畢拉爾手上也永遠不缺殉道者的候選名單。

若我認為畢拉爾無辜清白，我大可早早警告他，讓他可以從容躲藏。但是，當我們終於將所有蛛絲馬跡拼湊起來，我才看清他正是希伯來大學爆炸案及其他許多攻擊事件的幕後黑手。我心裡清楚，為了無辜百姓的安全，這個人必須被監禁起來。我唯一能做的，似乎也只有將耶穌的教誨告訴他，勸他跟隨這些教誨，就像我一樣。然而，他似乎完全被蒙蔽了，憤怒、仇恨及沒有意義的死忠使他眼瞎心盲，以致聽不進任何勸說，甚至連老友的話都不聽。我能做的就是懇求國安局，只要逮捕他們，不要殺他們。而國安局很不情願地同意了。

以色列情報人員已經監視撒利赫超過兩個月。他們看著他離開公寓住所，到一間廢棄民宅跟哈桑尼．如馬納碰面，看著他回家，在家裡待了約一週的時間。他們看著哈桑尼的朋友薩易得．阿謝赫．加辛頻繁地進進出出，辦完事後卻都直接回家。通緝犯有令人驚異的高警覺，這讓我們花了很長的時間才發現他們，但是，一旦發現了他們的蹤跡，接下來，只需一一過濾他們的聯絡人，再逐一追查這些聯絡人的聯絡人——一般會有四、五十人。

我們鎖定頭號通緝名單上的三個人，但是對於易伯拉欣．哈米德及馬赫．歐德赫，我們所知卻不多，只有些許線索，缺少鐵證。我們面臨抉擇：是要繼續漫長的等待，讓線索帶我們一步步深入巢穴，或是現在就行動，直搗黃龍，逮捕已經鎖定的那幾號人物，一舉折斷卡桑旅在西岸的勢力骨幹。後來，我們決定執行第二個方案。我們認為若是幸運，也許在收網時還可以把哈米德跟歐德赫一起打撈上岸。

二〇〇三年十二月一日晚上，特種部隊在同一時間包圍超過五十名嫌犯的住所。西岸地區所有備戰的部隊都被召集。哈瑪斯的領袖們被圍困在拉瑪拉的吉思瓦尼大樓裡，當他們被要求出來投降的時候，沒有人照指令行事。我們知道撒利赫和薩易得手上擁有大量武器，包含通常焊接在軍事車輛上的重型機槍。

雙方從晚上十點對峙到深夜。當第一聲槍響時，我從家裡都聽得見。然後馬卡瓦加農砲劃破了天際，之後一切歸於平靜。早上六點，我的電話響起。

羅艾在電話裡說：「很抱歉你的朋友走了。你知道的，如果可以，我們會保住他的性命。讓我告訴你，如果這個人——」羅艾語帶哽咽地繼續說：「如果這個人生長在一個截然不同的環境，他一定不會是現在這個樣子，他很可能就像我們一樣。他始終都深信自己在做對阿拉伯同胞有益的事，但他真是大錯特錯。」

羅艾知道我很愛撒利赫，我不希望看到他死，他也知道撒利赫在對抗一個他自認為邪惡又傷害自己百姓的勢力。我想，羅艾或多或少也開始關心撒利赫了。

「他們真的死了嗎？」

「我也還沒見到屍體，他們被帶到拉瑪拉醫院了。我需要你去那裡指認，你是唯一認識他們每一個的人。」

我抓起外套，跳上車往醫院駛去，心裡好希望那不是撒利赫，也許被殺死的是其他人。當我抵達醫院，眼前一片混亂，群情激憤的哈瑪斯活躍分子在大街小巷叫囂，到處是警察。沒有人能進得了醫院，但是大家都知道我是誰，醫院便放我進去。一位醫護人員帶我穿過一個長廊後進入一個房間，裡面是一排排的大型冷凍櫃。他打開冷凍櫃門，慢慢拉出抽屜，屍體的惡臭馬上滿溢整個房間。

我低頭看著撒利赫的臉，他幾乎是在微笑，但是他的頭部只剩下空空的腦殼。薩易得的抽屜裡則只有一些屍塊，有手、有腳、有頭，還有其他無法辨識的身體局部，全部裝在一個黑色塑膠袋裡。哈桑尼·如馬納的身體被削成一半，我甚至無法確認眼前是他，因為臉已經被削掉了，他過去總是留著柔軟的棕色鬍子。與當時媒體報導不同的是，易伯拉欣·哈米德並沒有跟這些人在一起，這個下令他人去前線送死的人早已逃跑求生了。

因為此次行動，西岸地區的哈瑪斯領袖幾乎全部喪命或被捕入獄，我成為迦薩及大馬士革領袖們的聯繫窗口。在某種程度上，我已是整個巴勒斯坦各組織派系及行動小組的核心聯絡窗口——包含所有恐怖分子小組。除了極少數的以色列國安局菁英分子以外，沒人知道我的真實身分。想起來實在讓人驚異。

因為這個新身分，我負責籌備撒利赫和其他人的喪禮，這是令人感傷的責任。籌備期間，眼前每一個動靜、身邊每一句悲憤的耳語，都讓我想起易伯拉欣·哈米德。

「既然謠言已經滿天飛，」羅艾說：「你又坐在被我們逮捕的這些領袖的位子上，我們何不放話說，易伯拉欣·哈米德跟以色列國安局有暗盤。大部分的巴勒斯坦人根本不知道發生了什麼事，他們會相信這個風聲，然後易伯拉欣會被迫公開為自己辯護，或是必須跟迦薩及大馬士革的政治領袖接頭。無論怎樣，我們都有機會逮到他。」

我覺得這真是個好主意。但是情報單位內部有人持反對意見，他們擔心易伯拉欣會惱羞成怒，對平民百姓發起另一次攻擊以為報復——如果以色列殺了他的朋友並且逮捕他組織裡近一半的人，還不夠激怒他的話。

所以我們採用一個比較複雜的辦法。

探員在易伯拉欣的家裡逐房搜索，希望他的妻子或孩子會不小心走漏風聲。結果我們發現，他家是整個巴勒斯坦地區口風最緊的地方。有一次，我們聽見他的小兒子阿里問媽媽：「爸爸呢？」

「我們在家不談這件事。」母親責備小阿里。

如果連他的家人都這麼謹言慎行，那麼易伯拉欣自己又是何等的高度警戒呢？幾個月過去了，我們絲毫沒有他的蹤跡。

二〇〇四年十月底，阿拉法特在一個會議中病倒了。他身邊的人宣稱他只是單純染上感冒，其實情況比這更糟。阿拉法特最後被送離西岸，住進法國巴黎近郊的一間醫院。十一月三日，阿拉法特陷入昏迷，有人說他被下毒，也有人說他染上愛滋病。十一月十一日，阿拉法特去世，享年七十五歲。

大約一週之後，父親從監獄裡被釋放。對於自己突然獲釋，沒有人比他更驚訝了。羅艾跟其他國安局官員在父親被釋放的當天早上來監獄見他。

「謝赫哈珊，」他們開門見山地說：「是尋求和平的時候了。外面的人需要一個像您這樣的人，阿拉法特走了，成千上萬的人被殺，您是一個通情達理的人，我們應該要在情況變得更糟之前合作，攜手尋求和平。」

父親回答：「撤離西岸，給我們一個獨立的國家，我們就收手。」即使一個獨立的巴勒斯坦可以帶來十年或二十年的短暫和平，但長久而言，哈瑪斯絕對不會放過以色列。這一點，以巴雙方其實都心知肚明。

在監獄外面，我跟來自世界各地數百位媒體記者一起守候。當兩名以色列軍人領著父親走出監獄大門時，我看見父親手上拿著一個黑色垃圾袋，裡面裝著他的私人物品，雙眼因為刺眼的陽光不自主地瞇起來。

我跟父親擁抱並親吻。他要我在回家前直接帶他到阿拉法特的墳墓。我看著他的眼睛，心裡明白這是一個非常重要的舉動。如今阿拉法特走了，「法塔赫」勢力衰微，整個巴勒斯坦大街像熱水一樣滾滾沸騰，「法塔赫」的領袖們擔心哈瑪斯發動驅離戰，趁權力真空時藉機奪權；美國、以色列及國際社會則一致擔心這裡會爆發內戰。因此，西岸的哈瑪斯高層領袖的這一舉動雖然出乎各方意料，卻讓每個人都收到清楚的訊息：冷靜，大家冷靜！哈瑪斯沒有圖謀不軌，不想藉阿拉法特的死占便宜，我們不會有內戰。

即使經過這麼多年的逮捕或暗殺行動，以色列國安局還是不知道誰才是哈瑪斯裡面真正掌大權、坐鎮指揮的人。其實我們也不清楚，我協助以色列逮捕了許多知名的活躍分子，還有那些致力於反抗運動的人士，我們每次都冀望這些人就是哈瑪斯的操盤手。這些人遭受長達數年的行政監禁，有時甚至只因為他們有嫌疑，但是他們的缺席似乎對哈瑪斯監獄外的活動完全不造成影響。

那麼，到底誰才是幕後首腦？

父親的角色不只令國安局不解，連我也覺得納悶。我們搜索他的辦公室還有座車，監看他的一舉一動，但是無需懷疑，他不是玩偶下面的那隻手。

哈瑪斯從頭到尾就像是鬼魅一般，沒有總部或分部辦公室，也沒有固定聚會的場所，可與這些活動的代表溝通協調。有許多巴勒斯坦人到父親的辦公室來訴苦或尋求幫助，特別是那些被捕入獄或殉道烈士的家人。他們在反抗運動中，失去了丈夫或父親。但是，即使謝赫哈珊・約瑟夫自個兒都處在伸手不見五指的黑暗裡，每個人都以為他有所有問題的答案，其實他也跟我們一樣，有的只是滿腹疑問。

有一次父親告訴我，他想要關閉辦公室。

「為什麼？那您要在哪裡接見媒體呢？」我問。

「我不在乎，大家從四面八方跑來找我，都要我幫助他們，但是我沒有辦法幫助所有有需要的人，這個擔子太重了。」

「那哈瑪斯為什麼不幫助他們呢？這些人是反抗運動成員的家人，而哈瑪斯那麼有錢。」
「沒錯，但是組織並沒有把錢交給我。」
「您可以去要啊，告訴他們，讓他們知道這些人需要幫助。」
「我不知道**他們**是誰，也不知道怎麼跟**他們**聯繫。」
「但是您是領袖啊。」我大聲抗議。
「我不是領袖！」
「您創立了哈瑪斯，爸爸。如果您不是領袖，那誰是？」
「沒有人是領袖。」
我愣住了。監聽我們說話的以色列國安局人員也愣住了。
一天，我接到撒利赫・塔拉赫米的妻子瑪吉達打來的電話。我跟瑪吉達在撒利赫的喪禮上碰面後，便再也沒聯繫了。
「妳還好嗎？摩薩跟其他孩子都好嗎？」
她開始啜泣。
「我沒有錢買食物餵飽孩子。」
我心想，**撒利赫，願神原諒你！看看你對你的家人做了什麼事！**
「我的姊妹，冷靜一下，我想想看有什麼辦法可以幫妳。」
我去找父親。

「撒利赫的妻子剛剛打電話來，她沒有錢買食物給孩子們吃。」

「摩薩，很不幸的，她不是唯一有這種處境的人。」

「我知道，但是撒利赫是我的好朋友，我們應該要幫幫她。」

「兒子，我告訴過你我沒有錢。」

「好，但是總有人可以負責吧？有人口袋裡有大把大把的錢，但有人沒錢吃飯，這實在太不公平了！這些人可是為了反抗運動而死的耶！」

父親答應我他會想辦法。他寫了一封信，以「敬啟者」開頭的那種信。他把信送到一個郵件集散中心，我們無從追蹤郵件，但是我知道收件者是拉瑪拉地區某處的某個人。

幾個月前，國安局的人曾派我到市中心的網咖。據報有人用這裡的一台電腦跟大馬士革的領袖聯繫。我們不知道這些領袖是誰，但是不可否認，敘利亞是哈瑪斯的權力集散地。哈瑪斯在以色列監管觸角之外的某處設立了一個完整的組織（包含辦公室、武器庫及軍營）是再合理不過的事情。

「我不知道誰在跟大馬士革聯繫，」羅艾說：「但是聽起來不妙。」

當我走進網咖，裡面大概有二十個人坐在電腦前。沒有人留落腮鬍，也沒有可疑人士。有個看起來不起眼的人卻喚起我的注意力，我不知道為什麼，我也不認識他，但是第六感告訴我要盯住他。我說不上來，但是這麼多年來，國安局已經很信任我的直覺了。

無論網咖裡這個傢伙是誰，我們幾乎確信他是個危險人物。只有被高度信任的成員，才被允許跟大馬士革的哈瑪斯高階領袖聯繫。我們希望透過他，抓出那些實際領導哈瑪斯、卻有如鬼魅幻影般的菁英分子。我們拿著他的照片到處詢問，卻沒有人認識他。我不禁開始懷疑自己的直覺。

幾週之後，我計畫賣掉拉瑪拉的一些房產，所以打開家門讓有興趣的買家參觀。有幾個人來，看看就走了，沒有達成交易。當天下午，接近傍晚時分，我準備關門離去，卻有人來電，問是否還可以來家裡看看。其實我當時已經很累了，卻勉強答應。我請他快來，我會等他。我回到待售的屋子裡，幾分鐘後，他出現了。

竟然是網咖裡的那個傢伙，他說他叫阿濟茲．凱依德（Aziz Kayed）。這人外表乾淨整潔，臉龐有著專業人士的形象，我看得出來他受過良好教育。他說他負責廣受好評的卜拉革（Al-Buraq）伊斯蘭教育中心。我覺得他怎麼看都不像我們要找的線索。但是為了避免攪亂國安局，讓他們更困惑，我決定什麼都先不說。

阿濟茲．凱依德來家裡之後，我跟父親時常到西岸的城市、大小村落或難民營探視當地同胞。有一次，光是在一個鎮裡，就有約五萬人湧上來要見謝赫哈珊．約瑟夫，大家都希望能摸摸他，聽聽他說什麼。父親仍深受大家愛戴。

在哈瑪斯的重要據點納布盧斯，我們跟組織的高層領袖們會面，我終於有機會弄清楚哪些人隸屬「緒拉伯」（shurab）委員會。這是一個七人小組，共同商議組織內的策略性議題，包含反抗運動中每天的行動方針。和父親一樣，他們都是哈瑪斯內部最資深的領袖，卻不是我們要找的決策者。

經過這麼多年，我實在無法相信哈瑪斯的決策核心已經無聲無息地落入不知名的人手中。我在反抗運動中出生、成長，如果連我都不知道誰在幕後牽引哈瑪斯的一舉一動，那麼，還有誰知道呢？

在大家如霧裡看花、理不出頭緒時，答案卻出人意外地突然浮現。納布盧斯緒拉伯委員會的其中一人，竟然提到阿濟茲·凱依德的名子。他建議父親一定要去拜訪卜拉革中心，見一見那個「好人」。我一聽，馬上豎起雙耳，為什麼一個地區性的哈瑪斯領袖會提出這個建議呢？這一連串的巧合讓我訝異：首先，阿濟茲在網咖引起我的注意力，後來，他出現在我想出售的房子裡，而現在，委員會的一名成員告訴父親他應該去見見這個人。難道我的直覺是正確的？難道阿濟茲真的是哈瑪斯組織裡的要角？

這一次我們真的可以找出哈瑪斯的幕後首腦嗎？無論如何，有個聲音告訴我要相信直覺。我趕回拉瑪拉打電話給羅艾，告訴他趕快申請搜查阿濟茲·凱依德的電腦。

好幾個阿濟茲·凱依德跳出來，卻沒有人與搜尋條件吻合。我們召開一個緊急會議，我建議羅艾將搜查範圍擴大到整個西岸地區。雖然他的人都覺得我瘋了，卻願意照辦。

結果，我們找到他了！

阿濟茲·凱依德在納布盧斯出生，曾是伊斯蘭學生運動的成員。十年前，不知何故，他停止參與一切活動。他結過婚，也能自由進出這個國家，隨意旅行。他大部分的朋友是學者。我們沒發現什麼可疑之處。

我向國安局說明事情的所有原委。從我踏進網咖的那一刻，如何注意到他，一直到我跟父親去納布盧斯的事。他們說，儘管他們百分之百地相信我，此時我們沒有足夠的證據繼續追查下去。

當我跟國安局談論這一切時，腦袋裡卻不斷想著其他事。

「阿濟茲．凱依德讓我想到另外三個人，」我跟羅艾說：「拉瑪拉的撒來赫．胡笙（Salah Hussein）、耶路撒冷的亞地伯．濟亞德（Adib Zeyadeh），還有薩菲特（Salfeet）的納吉．馬地（Najeh Madi）。這三個人都有大學學歷，也都曾熱中哈瑪斯運動，但不知何故，十年前他們突然一起消失。如今，他們過著一般人的尋常生活，徹底脫離政治活動，再也不涉足政治。我常常納悶，像他們如此熱中政治的人物為什麼會突然撒手？就好像什麼也沒發生過一樣。」

羅艾同意我的疑問不是空穴來風，於是我們開始追查這幾個人的動態，結果發現他們不但彼此聯繫，還跟阿濟茲．凱依德互有往來，也一起在卜拉革中心工作。天下竟有這麼巧的事！

這四個看起來一點都不像的人，難道真是哈瑪斯後面操縱傀儡的那雙手？甚至控制哈瑪斯的軍事派系？難道當我們定睛於那些台面上的知名行動分子時，他們正好從我們的雷達下閃躲飛過？為了發現真相，我們繼續挖掘、監看，還有等待。終於，我們的耐心得到美好的報償，我們在情資上有了重大突破。

我們確定這幾個三十出頭的致命人物確實完全掌握哈瑪斯的所有資產，也擁有西岸哈瑪斯運作的一切權力。他們從外界引進數百萬美金的資金，用來購買武器、生產爆炸物、招募自願者、協助通緝犯逃逸、提供物資運送，所作所為都在巴勒斯坦眾多看似無害的伊斯蘭研究中心的掩護之下。

沒有人知道他們的真實身分。他們不會在電視上出現，只靠著一站一站傳遞信件的方式彼此溝通，甚至連我父親對他們的存在都一無所知。他們顯然不信任任何人。

一天，我跟蹤納吉．馬地，看他離開住所，步行到一條街外的出租車庫，走向其中一個單位，拉起門。他在那裡做什麼？他為什麼要在離家這麼遠的地方租一個車庫？

接下來兩週，我們目不轉睛地緊盯著那個蠢車庫，但是再也沒有人來過。終於，門又開了，這次是從裡面打開，竟然是易伯拉欣．哈米德走出來，站在陽光下！

國安局人員興奮之餘仍耐心等待，直到他走回建築物裡，才展開逮捕行動。當哈米德被特種部隊包圍時，他可沒像他要求撒利赫及其他人那樣，奮戰至死。

「脫掉衣服，出來！」

沒有動靜。

「給你十分鐘，然後我們就要摧毀這整棟建築了。」

兩分鐘後，西岸地區的哈瑪斯軍事領袖哈米德穿著內褲走出來。

「**所有**衣服都脫掉！」

他遲疑了一下，還是照辦，赤裸裸地站在以色列士兵前面。

哈米德個人要為超過八十條無辜生命負責。這還只是我們能夠提出證據的部分。也許這個想法太衝動，不像耶穌的言行：若是我可以決定，我一定會把他拖回那個骯髒的車庫，讓他終生鎖在那個不見天日的地方，連審判都不需要了，免得浪費國家資源。

揭露哈瑪斯真正的藏鏡人，以及逮捕易伯拉欣·哈米德，後來被國安局公認是我在局裡最重要的行動，卻也是我參與的最後一項行動。

26

# 哈瑪斯需要一個願景

二〇〇五

在最近一次入獄期間，父親看清了一些事情。父親一向很開明。他可以坐下來跟基督徒、猶太人，甚至是沒有信仰的人談話。他願意仔細聆聽記者專家及分析師的意見，甚至參加大學的各種課程。當然，他也會聽我（他的助理、顧問及保鏢）的意見。因此，比起其他的哈瑪斯領袖，他有更清澈、更開闊的眼光。

他認清以色列的存在是一個永遠無法改變的事實，也看出哈瑪斯的許多目標是不合邏輯又無法達成的。父親希望在黑白之間找出雙方都可以接受的灰色地帶，同時還能為彼此保留顏面。所以在他被釋放之後的第一次公開演說中，他提出，關於眼前的衝突，必須有「兩國兩治方案的可能性」。在哈瑪斯內部，從來不曾有人提出這樣的建議。過去，他們充其量只有在簽署停火協議時短暫握手言和，而現在父親等於是承認以色列作為一個國家的獨立存在權，因此，演說後，他的電話響個不停。

世界各國的外交官員，包括美國，都要求跟父親私下密談，希望親自確認這是出自肺腑，而不只是外交辭令。我則在父親身邊寸步不離，充當翻譯的角色，我的基督徒朋友也給予父親無條件的支持，父親因此很愛他們。

不出所料，父親因為這次演說陷入一個大麻煩。當父親以哈瑪斯之名發言的時候，很明顯，他說的並不是哈瑪斯的心裡話。但是現在也不是父親離開哈瑪斯的好時機。阿拉法特死後，留下一個巨大的權力真空，讓占領區的每一條街道都躍躍欲試，到處都是激進武裝、充滿仇恨又群龍無首的年輕人。

這並不是因為阿拉法特的地位不容易被取代。其實，任何一個腐敗政客都可以坐在他的位子上。問題是，阿拉法特在巴勒斯坦自治政府和巴勒斯坦解放組織內厲行極權政策。他不是我們一般認識的團隊合作者，他手握所有大權與一切人脈，更重要的是，每一個銀行帳號都是以他個人的名字開設的。

如今，法塔赫被阿拉法特的盲目跟隨者侵擾，他們之中到底有誰能被巴勒斯坦人民及國際社會認可，並且強悍到能在派系傾軋的混亂中對所有人發號施令，一統天下呢？即使阿拉法特都不曾做到這一點。

幾個月後，哈瑪斯決定參加巴勒斯坦議會選舉。父親對此意興闌珊。在阿克薩反抗運動期間、哈瑪斯武裝派系成立之後，父親眼見自己創立的組織漸漸變成行動笨拙的怪物，一邊拖著非常長的軍事右腳，另一邊則是非常短的政治左腳。哈瑪斯基本上對於治理國家這檔事一竅不通。

講到革命反抗運動，我們只在乎嚴格及純潔，但是治理國家則需要充分的妥協及彈性。哈瑪斯若想要執政，它必須知道談判協商不是一個選項而是要務。身為民選官員，他們突然之間必須為預算、供水、食物、民間用電及廢棄物處理負起責任，而這一切都得透過以色列，一個獨立的巴勒斯坦國必須是一個懂得協商的國家。

父親記得在跟西方領袖的會議中，哈瑪斯如何拒絕各項提議。這反映出哈瑪斯的狹窄心胸及對立立場。依照父親合理的推論，若是它連美國或是歐洲都拒絕協商，即將選出的哈瑪斯領袖又如何在談判桌前坐下來與以色列協商？

父親不在乎哈瑪斯是否推舉候選人，他只是不希望看見選票上面滿滿列出受人民受戴、像他一樣的高知名度領袖。若是這樣，他擔心哈瑪斯會勝選。父親心裡清楚知道，執政的哈瑪斯至終會證明是人民的災難。有些事情證實父親的憂慮是對的。

「我們確實很擔憂，也許還有其他人也是這麼想。當巴勒斯坦人民把票投給哈瑪斯的時候，以色列會把刑罰加諸在人民身上。」我聽見他對以色列《國土日報》（*Haaretz*）的記者說：「他們會說，你們投票給哈瑪斯，所以我們會加強圍困，讓你的日子更不好過。」[13]

但是哈瑪斯裡面有許多人已經嗅到了財富、權力及榮耀。為了分食大餅，甚至是老早就脫離組織的前哈瑪斯領袖，這時也突然冒出來。父親對他們的貪婪、不負責任和無知深感厭惡。這些傢伙甚至連美國中央情報局或是美國國際開發署有什麼不一樣都分不清，誰會跟他們合作呢？

我因為生活中的一切覺得沮喪，包括巴勒斯坦自治政府的腐敗、哈瑪斯的無知和殘暴，還有看似無止境的恐怖分子需要被剷除及殲滅。我因為偽裝及風險成為每天的例行公事而感到疲憊不堪，此時，我只想過尋常百姓的人生。

二〇〇五年八月的某一天，當我走在拉瑪拉的街上，看到一名男子肩上扛著一台電腦，費力地爬上階梯到維修店裡。突然，我心想居家電腦維修也許是一門好生意，就像是巴勒斯坦版的「美國電腦特工」（American Geek Squad）。既然我已經不在美國國際開發署工作了，又相當有生意頭腦，我認為自己應該善用長才來賺點錢。

我跟美國國際開發署的資訊科技經理是好朋友。他是一個電腦鬼才，當我告訴他我的想法時，我們當下決定成為生意夥伴。我負責湊足資金，他負責提供電腦專長。我們還僱用了幾名工程師，包含女性工程師。這樣一來，我們在阿拉伯文化的社會裡還可以接觸到女性客層。

我們的新公司叫「電子系統資訊公司」（Electric Computer Systems），我還做了一些廣告宣傳單。我們的廣告是以一個漫畫為主軸，上面逗趣地畫了一個傢伙吃力地扛著電腦上樓梯，他的兒子在旁邊拉著他說：「爸爸你不需要這麼累。」催促他撥打我們的免付費電話。

電話蜂擁而來，一夜之間，我們成功了。我買了一輛公務用車，我們還成為惠普的授權經銷商，甚至擴展生意，建立起一個服務網絡。我終於可以過自己的人生了。其實這時候，我並不缺錢，但是我很開心自己能做一些有生產力的事情，而且樂在其中。

自從我踏上靈性探索之旅，我跟國安局的朋友常常展開關於耶穌及我的信仰發展的有趣對話。

「你想相信什麼都可以。」他們告訴我：「你可以跟我們說，但是絕對不要告訴其他人，更不要想受洗，因為受洗等於做公開的宣告。如果任何人發現你背離了伊斯蘭信仰、成為基督徒，你就有大麻煩了。」

如果他們有一天失去我，我不認為他們會關心我的未來像關心他們自己的一樣。但是上帝實在大大改變了我的人生，我無法漠視這個轉變。

有一天，好友迦瑪爾為我準備晚餐。

「摩薩，」他說：「我要給你一個驚喜。」

他一邊按電視遙控器，一邊露出神祕的眼神說：「你看『生活電台』（Al-Hayat）的這個節目，你一定會喜歡。」

我看著電視上一個名叫撒迦利亞·布楚斯（Zakaria Botros）的寇普特教派（Coptic）年長神父的眼睛，他看起來非常仁慈溫和，聲音溫暖而吸引人，我很喜歡他。直到我注意到他說話的內容，他系統性地「解剖」古蘭經，打開它的身體，讓每一根骨頭、肌肉、肌腱和內臟都暴露出來。又把它們放在真理的顯微鏡下，一切都為了證明這整本書已經充滿了癌細胞。

他精準又帶著敬意揭露書中與歷史或事實不合之處，以及其中的矛盾篇章。他的態度是如此確信及堅定，我當下的第一個反應是大聲反擊，然後關上電視。但是，很快地，不出幾秒鐘，我突然意識到這是上帝在回應我的禱告。神父撒迦利亞的一席話消滅我腦海中殘存、屬於阿拉而沒有生命的片段。這些殘留的片段使我跟伊斯蘭信仰仍連在一起，也遮蔽了我的眼睛，使我未能進入耶穌確實是上帝獨生子的真理裡面。在此之前，我沒有辦法進一步跟隨耶穌。但這確實不是一個輕鬆的轉變。想像一下，當你有一天早上起來，突然發現你的父親不是親生父親，這該有多痛苦？

這是一個長達六年的轉變過程，所以我無法確實告訴旁人從哪天、何時開始，我成為一個基督徒，但我心裡很清楚這個轉變。我也知道，無論國安局的人怎麼說，我都應該受洗。就在那時，有一群基督徒從美國來到耶路撒冷參訪聖地，也順道拜訪他們教會的姊妹教會，也就是我參加的那個教會。

這段時間，我跟這群教友中的一個女孩成了好友。我很喜歡跟她談話，也發現自己很容易信任她。我告訴她一些我在信仰上的經歷，她很鼓勵我。提醒我，上帝常常利用那些出人意表的人來完成祂的工作。是啊，我的人生故事正是如此。

一天傍晚，當我們在東耶路撒冷的美國僑民餐廳用餐時，我的好友問我為什麼還沒受洗。

我不能告訴她，因為我是以色列的情報人員，也不能告訴她，她眼前這個人深深涉入此區的政治及安全議題。但這確實是個好問題，我也曾經問過自己千百遍。

「妳可以為我進行浸禮嗎？」我問她。

她說她可以。

「妳能夠保密嗎？」

她說沒問題，還說：「海灘離這裡不遠。現在就去吧。」

「妳是說真的嗎？」

「當然！為什麼不行？」

「對啊，為什麼不行？」

當我們坐上開往台拉維夫的巴士，我感到一陣陣暈眩，心裡忐忑不安。我是不是忘記自己是誰了？我就這樣相信眼前這位從聖地牙哥來的女孩嗎？四十五分鐘之後，我們並肩走在台拉維夫擁擠的海灘上，沉浸在令人愉悅、溫暖的夜晚空氣中。身旁的人群沒有人知道，那個要為二十一條無辜年輕生命負責的哈瑪斯領袖的兒子即將受洗成為一名基督徒。

我脫下襯衫，與我的好友一起走進海水裡。

二〇〇五年九月二十三日星期五，當我開車載著父親離開拉瑪拉附近的難民營時，父親接到一通電話。

「怎麼了？」我聽他對著電話那一端大吼：「什麼？」

父親聽起來很激動。

掛掉電話之後，他告訴我是迦薩的哈瑪斯發言人薩米·阿布·祖赫瑞（Sami Abu Zuhri）打來的。他說在傑巴利亞（Jebaliya）難民營的大集會中，以色列人射殺了很多哈瑪斯成員。他堅持自己親眼看到以色列軍機從高空向群眾發射飛彈，他高聲抗議以色列違反停火協議。七個月前，父親曾努力為這個停火協議四處奔走。現在看來，他一切的心力都白費了。父親從一開始就不信任以色列，現在，他為以色列的嗜血感到憤怒。

但是我不相信。我沒有跟父親說什麼，只是這件事聽起來有點不對勁。

半島電台也打來，希望我們一回到拉瑪拉就接受專訪。二十分鐘後，我們進了攝影棚。我趁他們為父親戴麥克風的時候，打電話給羅艾。他向我保證以色列沒有發動任何攻擊。聽完，我的臉都綠了。我要求製作人給我看事件現場的新聞畫面，他帶我到中控室，我們一次又一次看著這些畫面。很顯然，爆炸是在地面發生的，不是來自天上的攻擊。

謝赫哈珊·約瑟夫已經準備好上節目。他高喊以色列不忠於協議，哈瑪斯揚言要發動一切攻擊以為報復，並且大聲疾呼，要求國際社會介入調查。

「您現在覺得好一點了嗎？」當父親從椅子上站起來時，我問他。

「什麼意思？」

「我說，您發表聲明之後，感覺好一點了嗎？」

「我怎麼可能感覺好一點？我真不敢相信他們會做這樣的事！」

「很好，因為他們沒有做這件事，是哈瑪斯。祖赫瑞是個騙子，請來中控室，我有東西要給您看。」父親跟我一起走進那個小房間，我們一起看了幾遍現場的影片。

「看，看這爆炸！爆炸是由下而上，不是從天空發射的！」

我們後來得知，集會中，迦薩地區哈瑪斯的軍事成員出現在街上，在示威遊行中大肆炫耀、展現手上的武器。他們卡車後面載運的卡桑式火箭意外爆炸，造成十五人死亡，多人受傷。

父親因此感到震驚。可悲的是，哈瑪斯不是自私的欺哄及掩蓋真相的唯一始作俑者，半島電台持續放送這個謊言，完全不在乎自己新聞內容的真實性。因此，情況愈來愈糟，比以前更糟。

為了報復這個不存在的迦薩攻擊事件，哈瑪斯向以色列南部城鎮發射了近四十枚飛彈，這是一週前以色列自迦薩走廊完全撤離後第一次重大攻擊。我跟父親在家裡與全世界一起看著新聞。隔天，羅艾打電話來，他警告說，以色列內閣已經認定哈瑪斯違反了停火協議。

新聞報導引用以色列軍事行動領袖以斯瑞·奇夫（Yisrael Ziv）少將的話，「我們決定對哈瑪斯發動持續而長久的攻擊。」媒體記者補充。這意味：「以色列將針對特定目標，重啟對哈瑪斯高階領袖的攻擊。」停火協議之後，以色列曾暫停這類攻擊。[14]

「你的父親也在名單上。」羅艾說。

「你是要我批准嗎？」

「不是，他們指定要你父親，我們沒有辦法阻止。」

我很氣憤。

「但是我的父親昨晚沒有發射任何飛彈或火箭砲，也不是他下的命令。他跟這一切毫無關聯，都是迦薩那些蠢蛋！」

最後，我精疲力竭，終於崩潰了。羅艾打破沉默。

「你還在嗎？」

「在，」我坐下，「這實在不公平……但是我能理解。」

「你也是。」他靜靜地說。

「我也是？什麼？又要被關？免談！我不會回去的，我不管什麼漂白不漂白。結束了，我不玩了！」

「兄弟，」他小聲說：「難道我會希望你被逮捕嗎？全看你了，如果你要退出，你可以退出。但是現在，情況比以前更危險。過去這一年，你比以往更常跟在你父親身邊，所有人都知道你投身哈瑪斯，很多人甚至相信你是領袖群之一……。如果我們現在不逮捕你，你可能幾週之內就沒命了。」

27

# 再見

## 二〇〇五－二〇〇七

「怎麼了？」父親看我落淚，關心地問我。

我什麼也沒說，他問我要不要跟母親還有妹妹們一起準備晚餐。這麼多年來，父親跟我建立了很親密的感情，他知道有時候我只是需要自己整理一下情緒。

當我跟他一起準備晚餐，我知道接下來將有很長一段時間我們不能如此親近了，也許，這是最後幾個小時了，想到這裡，我心都碎了。我決定不要讓父親獨自被捕。

晚餐後，我打電話給羅艾。

「好吧，」我告訴羅艾：「我願意回到監獄裡。」

二〇〇五年九月二十五日，我爬到拉瑪拉郊外小山丘上我最喜歡的景點，我常常在那裡禱告或是讀聖經。今天我花更多時間禱告，也流下更多眼淚。我祈求上帝向我和我的家人展現憐憫。當我回到家裡，安靜地坐著等待。父親對即將發生的事毫不知情，早早上床就寢。午夜剛過，安全部隊抵達。

他們再一次把我們送進監獄。在那裡，有幾百人被聚集在一個大廳裡，他們是在城市掃蕩中被帶過來的人。這一次，他們也逮捕了我的弟弟歐維司和穆罕默德。羅艾私下告訴我，他們涉嫌參與一件謀殺案。他們的一個同學綁架並虐殺一個以色列屯墾區的居民，國安局監聽到凶嫌在犯案前一天打給歐維司的電話。穆罕默德過幾天就會被釋放。但是歐維司在確認未涉案之前，恐怕要被關上四個月。

大廳裡，所有人跪坐在地板上將近十個小時，雙手被反銬在背後。我發現他們挺尊敬父親的。後來，有人搬了一張椅子來給父親坐，我忍不住低聲感謝上帝。

我被判三個月的行政拘留。我的基督徒朋友給我送來一本聖經，我藉著讀聖經來打發牢獄生活。二〇〇五年耶誕節，我被釋放。父親卻仍在獄中。當我寫到這裡，父親依舊身繫囹圄。

二

國會選舉在即，每個哈瑪斯領袖都希望藉機求得一官半職，他們仍然令我作嘔。這些人可以自由行動，而那個唯一真正有資格領導百姓的人卻毫無生氣地被關在鐵絲網後面。發生了這麼多事，最後導致我們入獄，不需太費工夫就可以說服父親退出競選。他傳話給我，叫我告訴穆罕默德．德雷格曼（Mohammad Daraghmeh）他的決定。德雷格曼是父親的好友，也是美聯社的政治分析師。

幾小時後新聞便傳開了，我的電話也開始響個不停。哈瑪斯的領袖們試圖聯絡獄中的父親，但是他拒絕跟他們談話。

「怎麼回事？」他們問我：「這簡直是一場災難。你父親不參選，我們就輸定了。選民會覺得他不再祝福這個選舉。」

「如果他不想加入，」我說：「你們就應該尊重他的決定。」

然後，以實馬利．哈尼葉（Ismail Haniyeh）也打電話來了。他是哈瑪斯選票上的頭號人物，即將當選成為巴勒斯坦的新總理。

「摩薩，身為運動的領袖，我命令你即刻召開記者會，宣布你父親仍然是哈瑪斯的候選人，告訴大家美聯社弄錯了。」

經過這麼多事，現在他們卻要我為他們說謊。難道他們忘記伊斯蘭禁止說謊嗎？還是他們覺得政治裡沒有信仰，所以撒點謊無傷大雅？

「我不能這麼做。」我告訴他：「我很敬重你，但是我更自重。為了自己與父親的人格，我不能這麼做。」講完，我就掛了電話。

半小時後，我收到死亡威脅。「現在就召開記者會，」電話那一端說：「否則我們會殺了你。」

「那就來吧，來殺我吧。」

我掛上電話後，跟羅艾聯絡。幾小時後，那個打電話威脅我的傢伙被捕了。

我其實不在意生命被威脅，但是當父親知道這件事後，他親自致電穆罕默德．德雷格曼，告訴德雷格曼他會參選。然後父親要我冷靜下來，靜候他被釋放，他保證他會搞定哈瑪斯。

父親自然無法從監獄裡參選，他其實也不需要。競選期間，哈瑪斯到處張貼他的照片，心照不宣地鼓勵大家將票投給哈瑪斯。投票那一夜，謝赫哈珊・約瑟夫被送進了國會殿堂，帶著大家一起進去，人數就跟獅子鬃毛一樣多。

＝

當我隱約感覺生命中許多事情將暫告一段落時，我把手上「電子系統資訊公司」的股份都轉賣給其他股東。

我到底是誰？若是我的人生繼續如此，對未來我還能期待什麼？

我已經二十七歲了，連正常約會都是奢望。基督徒女孩一聽到我是哈瑪斯高階領袖的孩子，一定馬上嚇壞了。穆斯林女孩也不是阿拉伯基督徒的選擇，而猶太女孩有誰肯和哈珊・約瑟夫的兒子約會？好吧，就算有人不計一切願意跟我約會，我們能談什麼呢？關於我的生活，有哪一部分是我可以隨意敞開來分享的？其實，我自己都搞不清楚我的人生到底是什麼。我犧牲一切，到底是為了什麼？為巴勒斯坦？為以色列？還是為了和平？

身為以色列國安局的釣餌，我可以對旁人自誇什麼？我們同胞的生活改善了嗎？血債血還的報復行動終止了嗎？父親回家跟家人團聚了嗎？以色列更安全了嗎？我是否為弟弟妹妹們建立了更好的人生典範？我覺得，我幾乎犧牲了自己三分之一的人生，卻一無所得，正如所羅門王在聖經傳道書四章十六節說的：「一切都是捕風。」

當我在不同的場合穿戴上不同的帽子、長袍，改變身分時，我甚至不能暢所欲言。誰會相信我說的一切？

我打電話到羅艾的辦公室找他。「我無法繼續為你工作了。」

「為什麼？怎麼了？發生了什麼事？」

「沒事，我很愛你們每一位，我也熱愛情報工作，我甚至覺得對這個工作上癮了。但是我們毫無斬獲，我們面對的戰爭不是靠著逮捕、訊問或暗殺就可以打贏的，我們的敵人是理念，理念絲毫不會被入侵行動或宵禁動搖，就像我們無法用馬卡瓦戰車轟爛一個理念一樣。你們不是我們的問題，我們才是，我們才是你們的麻煩。我們全像是困在迷宮裡的鼠群。我再也無法這樣下去了，我覺得該是離開的時候了。」

我知道這對國安局而言無疑是一枚震撼彈，那時我們正處於戰爭狀態。

「好吧，」羅艾說：「我會通報上去，看看局裡高層怎麼說。」

當我們再次碰面時，羅艾告訴我：「高層提出一些想法，你聽聽看。以色列有一家大型的通訊公司，我們會供應你足夠的資金，讓你在巴勒斯坦地區也開設一間這樣的公司。老實說，這是一個大好機會，會讓你的下半輩子衣食無虞。」

「你們沒弄懂，問題不是錢，問題是我覺得自己在原地打轉，一無所成。」

「摩薩，這裡的人需要你。」

「我會想別的辦法幫他們，但是我沒辦法這樣下去。即使是國安局也看不到未來的方向。」

「所以你想要什麼？」

「我要離開這個國家。」

羅艾再次把我們的對話轉達給上級，就這樣來來回回地傳話。高層堅持我必須留下來，而我則執意要離開。

「好吧，」他們終於說：「如果你保證會回來，我們同意讓你去歐洲待幾個月，甚至是一年。」

「我不要去歐洲，我要去美國，我有朋友在那裡。也許一年、兩年或五年後我會回來，我不知道。但是現在，我只知道我需要喘口氣。」

「美國有點困難。在這裡，你有錢、有地位，還有大家的保護，你已經建立了穩固的信譽，生意也不錯，更重要的是，你可以自在地生活。你有沒有想過，到了美國，你的生活將會如何？你會是一個沒沒無名、沒有任何影響力的人。」

我告訴他們，即使要洗盤子度日，我也不在乎。我繼續堅持，而他們好像也吃了秤鉈鐵了心一般。

「不可能的。」他們說：「不要考慮美國，只能去歐洲，而且只能去一陣子。去好好享受一下吧。我們會繼續付你薪水，去玩一玩。儘管休息，休息夠了就回來。」

「好吧，」我被迫放棄。「我要回家了，我再也不會為你們做任何事了，我只想待在家裡，足不出戶，免得我一不小心又發現一名自殺炸彈客，還得通報你們。你們也不用費事跟我聯絡了，我不幹了。」

我回到父母的家，關掉手機，任憑自己的鬍鬚變得又濃又密。母親很擔心我，經常到房間來關心我，問我是否一切安好。日復一日，我讀聖經，聽音樂，看電視，回想過去十年的點點滴滴，同時還要跟深層的沮喪奮戰。

三個月過去了。有一天，母親說有人打電話找我。我告訴她，我不想跟任何人說話，但是母親說，那人說是急事，說他是我的老友，還說他認識父親。

我下樓，拿起話筒，原來是國安局的人。

「我們需要見個面。」對方說：「很重要的事，我們有好消息要給你。」

我去跟他們會面。我拒絕工作，也沒讓他們得到什麼好處。他們知道我這次是來真的了。

「好吧，我們讓你去美國幾個月，但是你必須保證你會回來。」

「我不懂你們為什麼要一直堅持那些不可能的事。」我安靜又堅定地告訴他們。

終於，他們說：「好吧，我們同意你去美國，可是有兩個條件：首先，請你找一個律師，然後透過法庭向我們申請保外就醫，否則你會曝光。第二，你必須回來。」

以色列國安局從不曾允許哈瑪斯成員離境，除非他們需要接受巴勒斯坦境內缺乏的特殊醫療。其實我的下顎真的有咬合不正的問題，在西岸我沒辦法得到適當的矯正手術。這對我根本沒造成什麼困擾，但是我突然發現，這是一個大好藉口。於是我僱用了一位律師，向法庭提出診斷報告，申請到美國接受手術。

我們這樣做的目的，是要讓人覺得我必須提出許多證明文件來對抗官僚體系，以換取離開以色列的機會。如果國安局讓我輕易離開，大家會私下揣測，我是不是拿什麼條件交換，才得到特權。我們必須讓整件事看起來像是以色列無所不用其極地刁難我，不想讓我輕易如願。

但是很不幸的，我挑選的律師竟然成為我的絆腳石。顯然他不認為我真的有機會踏出國門，所以他要求我事先支付律師費，我照辦了。接著他只翹著二郎腿，什麼事也不做。因為國安局沒有從我的律師那裡得到任何文件，也沒有辦法在法庭上做什麼。時間一週一週地過去了，我打電話詢問律師案子的進度。其實他不需要做太複雜的事情，只需要準備文件。即便如此，每次我打電話去，他都只是支吾其辭，編造故事拖延，總是說有困難，事情沒有你想的那麼容易等等。一次又一次，他說需要更多的錢打通關節，而我也一次又一次支付他更多的錢。

就這樣來來回回過了六個月，終於到了二〇〇七年新年期間，我接到一通電話。

「你的申請核准了。」律師宣布，好像他解決了世界飢荒一樣。

「你可以跟賈拉松（Jalazone）難民營的哈瑪斯領袖再見一次面嗎？」羅艾問：「你是唯一的人選——」

「我再過五個小時就要出國了。」

「好吧，」他放棄了。「好好照顧自己，保持聯絡，過了邊境以後打電話給我，讓我知道一切順利。」

我打電話給一些在加州的朋友，告訴他們我要來了。當然，他們不知道我是哈瑪斯高階領袖的兒子，還是以色列國安局的情報人員，但是他們都很興奮。我用小行李箱打包了一些換洗衣物，走下樓告訴媽媽我要離開了。那時她正在床上睡覺。

我跪在她床邊，告訴她再過幾個小時我就要離開了，我會先越過以色列邊境進入約旦，再飛到美國。即使這個時候，我都不能告訴母親我為什麼要去美國。

她的眼神道盡了一切。**你的父親此刻還在監獄裡，對弟弟妹妹而言，你就像父親一樣，你去美國做什麼**？我知道她不希望我離開，另一方面，她卻希望我得到內心的平靜。她告訴我，我在家鄉經歷了這麼多危險之後，她希望我在美國能夠擁有真正的人生。其實，她並不知道自己的兒子到底經歷了多少危險。

「早上要出門前記得叫醒我，」媽媽說：「至少讓我親吻你的臉頰道別。」

媽媽祝福我之後，我告訴她我一大早就會出發，她不需要起床跟我道別。但是她是我的母親，後來她整夜都在客廳裡熬夜陪我，還有我的弟弟妹妹和好友迦瑪爾都徹夜未眠。

就在那時，我感到一股衝動，要把那本被我寫滿筆記、讀了許多年，甚至在監獄裡也不曾離手的聖經送給迦瑪爾。

我跟他說：「在我離開之前，我沒有更貴重的禮物可以送給你。這是我的聖經，好好地讀，跟隨耶穌的教導。」我相信他會看重我的願望，也許每當他想念我的時候，會拿起來讀一讀。

我又算一算身上的錢，確保足夠支付離家後一直到以色列與約旦間的艾倫比關口的花費。

通過以色列檢查哨沒有什麼大問題。我付了三十五元的離境稅，進入充滿金屬探測器、X光掃描機的海關通道，還經過惡名昭彰的「第十三室」，有嫌疑的旅客一律在這裡被訊問。這些儀器設備，包含脫光衣服被搜查，大都是為那些從約旦入境以色列的旅客準備的，而不是離境旅客。

出境大廳人滿為患。有人穿著短褲，有人背著滑稽背包，有人戴著猶太小圓帽或是傳統阿拉伯頭巾，還有戴著面紗的婦女，或是棒球帽的年輕人。有人將行囊背在背上，其他人則是推著塞滿行李的手推車。終於，我搭上大型的JETT巴士——這是唯一被允許開上兩國間水泥橋的大眾運輸工具。

**好**，我心想，**快到了**。

但是我心裡還有一點點神經緊張。國安局應該無論如何都不會讓我這樣的一個人離境，我的狀況真是前所未有，甚至連羅艾對於我拿到出境許可都很訝異。

到了約旦境內，當我出示護照時，心裡其實很緊張。雖然我有三年的美國簽證，但是我的護照即將在三十天之內失效。

**拜託！拜託！**我在心裡禱告，**至少讓我進約旦一天，一天就好**。

然而，顯然我是多慮了，我的護照一點問題都沒有。我攔了一輛計程車直奔安曼市區，買了一張法航的機票，在飯店裡休息了幾小時，然後就搭車去阿麗安皇后國際機場，經由巴黎飛往加州。

當我終於坐上飛機，我細細思索被自己拋在身後的一切。有好的，也有壞的，有我的家人、朋友，也有無止境的血債血還、內耗，以及徒勞無功的努力。

我花了好長一段時間才漸漸適應這種感覺。我現在真的自由了！可以自在地做自己，不再需要偷偷摸摸跟什麼人會面，不再有以色列監獄，也不再需要疑神疑鬼、緊張兮兮地過日子。

這感覺很特別，卻十分美好。

二

有一天，當我走在加州街上，眼角彷彿瞥到一個熟悉的臉龐向我走來。那是馬赫．歐德赫，就是無數自殺炸彈攻擊背後的首腦，也就是阿拉法特的武裝惡棍在二〇〇〇年拜訪的對象。我後來還發現鬼魅般的阿克薩烈士旅就是他們這個小組成立的。

一開始，我無法完全確認他就是歐德赫。人在不同的時空環境下，看起來會不太一樣，我好希望自己看錯了。哈瑪斯過去未曾敢滲入美國直接採取行動。如果他真的在此地，那麼美國就有大麻煩了。我也是。

我們四目相交了一秒。在他繼續往前走之前，我從他的眼神中看到一絲熟悉感。

# 尾聲

二〇〇八年七月，我跟好友亞維．以薩卡洛夫（Avi Issacharoff）一起在餐廳用餐。亞維是以色列《國土日報》的記者。我告訴他我成為一個基督徒的經過，我希望這個消息是從以色列傳出，而不是西方國家。我的故事在他的報紙上以「浪子」這個標題刊出。

正如同許多耶穌的信徒所遭遇的，我公開宣告我的信仰，使得我的父親、母親、弟弟、妹妹及朋友都心碎了。

在我的家族蒙羞時，好友迦瑪爾是少數仍跟我家人站在一起、陪伴他們、與他們一起哭泣的人。我離開巴勒斯坦之後，迦瑪爾感到極度孤單，後來，他遇到一個美麗的年輕女孩，訂了婚。在《國土日報》刊登我的故事兩週後，他們結婚了。

我的家人在迦瑪爾的婚禮上按捺不住憂傷，眼淚流個不停，因為迦瑪爾的婚禮讓他們想到我，他們再一次想起我如何一手毀了自己的未來，也想到我不可能結婚，擁有一個穆斯林家庭。他們是如此憂傷，甚至連新娘都跟著一起哭了。婚禮中其他的賓客大都也哭了，但是我相信，這些人是為了其他原因而哭。

「你難道就不能再等兩週，等我婚禮辦完再宣布嗎？」迦瑪爾後來在電話裡問我：「因為你，我人生中最重要、最美好的一天變成了悲劇。」

我覺得糟透了！還好，即使如此，迦瑪爾仍然是我的交心好友。

父親在牢獄中收到這個消息。他一早起來，竟然得知自己的長子已經改信基督教。在父親眼中，我不但毀了自己的未來，也毀了家族的未來。他相信有一天，他將要眼睜睜看著自己的兒子被帶到地獄裡，然後我們將永遠隔離。

父親傷慟得像嬰兒一樣嚎啕大哭，拒絕離開自己的牢房。

所有的獄友，不分派系，都來安慰他。「摩薩的爸爸，」他們說：「我們都是您的兒子啊，請平靜下來吧！」

父親無法查證報上的新聞是否屬實，然而一週後，我們家唯一可以去監獄探望父親的十七歲妹妹愛哈兒來到獄中。從她的眼神，父親馬上知道，報上所寫的一切都是真的。父親再也無法壓抑自己的情緒，其他獄友甚至拋下來探監的家人，轉而安慰父親，親吻他的頭，跟他一起哀哭。父親試著停下來，向大家致歉，卻哭得更厲害。甚至那些敬重父親的以色列獄警也一起哭了。

後來，我寄給父親一封長達六頁的信。信中我告訴父親，發現他一直深愛卻未曾認識的神的真面目，有多麼重要。

我的叔叔伯伯則迫不及待想看父親跟我斷絕父子關係。當父親拒絕這麼做時，伯父們對母親和弟弟妹妹的需求完全置之不理。父親很清楚，一旦與我斷絕父子關係，哈瑪斯的恐怖分子將會結束我的性命。儘管我深深地傷害他，父親仍然盡己所能地保護我。

八週之後，內蓋夫沙漠中凱資阿特監獄裡的囚犯威脅要發起暴動。以色列監獄管理局（Shabas）找上父親，要他協助解除這個狀況。

有一天，母親來電。自從我到美國以後，我跟母親每週都通一次電話。

「你父親現在在內蓋夫，有人夾帶手機到獄中。你想不想跟父親說說話？」

我真不敢相信自己的耳朵，我從來不奢望在父親出獄前跟他說上話。

我撥打母親給我的號碼。沒有人接聽，我又打了一次。

「喂？」

聽到父親的聲音，我幾乎說不出話來了。

「嗨，爸爸。」

「嗨！」

「爸爸，我好想念您的聲音！」

「你還好嗎？」

「一切都很好。我怎麼樣不重要啦，重要的是您還好嗎？」

「我還好。我們被調過來，跟這裡被囚禁的人協談，希望能讓情況平息下來。」

父親還是一樣，旁人的需要在他心中總是更優先。這一點應該是不會變的。

「你現在在美國生活過得如何？」

「我過得很好，我正在寫一本書……」

每個囚犯只能講十分鐘，而我父親從來不會濫用他的地位來換取特殊待遇。我其實想跟他討論我在美國的生活，但是他似乎不想談這件事。

「無論發生什麼事，」他只說：「你都是我的兒子。你永遠是我的一部分，沒有什麼可以改變這個事實。也許你有不一樣的想法，但無論如何，你都是我的小男孩。」

我很訝異，他實在太不可思議了。

隔天，我又打電話過去，父親心臟不適，但他還是在電話那一頭聽我說話。

「我有個祕密要告訴你。」我說：「我希望您現在就知道，因為我不希望您是從媒體那裡得到消息。」

我向父親娓娓道來。我告訴他過去十年，我是如何為以色列國安局效力。我說他至今仍存活，是因為我同意國安局將他逮捕入獄，只為了保護他。我告訴父親，他名列耶路撒冷當局的頭號暗殺名單，還有，他至今之所以仍在監獄裡，是因為我已經不在巴勒斯坦，無法保護他的人身安全。

電話那頭一片靜默。父親聽完我的話之後不發一語。

「爸爸，我愛您。」我說：「您永遠是我的爸爸。」

**編註**：二〇一〇年三月一日，此書在美國上市的前一天，摩薩的父親宣布與他斷絕父子關係。謝赫哈珊．約瑟夫發出聲明信，信中說他的家族正式與「我們家的長子摩薩」斷絕關係（美聯社，二〇一〇年三月一日）。

儘管失去了家族並且為此冒著生命危險，摩薩仍然持續傳講一個訊息：「愛你的仇敵。」

# 附記

藉由訴說我個人的故事，我深切期盼，我有機會告訴自己的同胞——那些被腐敗政權利用超過百年之久的巴勒斯坦伊斯蘭教追隨者——真理能夠使他們得自由。

藉由訴說自己的故事，我也希望讓以色列人知道，要心懷希望，不要放棄。若是像我這樣從小在一個以殲滅以色列為宗旨的恐怖組織中長大的孩子，能成為現在這個樣子，我不只懂得愛猶太人，甚至為他們甘冒生命危險。我希望以色列人知道，在混亂中仍有一線希望之光。

我的故事也想對基督徒傳達一個訊息。我們必須從我同胞的悲傷中學習，他們背負極大的重擔，奮力前進，希望得到神的眷顧。我們應該以無條件的愛去愛世上每一個角落的人，以取代並超越我們自己設定的宗教藩籬，還有一切宗教規範。如果我們希望在世界上展現耶穌的風貌，我們都應該活出耶穌愛的訊息。如果我們要跟隨耶穌，我們應該預備好自己，隨時面對可能降臨的迫害。有一天，當我們因為耶穌而受迫害時，我們應當喜樂。

我也有話想對中東政治專家、政府決策者、學者及情治單位的高層說。我寫下自己的簡單故事，希望能使大家對這個世上最棘手的地區之一有更多的瞭解，無論是它問題的核心，或是可能的解決方案。

當我寫下自己的故事，我知道有許多人，包含那些我最在乎的人，將不瞭解我的動機或想法。

有的人會批判我，認為我所做的一切都是為了金錢。諷刺的是，在我人生的前半場，我並不缺錢，如今，我卻只能勉強糊口度日。當然，我的家人一直面對經濟困境，特別是父親被捕入獄的那段漫長歲月。後來，我成為一個相當富有的年輕人。靠著以色列政府給我的薪資，我的收入是國內平均所得的十倍之高。我的日子過得很不錯，我有兩棟房子、一輛全新的跑車，而我還可以賺更多。

當我跟以色列人說我不幹了，他們提議幫助我設立自己的通訊公司。若是我接受他們的提議留下來，我將賺進上百萬美金的財富。但是我拒絕他們的提議來到美國。在美國，我無法找到一個全職的工作，幾乎過著居無定所的生活。我希望有一天我可以不再為金錢傷腦筋，但是我也明白，我不會滿足於只有金錢的人生。如果金錢是我的目標，我大可留在家鄉繼續為以色列工作，或是收下來美國後大家給我的捐款。我沒有這麼做，因為我不希望金錢成為我的優先次序——或是讓人感覺金錢是我的動力。

也許另有一些人認為我希望引起注意，為了名聲。我希望大家明白，在家鄉，我可是有足夠的名聲。

其實，身為哈瑪斯高層領袖的兒子，對我而言，權力是較難捨棄的。曾經深嘗權力的滋味，我知道權力的吸引力有時比金錢更令人上癮。我很享受我人生上半場擁有的權力，但是一旦上癮，即使是對權力上癮，你都將失去對自己人生的掌握。

自由，對自由深深的渴望才是我人生故事的核心。正是這個渴望驅動我的心。

我來自一個被腐敗政府奴役幾世紀的民族。

當我的雙眼被擦亮，看見原來自己的同胞不只被以色列壓迫，更被自己的領袖壓迫時，那時的我正被關在以色列的監獄裡。

我是一個要求信徒持守嚴格規矩的宗教的虔誠信徒，藉著持守規範來取悅古蘭經的神，然後才有機會上天堂。

在我前一階段的人生，我擁有金錢、權力與地位，但是我真正渴望的是自由。換句話說，我渴望拋開仇恨、成見，或是報復的衝動。

耶穌的訊息——愛你的敵人——最終使我得自由！誰是我的敵人、誰是我的朋友已經不重要了，因為我應該愛他們每一位。而我也能與這位教導我如何愛人的上帝建立一個愛的關係。

與上帝建立一個這樣的關係不只釋放我得自由，更為我開啟了一個新生活。

讀完此書，請不要認為我已經成為耶穌的超級跟隨者。我的心中仍然常有掙扎，我對於信仰粗淺的理解或是認識來自於研讀聖經，也就是說，我是耶穌的信眾，並且開始學習成為祂的門徒。

在我的成長環境中，宗教信仰教導我，必須靠著善行才能得到救贖。因此，我費了好大的工夫，重新學習認識真理：

要除去你們那照著從前生活方式而活的舊人。這舊人是隨著迷惑人的私欲漸漸敗壞的。你們要把心靈更換一新，並且穿上新人。這新人是照著神的形象，在公義和真實的聖潔裡創造的。（以弗所書四章二十二—二十四節）

與許多耶穌的跟隨者一樣，我從罪中悔改，我知道耶穌是上帝的兒子，祂來到世界上，為我們的罪而死，然後從死裡復活，現在坐在天父的右手邊。我已經受洗，但是我感覺自己似乎還沒進入上帝的國度。有人告訴我，上帝的國度裡面很富足、很豐富。而我希望能得到全部。然而同時，我還在跟世界、血氣的罪性及撒旦角力。我心裡也仍有誤解和疑惑，有時候，我還得跟看似無法征服的事情角力。儘管如此，我心中仍充滿希望。雖然我如同聖經中使徒保羅對提摩太說的，他稱自己是「罪人中的罪魁」（提摩太前書一章十六節），我知道只要不放棄，我一定可以成為上帝希望我成為的樣子。

如果有一天我們在大街上相遇，請不要請教我的意見，也不要問我這一段或是那一段經文的意思，因為也許在這條路上，你已經比我領先，走在前面。請不要視我為心靈上的戰利品，請為我禱告，使我在信心的路上成長，也使我在學習與新郎耶穌共舞時，不致常常踩到祂的腳。

三

當我們持續在身外而非內心尋索敵人時，中東問題會一直存在。

宗教不是解決方案。信仰裡若是沒有耶穌，就淪為自以為義。脫離壓迫的自由也無法解決問題。脫離歐洲的壓迫後，以色列成為一個欺壓者。脫離迫害後，穆斯林也成了迫害者。受虐的配偶或孩子至終也將成為虐待配偶或孩子的人。心靈若沒有得到醫治，受傷的人也會傷害他人。這聽起來也許是陳腔濫調，卻是千古真理。

受到謊言的操弄，以及民族主義、仇恨、復仇的衝動的驅策，我幾乎走上相同的路，成為這些人中的一個。然而，一九九九年，我遇見唯一的真神。祂是我們在天上的父，祂的愛無法言喻，筆墨難以形容，卻透過為了救贖世界的罪而死在十字架上的獨生子耶穌顯明出來。祂是那一位——三天後——使耶穌從死裡復活以彰顯祂的能力及公義的上帝。祂不只吩咐我要饒恕並愛我的仇敵，就如同祂愛我，祂更幫助我，使我有能力真正去愛並饒恕。

真理和饒恕是中東問題的唯一解決方案。中東問題的挑戰——特別是以巴問題——不在於**找出**解藥，而是成為有足夠勇氣、能首先**擁抱**它的人。

# 後記

二〇一一

《哈瑪斯之子》問世以來，特別是在它登上暢銷書排行榜之後，許多人前來恭賀我，也來表達支持之意。對大多數的作者而言，著作能夠出版就是一件值得慶賀的事了，更遑論登上暢銷書排行榜。但是，此書的出版對我而言並不是一場勝仗，在某些程度上，它成了我最可怕的夢魘。此書出版後，事情接二連三地發生，在在熬煉我慶賀的心情，也永遠改變了我的人生。

首先，二〇一〇年三月，《哈瑪斯之子》上市的前一天，我接到消息，得知父親已與我斷絕親子關係。如同大家可以想像的，這可說是我人生能收到的最壞消息了。

隨後，二〇一〇年五月，我被美國國土安全部（U.S. Department of Homeland Security）通知，基於我過去的哈瑪斯背景，我可能成為美國潛在的安全威脅，因此他們安排了一場聽證會，會中將決議是否將我驅逐出境。

在我談論這件事之前，我想先將時序倒回至二〇〇八年。我於二〇〇七年來到美國，如同我在此書尾聲所寫，我把自己信奉基督教的消息向以色列《國土日報》的記者亞維．以薩卡洛夫揭露，他後來於二〇〇八年七月底寫了一篇關於我的報導。那時，我完全料想不到誰將在報上讀到我的故事。

關於我在以色列國安局的聯絡人，我只知道他叫羅艾上校。我知道那是化名，就像我的代號是「綠王子」一樣。儘管我們慣用代號稱呼彼此，在國安局共事的那段日子，我們完全信任對方。在每一次任務中，我們將生命託付在對方手裡，因此很快地，我們的關係從任務夥伴發展成朋友，甚至是兄弟之情。儘管如此，我們不曾在組織外有任何聯繫。事實上，當羅艾於二〇〇四年被轉派到另一個單位，以及後來於二〇〇六年被解僱以來，我不曾聽到任何他的消息。因此，當《國土日報》刊出我的故事幾天後，我收到一個名為革農．班．依茲哈克（Gonen ben Itzhak）的人的電子郵件時，我很驚訝。他在信中說自己就是羅艾上校。

儘管我跟羅艾之間沒有任何聯繫，我們卻一直關心對方。我知道革農與國安局高層有些不和，只能在心裡和禱告中支持他。其實在我離開巴勒斯坦之前，革農就很替我擔心了。祕密通報恐怖分子活動或是參與以色列國安局的危險行動，並非結交朋友的好途徑，所以革農一直很擔憂，害怕也許有一天他拿起報紙會看到我身亡的消息。

因此，當革農瞄到報紙上我改信基督教的消息時，他起先只看到《國土日報》頭版上我的照片。他心想，**不妙，我的朋友沒了**。後來，他讀到我如何到了美國以及在美國生活的困境。他先是為我能夠離開以色列感到訝異，接著，他為我在美國的處境憂心——找不到工作，幾乎淪落街頭。

他知道，他必須盡快跟我聯繫。他致信亞維．以薩卡洛夫，詢問我的電子郵件帳號。他沒有告訴亞維．以薩卡洛夫我們是如何認識的（當時我尚未揭露自己與以色列國安局的關係），他甚至沒說他認識我，只說基於人道關懷，他想幫助我。於是，記者把我的電子郵件帳號給了革農。

我無法形容當我收到革農的郵件時心裡有多麼喜悅。在參與無數的祕密行動，又對自己的真實身分三緘其口這麼多年之後，我已很難跟其他人建立彼此信任的新關係。《國土日報》刊出我的故事的時候，我在美國的日子並不好過。革農知道國安局裡的每一段往事，而他也真正關心我。他跟我說到自己家裡的狀況，還有二〇〇四年我們分道揚鑣之後發生了什麼事。儘管他也不富裕，仍說要寄錢來美國，舒緩一下我的困苦生活。信末，他寫道：「我希望你能讓兄弟有榮幸來幫助你。」他稱我為**兄弟**。我哭了。

隔天，我回信給革農。很快地，我們重新建立聯繫。我們都知道，對一個前國安局情報人員，與他的聯絡人在國安局的體制外聯繫是違法的。但是，我們不只有這一層關係，我們還是好友，況且，我們都已經離開國安局的工作了。接下來幾個月，在革農飛來美國讓我們面對面重啟友誼之前，我們通過幾次電話。

直到我們在機場碰面，彼此互看，兩個人都忍不住大笑，給對方一個擁抱。在中東地區這麼多次的會面之後——祕密進行，在安全地點，沒人知道——如今能在那樣的場景之外相見，實在很棒！我們不再代表以色列或巴勒斯坦，不再是國安局或哈瑪斯，而是朋友！想到我們能超越中間的藩籬，建立如此的友誼，實在太難得了。一個外界的觀察者可能會看著我們的背景，然後說：「這兩個人不可能成為朋友。」但是很顯然，上帝並不同意這個說法。

以弗所書二章十四節說，耶穌祂自己就是「我們的和平：祂使雙方合而為一，拆毀了隔在中間的牆，就是以自己的身體除掉雙方的仇恨」。透過我跟革農的友誼，我親身經歷耶穌在我生命中做的和平工作。我與革農本身要建立友誼已不容易，若是把我們父親的身分也考慮進去，這和平的工作就更不可思議了。如書中所言，我的父親是哈瑪斯這個恐怖主義組織的創建元老之一，革農的父親在第一次阿拉伯反抗運動時是以色列國防軍的將軍。事實上，他當時就負責西岸地區，也就是說，那時以行政拘留的名義發出的逮捕令（即政治犯），都須經過革農父親的批准。革農的父親很可能不只一次簽核我父親的逮捕令！藉著上帝的恩典，我與革農的友誼就在這樣的荒漠、旱地中萌芽、開花。

當我與革農重拾情誼，我跟美國國土安全部的麻煩才正要開始。我於二〇〇七年一月二日抵達美國，跟每個觀光客一樣，我以觀光簽證入境。沒有人調查我的過往，沒有人知道我與父親及哈瑪斯的關聯，當然也不知道我與以色列國安局的關係。機場安全人員攔下我，只因為再過幾天我的護照就要失效了，但是我有辦法說服他們讓我入境。

初抵美國，我原本計畫申請政治庇護，但是有人告訴我，我必須先等六個月的簽證失效再提出申請。簽證失效當天，我填表申請政治庇護。我誠實回答表格上的每一個問題，卻沒有表明自己與以色列國安局的關係，當時我並不確定是否應該或是如何揭露自己曾為間諜的身分。我只提到自己是哈瑪斯領袖——謝赫哈珊．約瑟夫的兒子，而我已改信基督教，再也無法回到巴勒斯坦等等。我還附上一些朋友的信件，證實我改信基督教之事屬實。在不洩漏敏感資訊的情況下，盡可能誠實。

在我提出政治庇護申請之後幾週，美國國土安全局要我去面談。我到了他們的辦公室，告訴他們我的身分、我是誰，還有我為什麼要在美國申請政治庇護等。他們莫不感到震驚，也許還有些汗顏，美國竟然讓一個像我這樣與恐怖主義有直接關聯的人入境而渾然不知。他們沒人想得透這怎麼可能發生。

與我面談的官員看起來對我充滿敵意。他前面擺了一個檔案夾，裡面是我申請案件的詳細資料。那個資料夾很壯觀，看來裡面集結所有關於我父親、我，以及哈瑪斯的各種媒體報導。眼前這位官員看來對我的檔案震驚不已，似乎也對我的案件有了定見。我把他眼前的檔案夾闔上，跟他說：「如果你有勇氣，就寫吧。寫驅逐出境，然後把我拘禁起來。但是你要知道，你必須為即將發生的一切負責。」

他沒有表示什麼，所以我繼續說：「我很愛美國，過去我在西岸為美國政府工作，還結交了許多美國朋友，我無意破壞這個體制，也無心從中獲利。我甚至不奢望得到公民權，我只是需要被保護。如果你還是認為我在開玩笑，或是只是一個恐怖分子或是想占美國便宜的人，那我們不需要再彼此隱瞞。你現在就可以在我的申請書上寫下驅逐出境，但是你要知道你犯了一個大錯，而且要為這個錯誤的後果負責。」

眼前這個官員的態度稍微軟化了下來。「請冷靜，我們並沒有要這樣結案。」他說，並且拿了一些飲料給我。經過這一次交手，他說話有禮貌多了，因為他知道我並沒有試圖玩弄體制，我是真的身處危險之中，無法回到巴勒斯坦。「我不能告訴你我個人的意見，因為職責所在，我實在不能說。」他說。但是我看得出來他相信我是誠懇的。「你的案子很複雜，無論如何，都需要經過法院審理。」他建議我先申請工作簽證，至少在案件的審理過程中，我還可以合法地待在美國。

毫不意外，我一直等到二〇〇九年二月二十三日，才被通知我的申請被駁回。我懷疑以色列國安局介入其中，想阻撓我的申請，好讓我回到以色列繼續為他們工作。美國國土安全局說他們「無法提供政治庇護，因為當局有充分的理由認為（我）會危及美國國土安全，也因為（我）曾參與恐怖行動」。

之後，開了一場聽證會。會中，我試著說明自己的處境，也說明我不是敵人，更不會為美國帶來危險。當法官要求我提出證明時，我遞上一份《哈瑪斯之子》的初稿。我跟國土安全局的律師一起坐下，我說：「聽著，我喜歡這個國家，我希望能待下來。這裡是我的完整故事，我在申請書上沒有寫，但我曾是以色列國家安全局的臥底，多年來，我救了許多美國人、以色列人和巴勒斯坦人的性命。我這麼做是基於我心裡的道德準則。我從來就不是恐怖分子，也許我在一個鼓吹恐怖主義的環境中生長，但是我一直拒絕它。我不曾參與任何殺人行動。拜託，請你讀一下我的故事。」我希望藉著我在書中陳述的過往表明自己的立場，好讓當局明白我並不是恐怖分子，也不構成安全威脅；相反地，我其實一直試圖保護國土安全局也在捍衛的自由。從我幫助以色列國安局解除中東地區的恐怖活動，特別是在我為美國國際開發署工作時，為美國同事提供的保護看來，我來美國應該是合理的。

我本以為自己的書可以結束這冗長的法庭審理，不幸的是，它卻被斷章取義，被用來回頭攻擊我的立場。例如，一位國土安全局資深律師引用第十八章的內容，說我曾同意運送、安頓哈瑪斯成員到安全的地方。我如何回應？**當然，我曾協助他們！**也正因為如此，我跟以色列國安局才能夠完成一項祕密行動，最後帶我們抽絲剝繭，找出二〇〇二年七月希伯來大學學生餐廳爆炸案的幕後主腦，該攻擊事件造成五個美國人民身亡。透過提供這些哈瑪斯成員庇護所，我們確保他們在以色列國安局的監控之下，最後將他們繩之以法。

若是國土安全局讀了書稿的其他部分，他們會發現我在西岸美國國際開發署的水資源專案中，與四十位美國人共事。是誰照應他們的安危？是誰在有以色列軍事入侵之虞或是有槍擊時，警告他們不要進拉瑪拉工作？是誰保護他們的辦公室？並沒有人付錢要我這麼做，我如此做只因為基督教價值觀教導我，要愛，不要恨。

當我翻閱這些對自己充滿指控、非難的文件跟檔案，我心想，**難道我的行為真的讓我看起來像是對美國有威脅的人嗎**？

二〇一〇年五月，我收到通知。上面說，我在哈瑪斯從事臥底工作時的態度，表現顯示出我真正的立場，當局將於同年六月三十日舉行一場驅逐出境聽證會。看到自己的證詞轉而對自己不利，我實在很沮喪！

這裡我要將時序退後一點，《哈瑪斯之子》出版前不久，二〇一〇年二月底，我朋友亞維‧以薩卡洛夫又在《國土日報》上寫了一篇我的報導，揭露我曾為以色列國家安全局臥底的身分。亞維有些懷疑我故事的真實性，因此我建議他跟革農碰面聊一聊（二〇〇九年十二月，我才剛跟革農及他的妻子碰面，他不知道我將出版的書籍的細節，只知道我將出一本書）。革農同意跟亞維碰面一談，但是他跟亞維都認為不要揭露他的真名比較好。革農證實《哈瑪斯之子》書中的細節，還談到我們的友誼。跟革農碰面後，亞維‧以薩卡洛夫來電，說：「兄弟，太嚇人了吧？這太瘋狂了！」我很感激亞維他相信我，也很感激革農，因為他的證實，我的故事的可信度就更高了。

為了出面證實我的故事，革農可冒著極大的風險。當時他仍住在以色列境內，揭露自己身分的後果可不小，革農的訪談在《國土日報》刊出後，以色列國家安全局人員找上他，跟他說，因為他揭露自己的身分，當局考慮對他提出懲處。當局不希望革農繼續跟我有任何形式的聯繫。因為揭露自己的身分，並證實我洩漏的祕密是真實的，革農可能要面對八年的牢獄刑罰。若被送入監牢，他將無法供應家人的生活。當時，他在以色列的法律系學業即將結束，若真如國安局人員的警告，根據以色列法律，革農將被禁止在以色列境內擔任律師。此外，這還可能使革農的父親蒙羞——一位受人尊敬、退役的前以色列國防軍將軍。

現在，回到日漸逼近的驅逐聽證會。我的辯護律師問我是否有任何人可以為我提出證詞，我說沒有。我心裡清楚革農出面作證後將面臨的麻煩，他已經為我冒了極大的風險。一旦他出面作證，他再也無法隱藏自己的身分。儘管我很可能被驅逐出境（以及必然伴隨而來的死刑），我也不願意危及好友的生命和生活。我禱告，願上帝為這次的出庭提供解決方案。

革農也知道我的處境。自從我的故事曝光以來，我們天天通電話。他知道所有細節。我甚至連請他出庭為我作證的念頭都不曾動過，我不可能這樣待他。但是他堅持：「我去。」

「你不能來！」我跟他說：「你不能暴露自己的身分，那會是個大麻煩！」

但是革農說：「沒關係，這件事很重要，我會到。」

在我開庭日前幾天，以色列國家安全局再一次重申對革農的警告，他不被允許以任何形式與我聯繫或會面。若是違反禁令，他將面臨漫長的牢獄之災。

跟國安局會面後三天，革農飛到美國，到我的驅逐聽證會作證（不巧的是，革農當時正在讀法學院的最後一學期，聽證會那天他還有兩科期末考）。

革農跟我在華盛頓特區碰面，在一個由「中東真相基金組織」（Endowment for Middle East Truth）贊助的晚餐會上，我與革農第一次一同公開露面。莎拉·史特恩（Sarah Stern）是「中東真相基金組織」這個了不起的機構的主席，她引見參議員、眾議員，以及其他國會山莊裡有影響力的人士給我們，他們每一位都熱切希望提供幫助。我的故事，以及我面對被遞解出境的危機，開始在政界取得動能。

*

遣返聽證會預計在上午八點開始，革農與一名安全警衛在相鄰的法庭等候被傳喚。當移民法官檢視法庭紀錄（其中記載上一次聽證會後蒐集的相關資訊）時，我坐在律師旁邊，思索著該如何應付那些他們必然會提到的問題，也預備面對一場硬仗。當法官請革農進來，聽證會便開始了。然而，就在革農進入法庭之前，一件完全出乎我意料的事情發生了，美國國土安全局資深律師宣布，當局不再反對我的政治庇護申請案。

法官因此宣布休庭，我其實不清楚發生什麼事了。在擠滿人的法庭上，我的律師跟我解釋實際的狀況，我真不敢相信自己的耳朵！法官就這樣核准了我的庇護申請，只要求進行例行性的背景調查。就這樣，結束了。過去將近三年的時間，我與繁冗的政府規章條例奮戰，對未來的不確定像石頭一般懸在心上。如今，我終於可以安心地留在美國生活了，再也不需要擔心被遣送出境。當我踏出法院大門，我感謝上帝對我的恩惠，以及那些被祂使用、以促成今天判決的每一個人。

這項判決對我而言，無疑是一個天大的好消息。革農卻仍然前途未卜，我們甚至討論到他跟我一起留在美國的可能性，他卻說：「我要回去，如果他們要逮捕我，那就逮捕吧。至少我知道自己做了對的事。」他回到以色列，沒有被逮捕，他收到四封由以色列國家安全局發出的信件，訓斥他的作為，卻沒有進一步的行動。如同我們在以色列國家安全局共事的日子，革農再一次救了我的命，而我總是心懷感激（對了，他因為來美國錯過了法學院期末考怎麼辦呢？他後來有機會補考，還以高分通過考試）。

因為與家人的分隔、疏離，我心中一直有個陰霾，如影隨形地伴隨取得政治庇護的喜悅。我的家人理應與我分享喜樂以及憂傷，我想跟他們一起歡慶勝利，或是一同為挫敗憂傷哭泣。

但是如今，我已經被家族遺棄。因為我公開身分而給家族帶來的羞辱，恐怕永遠無法被洗滌。我傷透了他們的心，也毀了他們的人生。現在，誰還願意娶我的妹妹？我的弟弟們回到學校將怎麼面對同學？

我知道公開自己的故事後，來日將面對的危險，但這絲毫無法減輕我眼前的痛苦。痛苦之餘，我還是緊握一絲希望，希望他們在心中並沒有與我斷絕關係。我盼望透過上帝的恩典，有一天，還能跟家人團聚。

我很開心能住在美國，但是我想念家人以及家鄉。比起在西岸的生活（那時我擁有財富和權力），如今在美國這片廣大土地上，能夠過著沒沒無名的日子，還是相當有吸引力。雖然我

---

＊我特別要向美國聯邦眾議員道格・蘭伯恩（Doug Lamborn，科羅拉多州）致謝。他在眾議院發送一封由另外二十一位眾議員聯合簽署的信件，請求美國國土安全局局長珍妮・納波利塔諾（Janet Napolitano），「請充分考慮約瑟夫先生在近幾年的立場以及行為，特別是他無視自己生命暴露在極大風險之中，仍與以色列國家安全局合作此一事實。」這些議員包含：法蘭克・沃爾夫（Frank Wolf，維吉尼亞州）、璀特・法蘭克斯（Trent Franks，亞利桑那州）、辛西亞・拉米思（Cynthia Lummis，懷俄明州）、比爾・波西（Bill Posey，佛羅里達州）、肯尼・馬強特（Kenny Marchant，德克薩斯州）、約翰・克萊恩（John Kline，明尼蘇達州）、約翰・夏德格（John Shadegg，亞利桑那州）、喬・威爾森（Joe Wilson，南卡羅來納州）、丹尼爾・朗格倫（Daniel Lungren，加利福尼亞州）、約翰・布瑟曼（John Boozman，阿肯色州）、米謝爾・巴赫曼（Michele Bachmann，明尼蘇達州）、瑪沙・布萊博恩（Marsha Blackburn，田納西州）、比爾・舒斯特（Bill Shuster，賓夕法尼亞州）、約瑟夫・皮茨（Joseph Pitts，賓夕法尼亞州）、琳恩・詹金斯（Lynn Jenkins，堪薩斯州）、羅伯・比夏普（Rob Bishop，猶他州）、杰夫・福騰伯里（Jeff Fortenberry，內布拉斯加州）、唐納・羅拉巴克（Dana Rohrabacher，加利福尼亞州）、羅伯特・阿德霍特（Robert Aderholt，阿拉巴馬州）、麥克・潘斯（Mike Pence，印地安納州）、以及艾倫・夏克（Aaron Schock，伊利諾州）。此外，我也要感謝以色列議會外交暨安全防禦委員會主席漢耐比（Tzachi Hanegbi）、議會成員安耐特・維爾夫（Einat Wilf）及其他多位委員會成員友善的來函，感謝我於一九九八年至二〇〇七年間，以行動強化以色列國民及巴勒斯坦居民的身家安全。美國前中情局局長沃爾西先生（R. James Woolsey）也是我要特別感謝的一位。他在信中直言，將我驅逐出境「此一殘忍行為將成為美國歷史上凋零的一頁」。

開始上電視，還成了暢銷作家，但在我居住的地區，還是有許多人不認識我。從這一個層面來看，我的生活並沒有因為我公開自己的故事而有太多改變。有時，人們會問我是做什麼的？我告訴他們：「我是一個農夫，我想在有機農場尋得一職，卻一直沒有機會。」

當然，這些人當中有些後來在電視上看到我或是讀到我的書，他們跑來說：「喂，你說你是個農夫，其實你不是！」我會笑著回答：「我是個農夫，我種植、收割想法，我是個想法農夫。」然後他們就不說話了。不是很多人知道我的住處，可以說，幾乎沒人知道我的地址或居住城市。我盡一切努力維持低調的生活。我的故事公開以來，許多人前來表達支持，但是對我而言，我很難知道人們心中真正的想法，特別是在為以色列國安局工作了這麼多年之後，我已經習慣性地不信任人——即使面對那些可能值得信任的人。

《哈瑪斯之子》問世以來，我生活中的一切有相當程度的改變，卻未曾改變我的本質。我仍然需要學習如何跟隨耶穌並且信任、倚靠祂。我愈是認識耶穌基督的性情，我愈發現自己不知道的事實在太多了。我並不全然認識上帝，我也不試圖這麼做——即使我費盡心力，也無法全然認識這一位上帝。我只能說，我感受得到祂，我感受到祂的作為。對我而言，上帝不是人生的一味藥，也不是讓我掛上所有不滿或是傷痛的衣架。上帝鼓舞我的心靈，是我的領袖、我的教師，也引導我的人生。我並不是一個「宗教性」人物，我知道自己無論如何也不會再回到「宗教」裡。儘管我有規範，我也順從規則，有時候，當我發現自己生命中有哪個部分軟弱無力，我會對自己說：「好，我需要在這裡設下規矩。」但我絕不是一個「宗教性」人物。我週日去教會，是因為我心裡渴望這麼做。我去教會不是為了交際應酬。我去，是為了敬拜上帝。若我沒有去，那麼我鐵定是在其他地方敬拜上帝。

我發現隨處都可以敬拜上帝。舉例來說，幾天前，我從事水肺潛水，潛到海底深處。在海平面下八十英尺處，在太平洋底的海床上，我跪下敬拜上帝。這一次經驗讓我想到聖經腓利比書二章十節裡所說的，我們將來可以經歷到的：「天上、地上和地底下的一切，因著耶穌的名，都要屈膝。」我很享受自己能以不同的方式與上帝親密互動，不是根據傳統模式，也不限定在宗教規範裡——而是以一種我可以與祂連結，可以感受到祂的愛的方式。若我無法做到，我知道是我的因素；若是我可以做到，我知道那是上帝的祝福恩典。這就是我的方式，我並不隨俗。

有時候，在教會裡我感到失望，特別是在這個西方世界。我熱切期待新的一代將起來帶領教會，他們會明白我們對世界的另一邊以及人類重大議題所肩負的責任，包含伊斯蘭的問題。身為基督徒，我們任重道遠。也許我提出的議題相當具有爭議性，但是我們不能因此消極退後，單單尋求「政治正確」而已。我不明白的是，身為耶穌基督的跟隨者，我們很容易看透伊斯蘭教的本質，甚至一語道出關於它的真理，卻從不採取行動？或是，太過遲疑，以致為時已晚？看來，教會總是在所有人都採取行動之後，才準備有所作為，不應該是這樣的。在我個人的故事中，我經歷到眾議院成員或猶太領袖們盡心竭力保護我的性命，而那些理應跟我站在同一陣線的教會卻姍姍來遲。我感到沮喪，並非因為我沒有從教會得到足夠的支持，而是因為教會現在的景況。跟其他人比起來，教會在行動上落後太多了。

這並不是關乎我自己，也無關政治。作為基督教會，我們理應是一體的，一同站在所有人類重大議題的最前線——無論是經濟、政治、教育或人權。從信仰靈性的角度來說，這每一個層面都在耶穌的工作之下，是綁在一起的。我們應該聆聽**耶穌**在說什麼（而不是這個或是那個領袖說了什麼），然後跟隨祂的教導和原則。耶穌並不害怕為人發聲，我們也不應該害怕。

我並不是說我們需要嚴厲地責難教會。我對許多鼓勵我、為我禱告、跟我一起禱告的人心存感激，他們中間許多人甚至不認識我。我不是對自己收到的支持不知感激，我想表達的是，禱告不能完全代替行動。是的，我們需要禱告，但是雅各書上也說，信心必須伴隨行動。單純禱告是不夠的。當我們用禱告作為不採取行動的藉口時，禱告就是不負責任，甚至是懶惰。撒旦試圖扭曲上帝在我們心目中的形象，同樣地，他也可以誤導我們對禱告本質的認識。上帝期盼我們基督徒完成許多事情，我相信我們的責任是完成上帝的託付。

對我而言，這包含站出來說話，抵擋伊斯蘭——我家族及文化中的信仰。也許你可以想到，我傳達的訊息不總是受歡迎。有時候，人們對於我敢談論一個在公開場合視為禁忌的主題感到驚訝。另一些人則因為困惑，而不知該如何回應。還有一些人，甚至部分穆斯林社群的人，鼓勵我繼續傳講我的訊息。我正在建立一個對話平台，試著邀請其他人加入。我對下一個世代的穆斯林有著特別的期盼，他們似乎有更開闊的眼界、敞開的心胸。我的目的是喚醒下一個世代，我希望他們知道，自己的人生並不必然因為出生所處環境裡的宗教、政治體制、政權現況而受限。他們可以起來對抗已知的信仰，改變自己的未來，至終翻轉自己的命運。

很快地，《哈瑪斯之子》將有阿拉伯語的電子書，免費下載。這讓我很激動，因為它符合我心中建立對話的目標。根據過去的經驗，我知道許多人會斷章取義，不相信書中的內容，或是將它完全銷毀。我對媒體在事情的不同角度中是如何扭曲人們的意念及見解，感到訝異，而通常媒體對事情的解讀是錯誤的！舉例來說，電視新聞關於我參與的以色列國安局行動的報導錯誤百出，時常扭曲真相，這讓我感到不可思議。當我與所處城市的人談論，想聽聽他們對這些事件的意見，他們通常也對事實真相一無所知。儘管事情對我而言就像白晝一樣清晰，周遭環境中的雜訊卻讓真相晦暗不明。所以，我相信有許多人不明白或是拒絕明白我想表達的一切，但是，也會有許多人願意讀我的書。當他們考慮接受我遇見的耶穌基督以及祂平安的福音時，他們的人生將有所改變。不僅如此，我祈禱他們也伸出雙手擁抱基督吩咐我們的——要愛你的仇敵。中東仍有和平的希望，卻不是從政治方案或外交談判開始，而必須從轉變人心下手。

展望未來，我很高興有一位像革農這樣的朋友與我並肩站在一起。過去，我們一起克服了許多逆境。在各種驚險的環境中，我們存活下來，無視於文化及信仰的差異，我們結成好友。在多年之後，距離數千里之遙，因為相同的目標，我們重逢。在一個人們看似彼此利用、不知道該相信誰的文化中，我與革農成為兄弟。在美國國土安全局的聽證會上，一同站在法庭上，是我們再一次攜手打擊、對抗逆境。故事不只如此，我們將繼續發揮自己的力量，盡一己之力，促進中東和平。

我不知道自己將面對什麼，但是我信任上帝的引導。不久之前，革農問我：「兄弟，你覺得是巧合嗎？我們起初怎麼會相遇？我們為什麼做了我們做的那些事？你怎麼可能離開國安局？幾乎沒有人做得到。你怎麼來到美國，還寫了一本書？我們現在為什麼可以通電話，還做了這麼多事？你覺得這一切只是偶然嗎？任何有邏輯的腦袋都知道這些絕不是偶然！」當我回首，過去一年與美國國土安全局交手時發生的每一件事，三年前來到美國後住在這裡，與以色列國安局合作的十年歲月，以及我的兒童、少年時期，生活在哈瑪斯的陰影之下，我無法忽略上帝在我生命中引導的雙手，這雙手帶我來到今天的人生。若是上帝允許，在我餘生，我將繼續跟隨祂引導的雙手。過去這一年的經歷再次向我顯明，愛和友誼比任何當局、政令及傳統更有力量。無論將來發生何事，我將懷著堅信，繼續傳講，給「對方」無條件的愛，並且願意寬恕傷害自己的人，這將是唯一能把我們帶向醫治以及一條更好之路的法則。

# 書中主要人物

## 摩薩的家人

**謝赫約瑟夫·達武（Sheikh Yousef Dawood）**：祖父。

**謝赫哈珊·約瑟夫（Sheikh Hassan Yousef）**：父親；哈瑪斯共同創立者之一，自一九八六年以來為哈瑪斯領袖。

**莎芭·阿布·撒林姆（Sabha Abu Salem）**：母親。

**易伯拉欣·阿布·撒林姆（Ibrahim Abu Salem）**：舅舅，穆斯林兄弟會約旦分會的創建者之一。

**達武（Dawood）**：伯伯（父親的兄弟）。

**約瑟夫·達武（Yousef Dawood）**：堂兄弟（達武之子），幫助作者購買故障槍枝。

**摩薩的弟弟們**：司海（Sohayb，一九八〇年出生）、賽義夫（Seif，一九八三年出生）、歐維司（Oways，一九八五年出生）、穆罕默德（Mohammad，一九八七年出生）、納瑟（Naser，一九九七年出生）。

**摩薩的妹妹們**：賽琵拉（Sabeela，一九七九年出生）、塔司妮（Tasneem，一九八二年出生）、愛哈兒（Anhar，一九九〇年出生）。

## 主要人物（依出場順序排列）

哈珊・班納（Hassan al-Banna）：埃及人，穆斯林兄弟會的改革及創立者。

迦瑪爾・曼素爾（Jamal Mansour）：一九八六年哈瑪斯共同創立者之一，被以色列刺殺。

易伯拉欣・吉思瓦尼（Ibrahim Kiswani）：作者的朋友，協助購買故障槍枝。

羅艾（Loai）：作者在以色列國家安全局內的聯絡人。

馬爾望・巴格逖（Marwan Barghouti）：「法塔赫」的祕書長。

馬赫・歐德赫（Maher Odeh）：哈瑪斯在監獄裡的首腦，兼哈瑪斯安全翼領導人。

撒利赫・塔拉赫米（Saleh Talahme）：哈瑪斯恐怖分子，作者的朋友。

易伯拉欣・哈米德（Ibrahim Hamed）：哈瑪斯位於西岸的安全翼領導人。

薩易得・阿謝赫・加辛（Sayyed al-Sheikh Qassem）：哈瑪斯恐怖分子。

哈桑尼・如馬納（Hasaneen Rummanah）：哈瑪斯恐怖分子。

哈立德・米夏爾（Khlaid Meshaal）：哈瑪斯位於敘利亞大馬士革的領導人。

阿布杜拉・巴格逖（Abdullah Barghouti）：炸彈專家。

## 其他人物（依原文字母順序排列）

阿貝德・阿濟茲・阿朗帝西（Abdel Aziz al-Rantissi）：哈瑪斯領導人之一，黎巴嫩流放營的領袖。

阿得貝爾－巴瑟・歐迪赫（Abdel-Basset Odeh）：執行派克旅館爆炸案的哈瑪斯自殺炸彈客。

阿布・阿里・穆斯塔法（Abu Ali Mustafa）：「巴勒斯坦人民解放陣線」祕書長，被以色列刺殺。

阿布・撒林姆（Abu Saleem）：屠夫，作者的瘋狂鄰居。

亞地伯・濟亞德（Adib Zeyadeh）：哈瑪斯祕密領導人。

阿赫馬德・甘道爾（Ahmad Ghandour）：「阿克薩烈士旅」早期領導人。

阿赫馬德・阿法拉西（Ahmad al-Faransi）：馬爾望・巴格逖的副手。

阿赫米德・亞辛（Ahmad Yassin）：一九八六年哈瑪斯共同創立者之一，被以色列刺殺。

阿及爾・索洛爾（Akel Sorour）：作者的朋友，也是獄中的囚友。

亞牧・薩來・迪亞・亞馬納（Amar Salah Diab Amarna）：哈瑪斯第一個正式的自殺炸彈客。

亞牧・阿布・沙罕（Amer Abu Sarhan）：一九八九年以刀刺殺三個以色列人。

阿蒙（Ammon）：改信基督教的猶太人，也是作者獄中的囚友。

阿納斯・羅司羅司（Anas Rasras）：米吉多監獄內的「馬及得」領導人。

艾瑞爾・夏隆（Ariel Sharon）：以色列第十一任總理（任期由二〇〇一年到二〇〇六年）。

亞維・迪奇特（Avi Dichter）：以色列國家安全局局長。

艾依曼・阿布・塔哈（Ayman Abu Taha）：一九八六年哈瑪斯共同創立者之一。

阿濟茲・凱依德（Aziz Kayed）：哈瑪斯祕密領導人。

巴魯赫・革登司坦（Baruch Goldstein）：美國出生的醫師，於伊斯蘭齋戒月期間，在希伯倫屠殺二十九個巴勒斯坦人。

畢拉爾・巴格逖（Bilal Barghouti）：哈瑪斯炸彈專家阿布杜拉・巴格逖的堂兄弟。

比爾・柯林頓（Bill Cliton）：美國第四十二任總統。

善上尉（Captain Shai）：以色列國防軍軍官。

達亞・穆罕默德・胡笙・阿塔威（Daya Muhammad Hussein al-Tawil）：在耶路撒冷法國丘攻擊的自殺炸彈客。

埃胡德・巴拉克（Ehud Barak）：以色列第十任總理（任期由一九九九到二〇〇一年）。

埃胡德．奧爾默特（Ehud Olmert）：以色列第十二任總理（任期由二〇〇六到二〇〇九年）。
法地．夏卡奇（Fathi Shaqaqi）：巴勒斯坦伊斯蘭聖戰組織創立者，亦為自殺炸彈攻擊的創始者。
法德．沙烏巴契（Fouad Shoubaki）：巴勒斯坦自治政府主要財務官員，負責軍事行動預算。
哈珊．沙來米赫（Hassan Salameh）：亞赫亞．阿亞緒的朋友，跟亞赫亞．阿亞緒學習製作炸彈技能，以殺害以色列人。
伊馬．雅基爾（Imad Akel）：哈瑪斯軍事旅——卡桑旅的領導人，被以色列人所殺。
以實馬利．哈尼葉（Ismail Haniyeh）：二〇〇六年當選巴勒斯坦總理。
依茲．阿丁．蘇海爾．阿馬斯瑞（Izz al-Din Shuheil al-Masri）：速巴洛披薩店的自殺炸彈客。
迦瑪爾．亞度拉（Jamal al-Dura）：十二歲的穆罕默德．亞度拉的父親。巴勒斯坦人認為他在一次迦薩的巴勒斯坦安全部隊示威遊行時，被以色列國防軍士兵所殺。
迦瑪爾．阿塔維爾（Jamal al-Taweel）：哈瑪斯在西岸的領導人。
迦瑪爾．撒林姆（Jamal Salim）：哈瑪斯領導人，在納布盧斯以色列刺殺迦瑪爾．曼素爾的行動中身亡。
賈米．哈馬密（Jamil Hamami）：一九八六年哈瑪斯共同創立者之一。
吉伯里．拉裘布（Jibril Rajoub）：巴勒斯坦自治政府安全首長。
喬馬（Juma'a）：作者兒時家鄉附近墓園的挖墓者。
胡笙國王（King Hussein）：約旦國王（任期由一九五二到一九九九年）。
科菲．安南（Kofi Annan）：聯合國第七任祕書長（任期由一九九七到二〇〇六年）。
李歐納．科恩（Leonard Cohen）：加拿大歌手及詞曲創作者，有名的〈首先我們占領曼哈頓〉（First We Take Manhatten）即是他的作品。
馬赫慕德．穆斯力赫（Mahmud Muslih）：一九八六年哈瑪斯的共同創立者之一。
瑪吉達．塔拉赫米（Majeda Talahme）：哈瑪斯恐怖分子撒利赫．塔拉赫米的妻子。

穆罕默德（Mohammad）：伊斯蘭教的創立者。

穆罕默德‧德雷格曼（Mohammad Daraghmeh）：巴勒斯坦記者。

穆罕默德‧亞度拉（Mohammad al-Dura）：十二歲的男孩，據稱「法塔赫」在迦薩的一次示威遊行中，被以色列國防軍士兵所殺。

穆罕默德‧阿爾門（Mohammad Arman）：哈瑪斯恐怖分子小組的成員。

摩薩‧塔拉赫米（Mosab Talahme）：恐怖分子撒利赫‧塔拉赫米的長子。

穆罕默德‧迦瑪爾‧阿耐特雪（Muhammad Jamal al-Natsheh）：一九八六年哈瑪斯的共同創立者之一，西岸軍事旅的領導人。

默罕耐德‧阿布‧哈拉瓦（Muhaned Abu Halawa）：阿克薩烈士旅成員。

納吉‧馬地（Najeh Madi）：哈瑪斯祕密領導人。

尼辛‧托萊德諾（Nissim Toledano）：被哈瑪斯刺殺的以色列邊境警察。

奧佛‧達卡（Ofer Dekel）：以色列國家安全局官員。

雷哈維‧契夫（Rahavam Ze’evi）：被「巴勒斯坦人民解放陣線」槍手暗殺的以色列觀光局長。

薩達姆‧海珊（Saddam Hussein）：於一九九〇年入侵科威特的伊拉克獨裁領導人。

撒伊伯‧伊拉卡特（Saeb Erekat）：巴勒斯坦議長。

薩易得‧哈塔瑞（Saeed Hotari）：「海豚夜店」的自殺炸彈客。

撒來赫‧胡笙（Salah Hussein）：哈瑪斯祕密領導人。

薩米‧阿布‧祖赫瑞（Sami Abu Zuhri）：哈瑪斯在迦薩的發言人。

夏達（Shada）：被以色列坦克車槍手誤殺的巴勒斯坦工人。

西蒙‧裴瑞茲（Shimon Peres）：以色列第九任總統，於二〇〇七年就任。也曾擔任以色列的總理和外交部長。

**所羅摩・撒凱爾**（Shlomo Sakal）：以色列的塑膠製品商人，在迦薩地區被殘酷地殺害。

**緒包克查吉斯・傑摩納斯**（Tsibouktsakis Germanus）：被以實馬利・拉迪達（Ismail Radaida）殺害的希臘東正教修士。

**亞赫亞・阿亞緒**（Yahya Ayyash）：以巴衝突歷史上被認為是使自殺炸彈技術更精良的炸彈專家。

**亞西爾・阿拉法特**（Yasser Arafat）：長年擔任巴勒斯坦解放組織的主席，也是巴勒斯坦自治政府的領導人。逝於二〇〇四年。

**以斯瑞・奇夫**（Yisrael Ziv）：以色列國防軍少將。

**伊扎克・拉賓**（Yitzhak Rabin）：以色列第五任總理（任期一九七四到一九七七年；一九九二年到一九九五年），一九九五年被以色列右翼激進主義分子伊加爾・艾米爾（Yigal Amir）暗殺。

**撒迦利亞・布楚斯**（Zakaria Botros）：寇普特教派神父，透過衛星電視揭露古蘭經中的謬誤，並傳達聖經中的真理，帶領無數穆斯林歸向耶穌。

# 名詞解釋

**阿布**（*abu*）：……之父

**阿達德**（*adad*）：阿拉伯文中「號碼」之意。

**宣禮**（*adhan*）：一天五次，號召穆斯林信徒祈禱。

**阿克薩烈士旅**（Al-Aqsa Martyrs Brigades）：恐怖分子團體，於第二次阿拉伯反抗運動期間，由不同反抗團體共同組成，負責執行自殺炸彈攻擊或其他以以色列為目標的攻擊。

**阿克薩清真寺**（Al-Aqsa Mosque）：伊斯蘭教第三大聖地，一般相信先知穆罕默德在那裡被帶到天堂。該寺位於猶太人的聖地——聖殿山，古老猶太聖殿的所在地。

**法諦海**（*Al-Fatihah*）：古蘭經第一卷經文，由伊瑪目或宗教領袖誦讀。

**半島電台**（Al-Jazeera）：卡達的阿拉伯衛星新聞電視網。

**阿拉**（Allah）：阿拉伯語中「神」之意。

**艾倫比橋**（Allenby Bridge）：約旦河上連接耶利哥和約旦的橋梁，起初由英國將軍艾德蒙·艾倫比（Edmund Allenby）於一九一八年搭建。

**巴克拉瓦**（baklava）：口感濃郁的酥皮點心，層層相疊的麵皮中夾著堅果碎粒，再淋上蜂蜜。

**黑色九月**（Black September）：一九七〇年九月約旦政府與巴勒斯坦組織之間的流血衝突。

**哈里發**（Caliphate）：伊斯蘭教的政治領袖。

**巴勒斯坦人民解放陣線**（Democratic Front for the Liberation of Palestine, DFLP）：世俗的馬克思－列寧主義組織，抵擋以色列在西岸和迦薩走廊的占領。

**第納爾**（dinar）：約旦官方貨幣，與以色列貨幣「舍客勒」（shekel）同時流通於西岸地區。

**埃米爾**（Emir）：阿拉伯文，領袖或司令官之意。

**卡桑旅**（Ezzedeen Al-Qassam Brigades）：哈瑪斯的軍事翼。

**法塔赫**（Fatah）：巴勒斯坦解放組織內最大的政治派系。

**伊斯蘭教法學家裁決**（fatwa）：由伊斯蘭學者發布，對於伊斯蘭法正式的詮釋或是教令。

**自由鬥士**（*feda'iyeen*）：阿拉伯文，自由鬥士。

**第十七軍**（Force 17）：阿拉法特的菁英突擊部隊。

**聖訓**（*hadith*/hah'-dith）：伊斯蘭教的口傳傳統。

**哈吉**（hajj）：麥加的朝聖之旅。

**哈瑪斯**（Hamas）：位於西岸和迦薩走廊的伊斯蘭反抗運動，被聯合國、歐盟和其他地區列為恐怖組織。

**真主黨**（Hezbollah）：黎巴嫩境內的伊斯蘭政治及軍事組織。

**頭巾**（hijab）：在一些文化中，穆斯林女性使用的頭巾。

**以色列國防軍**（IDF/Israel Defense Forces）：以色列國防部隊，包含海陸空三軍。

**伊瑪目**（imam）：伊斯蘭教中的領袖，通常是清真寺的領導。

**反抗運動**（intifada）：阿拉伯文，專指反抗或興起騷動。

**伊斯蘭聖戰**（Islamic Jihad）：西岸和迦薩走廊的伊斯蘭反抗運動，被聯合國、歐盟及其他地區列為恐怖組織。

**教義會議**（*jalsa*）：伊斯蘭教教義研究小組。

**聖戰**（jihad）：字面上意為「掙扎」，被伊斯蘭教的武裝團體解讀為號召武力反抗，甚至是恐怖主義。

**卡拉斯尼科夫**（Kalashnikov）：俄羅斯製AK47突擊用來福槍，由米海爾・卡拉斯尼科夫（Mikhail Kalashnikov）研製。

**國會**（Knesset）：以色列政府國會。

**凱資阿特**（Ktzi'ot）：以色列位於內蓋夫的帳篷式監獄，摩薩曾被監禁於此。

**庫德族**（Kurds）：主要居住於庫德斯坦地區的民族，分布在土耳其、敘利亞、伊拉克、伊朗四國境內。

**勞工黨**（Labor Party）：以色列的社會主義／錫安主義分子的左派政黨。

**利庫黨**（Likud Party）：以色列的右派政黨。

**馬及得**（*maj'd*）：哈瑪斯的安全翼。

**馬司卡比葉**（Maskobiyeh）：以色列位於西耶路撒冷的訊問中心。

**麥加**（Mecca）：伊斯蘭教的聖地，位於沙烏地阿拉伯，伊斯蘭教先知穆罕默德在此創立伊斯蘭教。

**麥地那**（Medina）：伊斯蘭教第二聖地，位於沙烏地阿拉伯，先知穆罕默德埋葬於此。

**米吉多**（Megiddo）：以色列北方的監獄營區。

**馬卡瓦**（Merkava）：以色列國防軍的主力戰車。

**叫拜塔**（minaret）：清真寺的螺旋高塔，伊斯蘭教領袖在那裡召喚信徒前來祈禱。

**米法**（*mi'var*）：位於米吉多，囚犯正式進入監獄營區前所待的過渡中心。

**莫洛托夫汽油彈**（Molotov cocktail）：汽油彈的一種。玻璃瓶內裝汽油等易燃液體，瓶口紮上布料為引信，點燃後投向目標。

**清真寺**（mosque）：穆斯林祈禱及敬拜阿拉的場所。

**摩薩德**（Mossad）：以色列國家情報單位，相當於美國中情局。

**聖戰士**（*mujahid*）：阿拉伯文，穆斯林游擊隊隊員。

**蒙卡、納克爾**（Munkar, Nakir）：伊斯蘭傳說中折磨死人的天使。

被占領區（occupied territories）：西岸、迦薩走廊和戈蘭高地。

「防禦盾牌」行動（Operation Defensive Shield）：第二次反抗運動期間以色列國防軍發動的主要軍事行動。

奧斯陸協議（Oslo Accords）：以色列與巴勒斯坦解放組織於一九九三年達成的協議。

鄂圖曼帝國（Ottoman Empire）：於一二九九年至一九二三年間稱霸的土耳其帝國。

巴勒斯坦自治政府（Palestinian Authority/PA）：依循奧斯陸協議內容，於一九九四年創立，西岸及迦薩走廊的執政團體。

巴勒斯坦解放組織（Palestine Liberation Organization/PLO）：政治及反抗組織，一九六九至二〇〇四年間由阿拉法特領導。

巴勒斯坦人民解放陣線（Popular Front for the Liberation of Palestine/PFLP）：西岸及迦薩走廊地區的馬克思—列寧主義反抗運動組織

古蘭經（Qur'an）：伊斯蘭教的聖書。

禮拜（*rakat/rak'ah*）：伊斯蘭教一整套的祈禱及跪拜儀式。

齋戒月（Ramadan）：伊斯蘭教齋戒月，紀念穆罕默德領受古蘭經。

「夏威得」（*Sawa'ed*）：哈瑪斯保安部在監獄裡的眼線，在監獄各區間靠投「球」傳遞訊息。

飛毛腿飛彈（Scud）：冷戰時期由蘇聯研製的導彈。

伊斯蘭法（sharia）：阿拉伯文，伊斯蘭宗教法律。

人犯代表（*shaweesh*）：人犯代表，以色列監獄內被選出來代表其他犯人的囚犯；模範囚犯。

謝赫（sheikh）：穆斯林長老或領袖。

什葉派（Shi'a）：伊斯蘭教中僅次於遜尼派的第二大教派。

以色列國家安全局（Shin Bet）：以色列國家情報單位，相當於美國聯邦調查局。

**緒拉委員會**（*Shurah Council*）：伊斯蘭教中的七人決策小組。

**休特爾**（*Shoter*）：希伯來文，獄警或警官。

**六日戰爭**（Six-Day War）：一九六七年，以色列跟埃及、約旦和敘利亞之間的閃電戰。

**遜尼派**（Sunni）：伊斯蘭教中第一大教派。

**素拉**（Sura）：古蘭經中，一章經文稱為一個「素拉」。

**聖殿山**（Temple Mount）：位於耶路撒冷舊城，是金頂清真寺及世上最古老的伊斯蘭建築——阿克薩清真寺的所在地；也是猶太人第一聖殿和第二聖殿的所在地。

**小淨**（*wudu*）：伊斯蘭教中的潔淨儀式。

# 時間表

一九二三年　鄂圖曼土耳其帝國崩解。

一九二八年　哈珊．班納創建穆斯林兄弟會。

一九三五年　穆斯林兄弟會巴勒斯坦分支成立。

一九四八年　穆斯林兄弟會向埃及政府採取暴力的敵對手段；以色列宣布獨立；埃及、黎巴嫩、敘利亞、約旦以及伊拉克五國聯軍入侵以色列。

一九四九年　哈珊．班納被刺殺；阿馬里難民營在約旦河西岸設立。

一九六四年　巴勒斯坦解放組織成立。

一九六七年　六日戰爭。

一九六八年　「巴勒斯坦人民解放陣線」成員劫持以色列航空七〇七班機，脅迫飛機改降落阿爾及爾，無人傷亡。

一九七〇年　黑色九月，約旦以武力驅逐巴勒斯坦解放組織成員，在一次軍事行動中造成數千名巴解成員死亡。

一九七二年　八名巴解成員執行一項黑色九月行動，在當時還屬西德的慕尼黑奧運選手村挾持並殺害十一名以色列奧運選手。

一九七三年　贖罪日戰爭。

一九七七年　作者父親哈珊．約瑟夫跟莎芭．阿布．撒林姆結婚。
一九七八年　作者摩薩．哈珊．約瑟夫出生；三十八人在「法塔赫」對以色列台拉維夫北方的濱海高速公路攻擊行動中喪生。
一九七九年　巴勒斯坦伊斯蘭聖戰組織成立
一九八二年　以色列攻擊黎巴嫩，掃蕩巴勒斯坦解放組織。
一九八五年　哈珊．約瑟夫舉家遷移到比瑞。
一九八六年　哈瑪斯在希伯倫成立。
一九八七年　哈珊．約瑟夫開始兼職工作，在拉瑪拉的基督徒及穆斯林學校任宗教老師；第一次阿拉伯反抗運動開始。
一九八九年　哈珊．約瑟夫首次被捕，第一次過牢獄生活；哈瑪斯成員亞牧．阿布．沙罕謀殺三名以色列人。
一九九〇年　薩達姆．海珊入侵科威特。
一九九二年　作者的父母親搬移到貝圖尼亞；哈珊．約瑟夫再次被捕入獄；哈瑪斯恐怖分子綁架並殺害以色列警察尼辛．托萊德諾；巴勒斯坦領導人被驅逐到黎巴嫩。
一九九三年　奧斯陸協議。
一九九四年　巴魯赫．革登司坦在希伯倫殺害二十九名巴勒斯坦人；第一次正式的恐怖自殺攻擊；阿拉法特英雄式地從突尼西亞返回迦薩走廊，在那裡設立巴勒斯坦自治政府總部。
一九九五年　以色列總理拉賓被暗殺；哈珊．約瑟夫被巴勒斯坦自治政府逮捕監禁；作者摩薩購買故障的非法槍枝。
一九九六年　哈瑪斯炸彈專家亞赫亞．阿亞緒被刺殺；作者摩薩首次被捕入獄。
一九九七年　作者摩薩從獄中釋放；摩薩德試圖暗殺哈立德．米夏爾失敗。

一九九九年　作者摩薩加入基督徒讀經小組。

二〇〇〇年　大衛營會議；第二次阿拉伯反抗運動（亦被稱為阿克薩反抗運動）開始。

二〇〇一年　耶路撒冷法國丘自殺炸彈攻擊；「海豚夜店」及速巴洛披薩店自殺炸彈攻擊；「巴勒斯坦人民解放陣線」祕書長阿布・阿里・穆斯塔法被以色列暗殺；以色列觀光局局長雷哈維・契夫被「巴勒斯坦人民解放陣線」槍手槍殺。

二〇〇二年　以色列啟動「防禦盾牌」行動；九個人在希伯來大學的攻擊事件中喪生；作者摩薩與父親被捕入獄。

二〇〇三年　西方聯軍解放伊拉克；哈瑪斯恐怖分子撒利赫・塔拉赫米、哈桑尼・如馬納及薩易得・阿謝赫・加辛被以色列擊殺。

二〇〇四年　阿拉法特因病逝世；作者父親哈珊・約瑟夫被釋放。

二〇〇五年　作者摩薩受洗成為基督徒；哈瑪斯和以色列簽署的停戰協議到期；摩薩第三次被捕入獄；摩薩被釋放。

二〇〇六年　以實馬利・哈尼葉當選巴勒斯坦總理

二〇〇七年　作者摩薩離開巴勒斯坦赴美。

# 註釋

1. 過去沒有人有這項資訊。事實上，關於哈瑪斯成為正式組織的日期，歷史上充斥不準確的記載。例如維基百科（Wikipedia）錯誤地陳述「哈瑪斯乃於一九八七年，由謝赫阿赫米德・亞辛、阿貝德・阿濟茲・阿朗帝西，以及埃及穆斯林兄弟會巴勒斯坦分支的穆罕默德・塔哈（Muhammad Taha）等人，於第一次反抗運動最初期創立……」這段介紹內容中，七位創始元老中只有兩位是正確的。請見：http://en.wikipedia.org/wiki/Hamas（二〇〇九年十一月二十日線上資料）。

「中東線上」（MidEastWeb）則說：「哈瑪斯大約於一九八八年二月創立，目的是讓穆斯林兄弟會參與第一次反抗運動。創立元老為：阿赫米德・亞辛、阿布都・阿法塔・度可汗（Abd al-Fattah Dukhan）、穆罕默德・夏馬（Muhammed Shama）、易伯拉欣・亞祖瑞（Ibrahim al-Yazuri）、以薩・那賈（Issa al-Najjar）、貝特哈努（Bayt Hanun）的沙來赫・謝哈定（Salah Shehadeh），以及阿布都・阿濟茲・瑞帝西（Abd al-Aziz Rantisi）。馬赫穆德・查哈（Mahmud Zahar）博士也常被列在哈瑪斯早期領袖之中，其他領導人包含：謝赫哈利爾・高屋革（Khalil Qawqa）、以薩・阿夏爾（Isa al-Ashar）、穆薩・阿布・馬爾速克（Musa Abu Marzuq）、易伯拉欣・古夏（Ibrahim Ghusha），以及哈立德・米夏爾（Khalid Mish'al）」。這段內容比維基百科更有失精確。請見：http://www.mideastweb.org/hamashistory.htm（二〇〇九年十一月二十日線上資料）。

2. 一九六八年七月二十三日，巴勒斯坦人民解放陣線的激進分子挾持一架以色列航空波音七〇七飛機，脅迫機長改降阿爾及爾，這是巴勒斯坦解放組織執行的第一起高調的劫機事件。大約十幾名以色列乘客和十位空服員遭挾持成為人質，所幸此事件中無人死亡。然而，四年後在慕尼黑奧運選手村中，十一名以色列奧運選手在巴勒斯坦解放組織策畫的恐怖攻擊中身亡。一九七八年三月十一日，法塔赫突擊隊員由黎巴嫩出海，在以色列台拉維夫北部沿海登陸，挾持一輛巴士後沿著濱海高速公路（Coastal Highway）展開攻擊，事件中約三十五人死亡，超過七十人受傷。

該組織有充裕的時間，在約旦境內、占約旦三分之二人口的巴勒斯坦難民營中招募成員。藉著來自不同阿拉伯國家支持恐怖攻擊事件的金援，巴勒斯坦解放組織日漸壯大，配備甚至比約旦軍警更精良。不久後，其領袖阿拉法特更是蓄勢待發，準備接管此國，建立一個巴勒斯坦國。

面對這個危機，約旦國王胡笙必須採取快速果斷的行動，否則將失去自己的國家。幾年後，因為與以色列國安局的合作關係，我很訝異地發現，當時約旦國王胡笙已經與以色列簽訂祕密聯盟關係——儘管當時所有阿拉伯國家都致力於摧毀以色列。這項祕密協議在邏輯上是說得通的，當時約旦國王胡笙的王位幾乎不保，而以色列也無法有效巡守兩國間漫長的邊界。但是，當胡笙國王讓消息流出，該協議成為他的政治及文化上的自殺工具。

一九七〇年，在巴勒斯坦解放組織有機會在約旦境內搶奪更多控制權之前，胡笙國王下令要求巴解領袖及武裝成員離開約旦。此命令遭到巴解拒絕，於是胡笙國王下令以武力驅逐他們——藉由以色列供應的武器——這即是在巴勒斯坦歷史上有名的「黑色九月」軍事行動。

《時代雜誌》（*Time*）引用阿拉法特對支持同情他的阿拉伯國家領袖說的話：「這是一個屠殺事件，斷垣殘壁下壓著數千人民，屍體漸漸腐壞。成千上萬的人無家可歸，喪生人民的屍體散落街頭。飢渴正無情地殘殺倖存的兒童、婦女及老人。」（一九七〇年十月五日，《時代雜誌》，〈衝突結束，戰爭正展開〉〔The Battle Ends; The War Begins〕）。

胡笙國王因此欠以色列一個大人情。一九七三年，胡笙國王通報耶路撒冷當局，一支由埃及和敘利亞為首的阿拉伯聯軍將入侵以色列，希望藉此回報以色列的恩情。很不幸地，以色列並未看重這次警告。贖罪日當天，阿拉伯聯軍入侵，措手不及的以色列遭受重大卻本可避免的損失。這個祕密也是日後我從以色列口中得知的（譯註：贖罪日〔Yom Kippur〕，是猶太人每年最神聖的日子，當天會全日禁食並恆常祈禱）。

「黑色九月」之後，巴解剩餘成員被迫將據點轉移至黎巴嫩。在那裡，他們再次捲起激烈的內戰。巴解在黎巴嫩整頓後重新奪權，並滋長茁壯，漸漸成為國中國。巴解開始從新的行動基地發動對以色列的消耗戰，而貝魯特當局因力量薄弱，無力阻止境內巴解對以色列北方居民無盡的攻擊。一九八二年，以色列入侵黎巴嫩，在四個月的軍事行動中掃蕩巴解勢力。阿拉法特和大約一千名剩餘的游擊隊員流亡到突尼西亞。即使遠在北非，巴解持續對以色列發動攻擊，並且在西岸和迦薩走廊招募更多游擊隊成員。

3. 一九九四年七月二日，《紐約時報》：「阿拉法特回來了：統一是『我們百姓的盾牌』。」請見：http://www.nytimes.com/1994/07/02/world/arafat-in-gaza-arafat-s-return-unity-is-the-shield-of-our-people.html（二〇〇九年十一月二十三日線上資料）。

4. 李歐納．科恩（Leonard Cohen），〈首先我們征服曼哈頓〉（First We Take Manhattan。版權所有©1988 Leonard Cohen Stranger Music, Inc.

5. 以色列外交部：「原則宣言後以色列境內的自殺和其他炸彈攻擊（一九九三年九月）（Suicide and Other Bombing Attacks in Israel Since the Declaration of Principles. Sept. 1993）；巴勒斯坦學術協會的國際事務研究（The Palestinian Academic Society for the Study of International Affairs），耶路撒冷，〈巴勒斯坦真相——巴勒斯坦年表，二〇〇〇年〉（Palestine Facts - Palestine Chronology 2000）。請見：http://www.passia.org/palestine_facts/chronology/2000.html. 或見：http://www.mfa.gov.il/MFA/

MFAArchive/2000_2009/2000/11/Palestinian%20Terrorism-%20Photos%20-%20November%202000。

6. 在以色列入侵拉瑪拉並掃蕩阿拉法特總部之後那一年，關於這個合作關係的進一步確認才漸漸浮現。在各式文件中，最引人注目的是一張二〇〇一年九月十六日由阿克薩烈士旅開給巴勒斯坦自治政府軍事行動財務長法德・沙烏巴契（Fouad Shoubaki）准將的支出清單。其中要求巴解清償執行以色列境內各城市爆炸案的火藥花費，還要求提供更多現金以製造更多炸彈，並支付鼓吹自殺攻擊宣傳海報的印刷費。亞爾・沙哈爾（Yael Shahar），〈阿克薩烈士旅——鋒利的政治工具〉（Al-Aqsa Martyrs Brigades—A Political Tool with an Edge），二〇〇二年四月三日，國際反恐研究所（International Institute for Counter-Terrorism），以色列荷茲利亞跨學科研究中心（Herzliya IDC）。

7. 萊納德・寇（Leonard Cole），《恐怖事件：以色列如何應付？美國可以從中學習什麼？》（*Terror: How Israel Has Coped and What America Can Learn?*）（伯明頓：印地安納大學出版社，二〇〇七年），頁八。

8. 〈訃文：雷哈維・契夫〉（Obituary: Rehavam Zeevi），BBC新聞，二〇〇一年十月十七日，請見：http://news.bbc.co.uk/2/hi/middle_east/1603857.stm（二〇〇九年十一月二十四日線上資料）。

9. 〈安南譴責以色列以及巴勒斯坦雙方攻擊平民百姓〉（Annan Criticizes Israel, Palestinians for Targeting Civilians），聯合國電報，二〇〇二年三月十二日，請見：http://www.unwire.org/unwire/20020312/24582_story.asp（二〇〇九年十月二十三日線上資料）。

10. 歐盟，〈巴塞隆納中東宣言〉（Declaration of Barcelona on the Middle East），二〇〇二年三月十六日，請見：http://europa.eu/rapid/pressReleasesAction.do?reference=PRES/02/930&format=HTML&aged=0&language=EN&guiLanguage=en。

11. 關於吉伯里・拉裘布上校（Colonel Jibril Rajoub），有個有趣的補充說明：這傢伙充分利用他身為西岸最高安全防護官的身分，建立個人的小小王國，他讓部屬們向他鞠躬彎腰，把他當成王儲一樣對待。我曾親眼見到他的早餐桌上堆滿五十道食物，只為了向旁人凸顯自己的重要性。我也見過他對人大呼小叫，輕忽又無禮地惡待他人，在我眼中，他比較像是流氓而不是領袖。一九九五年，當阿拉法特大力圍捕哈瑪斯領袖及其成員時，拉裘布也毫不留情地凌虐他們。哈瑪斯曾多次揚言要暗殺拉裘布，這促使他為自己添購了一輛車窗防彈、車頂防爆的專車。即便是阿拉法特都不曾有這樣的座車。

12. 美聯社，〈巴勒斯坦炸彈客被判六十七個無期徒刑〉（Palestinian Bombmaker Gets 67 Life Terms），MSNBC，二〇〇四年十一月三十日，請見：http://www.msnbc.msn.com/id/6625081/。

13. 丹尼·魯賓斯坦（Danny Rubinstein），〈哈瑪斯領導人：你無法擺脫我們〉（Hamas Leader: You Can't Get Rid of Us），《國土日報》，請見：http://www.haaretz.com/hasen/pages/ShArt.jhtml?itemNo=565084&contrassID=2&subContrassID=4&sbSubContrassID=0。

14. 〈以色列揚言攻擊後要讓哈瑪斯瓦解〉（Israel Vows to 'Crush' Hamas after Attack），福斯新聞，二〇〇五年九月二十五日，請見：http://www.foxnews.com/story/0,2933,170304,00.html（二〇〇九年十月五日線上資料）。

國家圖書館出版品預行編目資料

哈瑪斯之子：恐怖組織頭號叛徒的告白／摩薩・哈珊・約瑟夫、朗恩・博拉金（Mosab Hassan Yousef / Ron Brackin）著；陸沛珩譯. -- 初版. -- 臺北市：大塊文化, 2013.10
面；　公分. --（Mark；98）

譯自：Son of Hamas
ISBN 978-986-213-464-1（平裝）

1. 約瑟夫（Yousef, Mosab Hassan） 2. 傳記

783.528　　102018559

LOCUS

LOCUS

LOCUS

LOCUS